山梨の古城

目次

■国中地域

躑躅ヶ崎館……8
要害城……11
熊城……14
湯村山城……17
勝山城……20
右左口砦……23
金刀比羅山砦……26
平瀬烽火台……29
川田館……32
甲府城……35
御前山城……38
小田野城……41
浄古寺城……44
下釜口烽火台……47
連方屋敷……50
栗原氏館……53
勝沼氏館……56
於曽屋敷……59
千野館……62
岩崎氏館……65
茶臼山烽火台……68
蜂城……71
旭山烽火台……74
大野城……77
小山城……80
武田氏館……83
武田信重館……86
八田家御朱印屋敷……89
義清屋敷……92
谷戸城……95
深草館……98
長坂氏屋敷……101
笹尾砦……104

旭山砦……107
古宮城……110
源太ヶ城……113
比志烽火台……116
大渡烽火台……119
獅子吼城……122
若神子古城……125
若神子北城……128
屋代氏館……131
教来石民部館……134
中山砦……137
星山古城……140
柳沢氏屋敷……143
実相寺塁……146
山高氏屋敷……149
武田信義館……152
白山城……155
白山城南砦……158
白山城北烽火台……161
甘利氏館……164
扇子平城……167
新府城……170
能見城……173
能見城防塁……176
須沢城……179
中野城……182
雨鳴城……185
上野城……188
秋山氏館……191
加賀美氏館……194
一条氏館……197
義清館……200
古城山砦……203
菅沼城……206

穴山氏館……209
波木井城……212
波木井氏館……215
南部氏館……218
南部城山……221
真篠城……224
福士の城山……227
白鳥山城……230
■郡内地域
小菅城……233
大倉砦……236
牧野砦……239
四方津御前山……242
栃穴御前山砦……245
鶴島御前山……248
花咲鐘撞堂……251
駒橋御前山……254
岩殿城……257
駒宮砦……260
猿橋の城山……263
鎌田氏館……266
古渡城山……269
与縄館……272
中津森館……275
谷村烽火台……278
勝山城……281
御坂城……284
天上山烽火台……287
本栖城……290
本栖石塁……293
吉田城山……296
松山館……299
忍野鐘山……302
山中氏館……305

城郭用語……311
あとがき……320

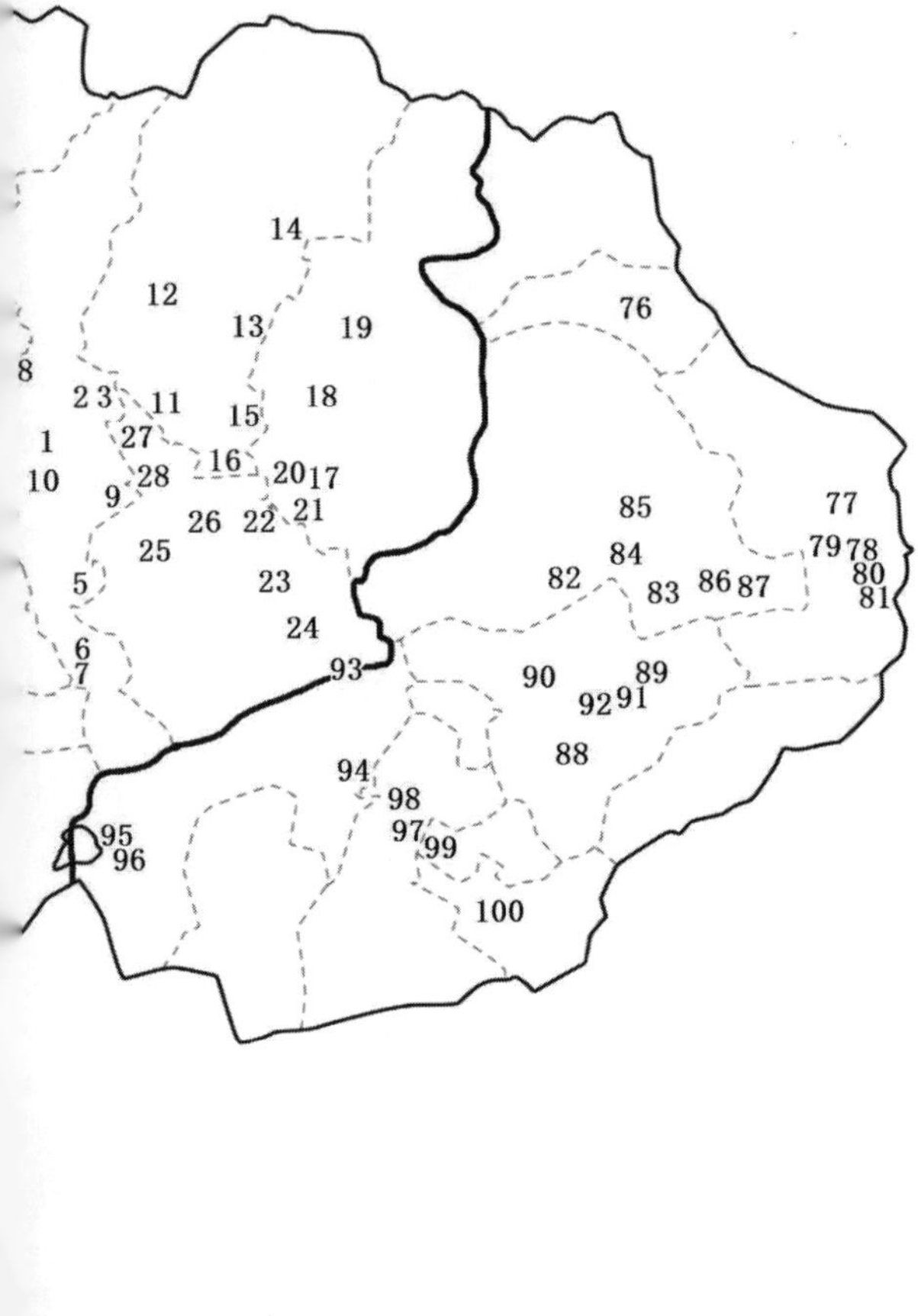

郡内地域

76 小菅城
77 大倉砦
78 牧野砦
79 四方津御前山
80 栃穴御前山砦
81 鶴島御前山
82 花咲鐘撞堂
83 駒橋御前山
84 岩殿城
85 駒宮砦
86 猿橋の城山
87 鎌田氏館
88 古渡城山
89 与縄館
90 中津森館
91 谷村烽火台
92 勝山城
93 御坂城
94 天上山烽火台
95 本栖城
96 本栖石塁
97 吉田城山
98 松山館
99 忍野鐘山
100 山中氏館

国中地域

1 躑躅ヶ崎館跡
2 要害城
3 熊城
4 湯村山城
5 勝山城
6 右左口砦
7 金力比羅山砦
8 平瀬烽火台
9 川田館
10 甲府城
11 御前山城
12 小田野城
13 浄古寺城
14 下釜口烽火台
15 連方屋敷
16 栗原氏館
17 勝沼氏館
18 於曽屋敷
19 千野館
20 岩崎氏館
21 茶臼山烽火台
22 蜂城
23 旭山烽火台
24 大野城
25 小山城
26 武田氏館
27 武田信重館
28 八田家御朱印屋敷
29 義清屋敷
30 谷戸城
31 深草館
32 長坂氏屋敷
33 笹尾砦
34 旭山砦
35 古宮城
36 源太ヶ城
37 比志烽火台
38 大渡烽火台
39 獅子吼城
40 若神子古城
41 若神子北城
42 屋代氏館
43 教来石民部館
44 中山砦
45 星山古城
46 柳沢氏屋敷
47 実相寺塁
48 山高氏屋敷
49 武田信義館
50 白山城
51 白山城南砦
52 白山城北烽火台
53 甘利氏館
54 扇子平城
55 新府城
56 能見城
57 能見城防塁
58 須沢城
59 中野城
60 雨鳴城
61 上野城
62 秋山氏館
63 加賀美氏館
64 一条氏館
65 義清館
66 古城山砦
67 菅沼城
68 穴山氏館
69 波木井城
70 波木井氏館
71 南部氏館
72 南部城山
73 真篠城
74 福士の城山
75 白鳥山城

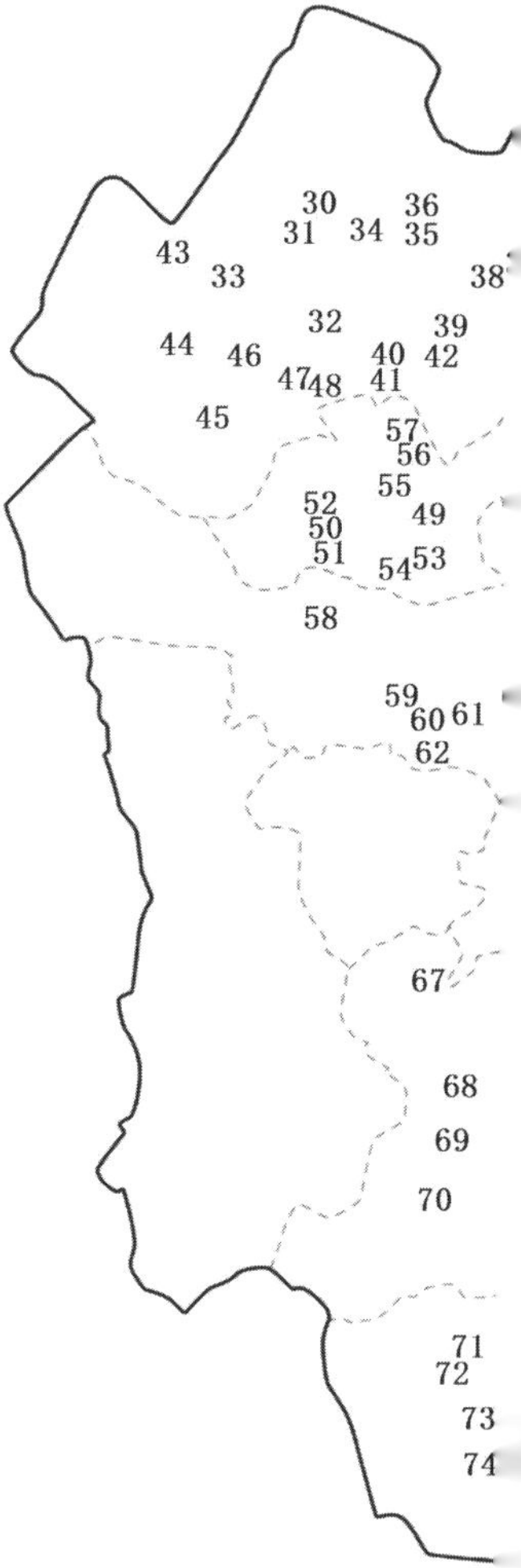

躑躅《つつじ》ヶ《が》崎《さき》館

甲斐の武田三代、信虎・信玄・勝頼の黄金期の本拠地

武田信虎《のぶとら》・信玄《しんげん》・勝頼《かつより》の武田三代の居館だった躑躅ヶ崎館。武田氏館跡とも呼ぶ地には現在、武田神社が建立。信玄を誇る山梨県民に親しまれ、多くの観光客が四季を通じて訪れている。躑躅ヶ崎館は相川《あいかわ》扇状地の開析部に築かれ、山に囲まれた天然の要害である。南方は甲府盆地が開け、西の湯村山《ゆむらやま》と東の大笠山《おおがさやま》・夢見山《ゆめみやま》・愛宕山《あたごやま》に挟まれ、北方には帯《おび》那《な》山系が控えている。

永正一六（一五一九）年、信虎が躑躅ヶ崎館を築き、守護領伝来の地の峡東から移った。信虎は戦国大名として飛躍するため、政治的基盤作りとして移転を考えたのだろう。勝頼が新府城へ移る天正九（一五八一）年まで武田氏の本拠となり、武田三代の領国統治の中枢機関として政治、経済、文化の中心だった。

信虎は川田《かわだ》館から居館を移すとともに北方に詰城《つめじろ》の要《よう》害《がい》城、西方に湯村山城を築き、南方の一条《いちじょう》小山《こやま》も城塞

【メモ】甲府市古府中町・屋形三丁目・大手三丁目。ＪＲ中央線甲府駅→バス→武田神社停→１分→武田神社

化させた。ほかにも烽火《のろし》台や寺院を配して防備を固め、居館周辺には御親類衆をはじめとする家臣屋敷を置き、町人や職人を定住させ、寺院も結集させて城下町を形成。また、三日市と八日市の二つの市場を城下町の東西入口部に設けるなど、従来の守護館から大きく発展させ、居館の防御を図るとともに都市造りを実現させた。

　武田氏滅亡後、甲斐は織田信長、徳川家康、豊臣秀吉が一時的に治めた。再び家康の支配下となって甲府城が築城されるまで、躑躅ヶ崎館は修築されながら統治の拠点として存続した。

　躑躅ヶ崎館は土塁《どるい》と堀で囲んだ主郭《しゅかく》部の東曲輪《くるわ》と中曲輪、その西に西曲輪、北に北曲輪、南には梅翁《ばいおう》曲輪を配した複郭《ふくかく》式の縄張だ。当初は主郭部だけの約二町（一町約一〇九メートル）四方の方形《ほうけい》単郭式だった。その後、信玄の嫡男義信《よしのぶ》が今川義元《よしもと》の娘（嶺松院《れいしょういん》）を妻として迎えた際、東西一町、南北二町の西曲輪を増設。夫人の居所と推定される御隠居曲輪、居館の鎮守の御崎社《みさきしゃ》を祀った稲荷《いなり》曲輪、そして、味噌曲輪と無名曲輪を総称した北曲輪を築いた。梅翁曲輪は徳川家康の家臣平岩親吉《ひらいわちかよし》が普請した蔵前の庁所であったという。

整備された西曲輪北側の桝形虎口

内部に石積みが残る井戸

躑躅ヶ崎館の東・西・南の三辺は水堀で囲まれていたが、北側は空堀だった。現在、主郭部の南と西の水堀には、コブハクチョウが優雅に泳ぎ、梅翁曲輪の南と西にも水堀が整備されている。東・中・西曲輪には井戸が残り、中を覗くと石積みが見られる。中曲輪の北西隅に義信が居住していた太郎様御座所があったが、武田氏滅亡後に天守台が造られた。現在は立ち入り禁止となっているが、穴太積み《あのう》の見事な石垣が残る。

虎口《こぐち》は東側の土塁に石積みが残る大手口、東曲輪の北側に北虎口、西曲輪から北の味噌曲輪と南の梅翁曲輪へつながる二つの桝形《ますがた》虎口がある。大手口の東側に武田氏滅亡後に築かれた石《せき》塁《るい》が復元され、一帯の発掘調査で武田氏特有の丸馬出《まるうまだし》の存在が確認された。

平成一六年度にまとまった史跡武田氏館跡の整備基本構想・計画に基づいて発掘調査や整備が進み、大手周辺の惣堀や土橋、西曲輪の北側虎口が復元整備された。西曲輪南側の虎口や味噌曲輪の整備も実施された。現在、北曲輪の発掘調査が続いているが、令和四（二〇二二）年に味噌曲輪と無名曲輪を結ぶ桝形虎口が確認され、さらなる修復や復元整備が期待される。

要害城《ようがい》

釣鐘を伏せた山容の丸山、躑躅ヶ崎館の詰城

武田信玄の誕生にまつわる丸山に築かれた要害城。山頂には日本海海戦で名高い東郷《とうごう》平八郎《へいはちろう》の書による武田信玄公誕生の地の石碑が立ち、南山麓の積翠寺《せきすいじ》には信玄産湯の井戸や産湯天神が祀られている。積翠寺から望む丸山は釣鐘を伏せたような山容だ。春には山麓からミツバツツジが咲き誇り、紅紫色に丸山を彩って登城の楽しみが倍増する。

現在、要害城への登城口は根小屋《ねごや》地区と積翠寺温泉入口にあり、二つの道は途中で合流して大手筋へと通じている。大手筋には山の斜面を竪《たて》状に深く掘切った竪堀と竪土塁や城門跡など多くの遺構が楽しめる。中腹から躑躅ヶ崎館、主曲輪や東尾根からは富士山を望める。

積翠寺温泉側から登り始めると、根小屋からの道との

【メモ】甲府市上積翠寺町。ＪＲ中央線甲府駅→バス→積翠寺停→５分→積翠寺→５分→登城口→ 25 分→主曲輪

土塁に取り囲まれた長方形の主曲輪

合流点の先に岩場の物見台が現れ、物見台から少し登った急斜面に見えるのが竪堀と竪堀に沿った竪土塁だ。竪土塁の背後には段差がある曲輪が続く。さらに進むと、城門跡を経て江戸時代後期に信玄を不動明王に見立てた武田不動明王の石像がある不動曲輪に着く。

要害城の飲料水は根小屋の水の手《みずのて》沢であるが、不動曲輪から少し登ったところから北側に回り込んだ帯《おび》曲輪に小さな石組みの井戸が目にとまるはず。隣に諏訪明神の祠《ほこら》があり、築城の際に諏訪明神に祈誓して飲料水を得たことから諏訪水と呼ばれ、今も水をたたえている。諏訪水から再び大手筋に戻ってみると、山頂の主曲輪との間に石塁で補強された城門跡に気づく。門跡には城内への出入口の虎口を防御する塁で四角に囲った桝形や武《む》者屯《しゃだまり》（勢溜《せだまり》）と呼ぶ城兵を待機させた平場がある。

主曲輪は石塁で土留めした見事な土塁が取り囲

む大きな長方形の曲輪だ。登ってきた西側の虎口が大手口、東側が裏門の搦手口《からめてぐち》。搦手口では左右の土塁がずれている喰違い形式に気づく。石塁で補強された土橋と堀切《ほりきり》が残り、堀切は竪堀となって斜面を下っている。また、尾根伝いを南へ向かうと要害城の南遺構群とも呼ぶ熊城へ続く。

要害城の創築は永正一七（一五二〇）年に信玄の父信虎が築き、勝頼が新府《しんぷ》城へ移るまでの武田三代にわたっての本拠、躑躅ヶ崎館の最後の拠点である詰城であった。太平記でも名高い、上赤坂城《かみあかさか》（大阪府南河内郡《みなみかわち》千早赤阪村《ちはやあかさか》）を本城とした楠木正成《くすのきまさしげ》が鎌倉幕府軍と戦い、智謀を尽くして籠城した山城の千早城が詰城の代表格として思い浮かぶ。

大永元（一五二一）年、駿河の今川軍が甲斐に侵攻した際、身重であった信虎の正室大井《おおい》夫人が要害城へ逃れて難を避け、太郎、のちの信玄が生まれたと伝えている。

天正一〇（一五八二）年の武田氏滅亡後、甲斐は天正壬午《てんしょうじんご》の乱を経て徳川家康の支配下となり、駒井《こまい》右京《うきょう》・日向《ひなた》玄東斎《げんとうさい》・同半兵衛らが要害城の城番となる。また、豊臣秀吉に仕えた加藤光泰《みつやす》は要害城を修築している。

今も水をたたえている諏訪水

熊《くま》城

細尾根に連続する堀切と斜面の畝状竪堀群で防御

躑躅ヶ崎館の詰城の要害城から谷を隔てた南尾根上に位置する熊城。細尾根に築かれた熊城からは、甲府盆地を見下ろすことができ、東南方面の街道の押さえと要害城の水の手を守る重要な役割を担っていた。山麓の上積翠寺集落の地は古くから根小屋と呼ばれ、要害城と熊城の警護の任にあたっていた家臣屋敷であった。

現在、熊城へ登るには、上積翠寺集落を登った深草《ふかくさ》林道入口に大手筋の登城口がある。「熊城」というだけに、用心のため熊から身を守る鈴を用意、携帯ラジオはスイッチを入れて入山。水の手沢沿いには石切り場らしき巨岩や多くの石積みがあり、その先の細尾根を西から東に向かって登ると、見晴らしが良い物見台《ものみだい》の岩場がある。

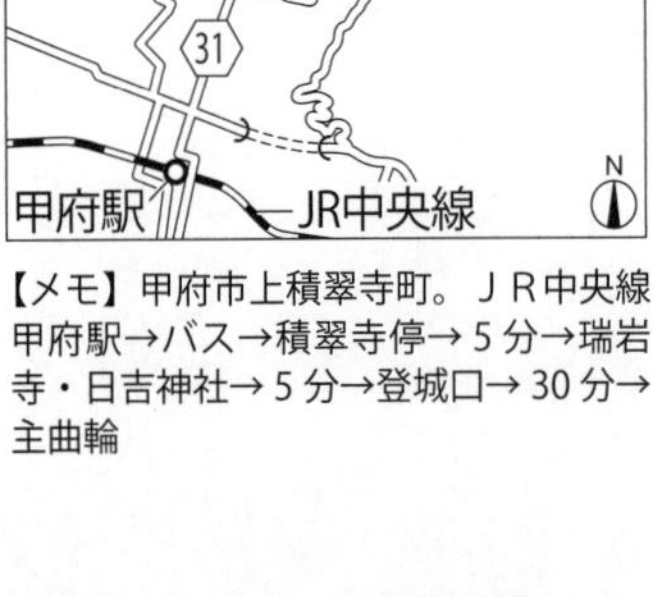

【メモ】甲府市上積翠寺町。ＪＲ中央線甲府駅→バス→積翠寺停→５分→瑞岩寺・日吉神社→５分→登城口→30分→主曲輪

主曲輪南斜面に残る畝状堅堀群

さらに上方の痩せ尾根を登ると、階段状の小曲輪群を経て山頂の二段の主曲輪に登り着く。その間の細尾根には堀切が多く、登り下りを繰り返す難所は防御が堅い証しだ。ただ、熊が爪を研いだ生々しい傷が樹木に残る。思わずラジオのボリュームをあげる。

熊城の縄張は、尾根最頂の主曲輪から西の尾根筋に連郭式に曲輪を配置している。各曲輪の北辺に虎口と通路を設けて各曲輪をつなぎ、堀切と堅堀で防御を固めている。特に南側には土塁と畝状堅堀《うねじょうたてぼり》群など南側の防御を意識した普請《ふしん》だ。要害城と熊城は全体的には一つの城とし、戦いの際、それぞれが一つの城として機能した一城別郭と呼ぶ形式に該当する。

主曲輪は土塁で仕切られた二つの曲輪で構成され、東と南辺の土塁には土留めの石積みが残っている。主曲輪の西北斜面に堅堀、東南斜面には堅堀が連続した畝状堅堀群がある。

登って来た主曲輪の西側下方に小さな曲輪、その西側には熊城では一番大きな曲輪があり、南から西辺に土塁が現存している。この曲輪の下方に三つの段曲輪、さらにその下方にも二つの曲輪がある。また、曲輪群南斜面の雑木林の中に畝状竪堀群、要害城との間の北西に大きな竪堀が二条、西端部には南北面の竪堀につながる堀切がある。

主曲輪の東側には土橋が現存している大規模な堀切と竪堀が両斜面に残り、特に要害城との間の竪堀は熊城の中では最大規模の見事な遺構だ。堀切の北側に傾斜した自然地形の平場《ひらば》、その北側には竪堀につながる堀切がある。その堀切を越えて北方の尾根を登ると要害城へ続く遊歩道がある。

熊城の創築については文献が少なく、「日本城郭体系」では熊城を要害城南遺構と呼び、要害城の支城としている。一般的には熊城は永正一七（一五二〇）年以降、武田信虎が築いたとされている。しかし、熊城は竪堀・堀切や石積みの石に要害城とは築城時期に違いがある。永禄三（一五六〇）年に武田信玄、永正四（一五七六）年には武田勝頼が要害城を修築し、その際の修築度合いによるものだろうか。

主曲輪東側の竪堀と連結した大堀切

湯村山城《ゆむらやま》

監視や情報収集などを担う岩石が露出する要塞

湯村《ゆむら》温泉郷の背後に聳える標高四四六メートルの湯村山。武田神社がある躑躅ヶ崎館西方二キロの相川扇状地西南端に位置する湯村山城は、法泉寺《ほうせんじ》山の峰続きとなっている湯村山に築かれ、六世紀の積石《つみいし》古墳が残る岩石の多い岩山の山城だ。

山頂部からは富士山や南アルプス、甲府盆地を見渡すことができ、府中防衛ラインである荒川を眼下にするなど展望が優れているとともに、監視機能や他の烽火台からの情報収集など府中防衛機能を担っていたと考えられる。

毎年二月一三・一四日の二日間にわたって賑わう厄よけ地蔵尊で名高い塩沢寺《えんたくじ》。その墓地脇から大手筋に当たる湯村山遊歩道が頂上まで続いている。塩沢寺の地蔵堂

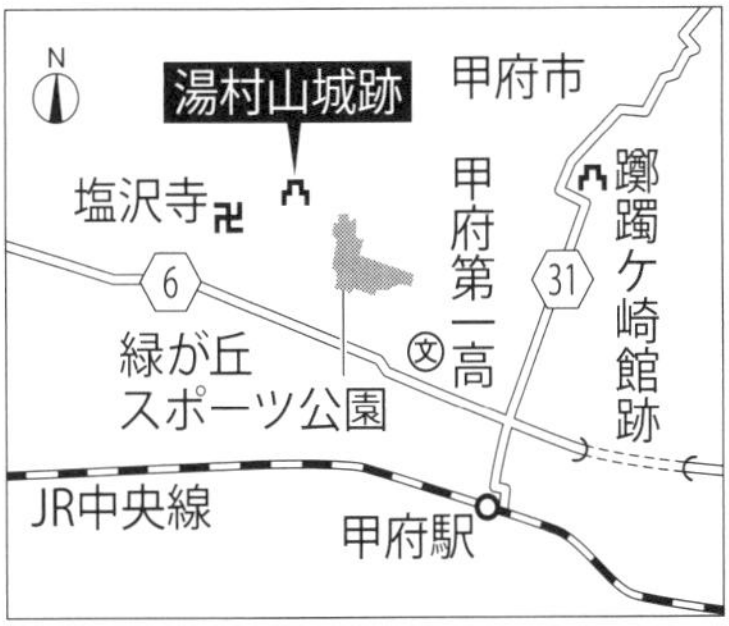

【メモ】甲府市湯村三丁目。ＪＲ中央線甲府駅→バス→湯村温泉入口停→ 10 分→塩沢寺→ 20 分→主郭部

脇に首浮き地蔵、墓地入口近くのユーモラスな「たんきりまっちゃん」と呼ぶ石仏をお参りして登り始めた。

足腰に自信があれば、地蔵古墳の先の分岐点から湯谷《ゆや》神社への山道に入り、すぐに山頂への一直線の山道を登ると、岩石を利用した築城が確認できる。緑が丘スポーツ公園から武田の杜として、自動車通行禁止の広い遊歩道が整備され、のんびりと散策も楽しめる。

湯村山城は山頂に土塁によって囲まれた三つの曲輪、南と西に帯曲輪が配された縄張だ。三つの曲輪は西側の曲輪が主曲輪、その東側の曲輪が二の曲輪、主曲輪と二の曲輪の北側に堀切を挟んで三の曲輪がある。主曲輪より二の曲輪、二の曲輪より三の曲輪が高い地に曲輪を配する縄張だ。

主曲輪は二段の南北に長い形状、西から北辺に土塁が現存している。土塁の北と南隅には櫓台《やぐらだい》が現存し、南の櫓台には石積みの石祠がある。北には外側に張り出した外枡形の虎口があり、北辺以外にも東と南辺の土塁を分断して虎口を設け、東虎口は二の曲輪、南虎口は帯曲輪、北虎口は三の曲輪へ連絡している。

主曲輪の段差の境に現存する石塁に囲まれた井戸跡も見どころだ。主曲輪の西と南側に

土塁が取り囲む主曲輪

帯曲輪が付帯し、南の帯曲輪は二の曲輪まで続き、西側の帯曲輪先端部には石塁、西斜面には竪堀を普請して防御を固めている。

四阿《あずまや》がある二の曲輪は壁面に岩石が露出し、桝形虎口も石積みを設けた堅固な構えだ。

主曲輪に残る石組みの井戸跡

三の曲輪は巨石が多く雑然としているが、大手口を防御するための補助的・外郭的な曲輪で、その北側には二つの袖曲輪がある。三の曲輪から古墳を見ながら遊歩道を下ると緑が丘スポーツ公園に至る。

　武田信虎は永正一六（一五一九）年に川田館から躑躅ヶ崎館へ居館を移した翌年に要害城、大永三（一五二三）年には湯村山城を築いた。不確かながら、湯村山城築城以前の平安時代末期に武田氏四代信義《のぶよし》の子有義《ありよし》、または武田氏一六代信守《のぶもり》・一七代信昌《のぶまさ》の時代に湯之島城と呼ばれた城が存在したとする説もあり、廃虚となっていたこの湯之島城を修築したことも考えられる。

　信虎時代の湯村山城は敵を迎え撃つための砦として機能し、信玄の時代を通して単なる烽火台ではなく、要害城の支城としての役割も担っていたことだろう。

勝山城《かつやまじょう》

武田信縄《のぶつな》・油川信恵《あぶらかわのぶよし》兄弟の内紛で築城

山梨県には二つの勝山城がある。一つは小山田《おやまだ》氏が都留《つる》市谷村《やむら》を支配し、その後に佐野氏重《うじしげ》が築いた山城、もう一つは笛吹川左岸に面する上曽根《かみそね》の小高い丘陵に築かれた武田氏支流の油川信恵の詰城だ。油川氏の勝山城は都留市の勝山城と区別して「曽根の勝山城」とも呼ぶ。

勝山城は比高《ひこう》五〇メートルと低く、地形上からは要害とは言い難いが、意外にも山頂からは甲府盆地を見渡すことができる。周囲は笛吹川氾濫原の泥沼地であったため、勝山城へは容易に近づくことができない天然の要害であった。今でも周囲の田園地帯がその面影を伝えている。

西方には甲斐と駿河を結ぶ軍用道の中道往還《なかみちおうかん》が通り、勝山城はこの中道往還を押さえる役割を担っていた。

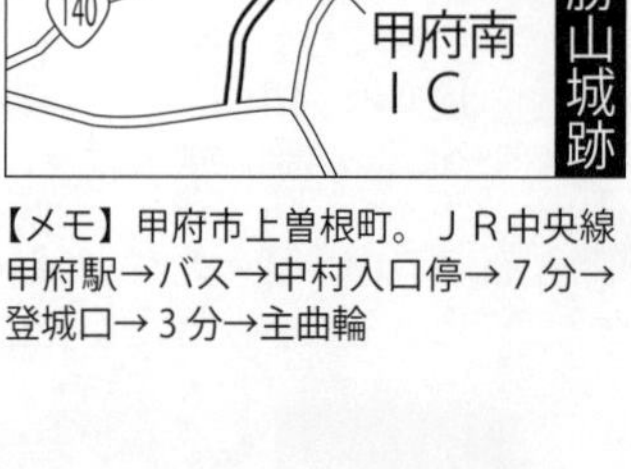

【メモ】甲府市上曽根町。ＪＲ中央線甲府駅→バス→中村入口停→７分→登城口→３分→主曲輪

現在、勝山城はモモやスモモなどの果樹園、山頂は竹藪となっているが、農道を整備した際に土塁や空堀などの遺構が発見されている。

農道を上っていくと、二股の分岐点の右手に低い土塁が残る帯曲輪がある。分岐点に戻って農道を上った先に虎口の土塁と空堀、土塁上には「沼田めぐり攻めるにがたし勝山城」と刻まれた石碑が立つ。

勝山城の縄張は山頂中央部に主曲輪を置き、山麓には幅広い堀が取り囲んでいた。畑や竹藪となっている主曲輪は土塁と堀が囲み、特に北側を重要視した構えとなっている。主曲輪西側には細長い曲輪があり、その北・東・西には帯曲輪、さらにその外側は幅広い堀と泥田が存在していた。また、北側の堀に面するところには中枢部から離れた出構《でがまえ》的な遺構がある。

延徳四（一四九二）年から永正元（一五〇四）年まで、甲斐武田氏が家督をめぐって内紛が続く試練の時代に勝山城は築かれた。笛吹川を挟んだ北方二・二キロ、現在の泉《せん》龍寺《りゅうじ》（笛吹市）周辺に居館を構えた油川信恵は武田氏一

石碑が立つ虎口の土塁

北西から見る勝山城の全貌

七代信縄の異母弟だ。信縄・信恵兄弟の父信昌が後継に信恵を考えたため信縄と信恵が対立し、信縄の優位で収束している。

しかし、永正四（一五〇七）年に三七歳の若さで信縄が病没。信縄の嫡子信虎が一四歳で家督を継いだため、再び信恵は勝山城を拠点に兵を挙げて信虎と対立した。だが、信恵は同五（一五〇八）年の坊ヶ峰《ぼうがみね》（笛吹市）の戦いで戦死している。

豪族大井信達《おおいのぶさと》が駿河の今川氏親《いまがわうじちか》の援助を受けて信虎に反乱を企てた永正一二（一五一五）年、氏親は吉田《よしだ》城山（富士吉田市）と勝山城を占拠して甲斐への侵攻を続け、同一四（一五一七）年の和睦成立まで勝山城を拠点城とした。

大永元（一五二一）年には今川氏の属将福島正成《くしままさしげ》が甲斐へ侵攻して勝山城を拠点としている。天正一〇（一五八二）年の武田氏滅亡後、徳川家康は北条氏直《ほうじょううじなお》との甲斐争奪戦で、服部半蔵《はっとりはんぞう》に勝山城の修築を命じている。

右左口《うばぐち》砦

甲斐の山並み、甲斐と駿河を結ぶ中道往還を守備

甲斐と駿河を結ぶ古道に河内路《かわうちみち》と若彦路《わかひこみち》があり、さらにその中間に位置することから「中道往還」と呼ぶ重要な経路があった。中世は軍用道、江戸時代には魚や塩を運んだことから「魚の道」や「塩の道」と呼ばれ、甲斐と駿河を最短距離の二〇里で結んでいた。

現在、中道往還は甲府と富士山麓の精進湖を結ぶ国道３５８号となり、湧水地跡の強清水《こわしみず》、わずかに石畳が残る往時の古道が甲府市右左口《うばぐち》町の旧道入口から右左口峠にかけて残る。

国道３５８号の右左口交差点を西へ行き、下宿交差点を南へ曲がって右左口宿に向かう。右左口宿は徳川家康が織田信長の往来のために整備した宿場と伝えられ、家康に縁のある旧跡や道祖

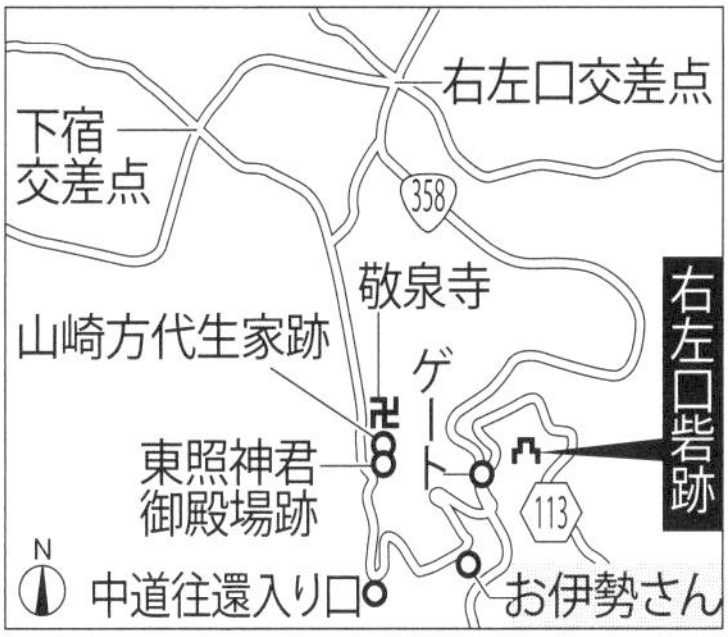

【メモ】甲府市右左口町。国道 358 号→右左口交差点→下宿交差点→県道 113 号→右左口宿→山崎方代生家跡（駐車）→東照神君御殿場跡→ 7 分→中道往還入り口→ 5 分→お伊勢さん→ 7 分→ゲート→ 10 分→登城口→ 2 分→主曲輪

西北方面から望む城山

神・道標・厄除け地蔵などがある。宿場の道は上宿で鉤《かぎ》型となっている坂道で、街並みは今も宿場町の雰囲気が漂っている。

宿場の上宿には、家康が仮御殿を置いたと伝わる東照《とうしょう》神君《しんくん》御殿《ごてん》場《ば》跡がある。天正一〇（一五八二）年の天正壬午の乱の際、家康が甲斐国へ入って最初に本陣を構えた地だ。小田原北条氏と戦うことを決意した家康は浜松城から出陣し、九一色《くいしき》衆の案内で精進に。そして家康に味方した武川衆の出迎えを受けて右左口に着陣している。

右左口宿背後の甲府盆地に突き出た標高五三七メートルの城山に、右左口砦が築かれた。「甲斐国志」に「城山ト云ハ阪路ヨリ少シ東ノ山腹ニアリ。松平主殿助家忠翌未年マデ警固セシ処ナリ」、「家忠日記」には「ぅば口筋ニ取出普請候」、一ヵ月後に「普請出来候」と記されている。これらの文献でも家康が入峡した天正一〇年、中道往還を押さえるために右左口砦を築いたとされている。一方、それ以前の武田氏時代に中道往還の守りとして、城山に城砦があったことも考えられる。

宿場を抜けた県道113号からは甲府盆地が一望でき、雪で覆われた白根《しらね》三山・鳳凰《ほうおう》三山や八ヶ岳などが広がる。思わず寒さを忘れて足を止めてしまう景勝スポットだ。中道往還入口や右左口宿の簡易水道の源でもあった「お伊勢さん」を過ぎ、国道358号の橋架下を潜って道幅が狭くなる県道を進むと冬季は車両通行止めのゲートがある。

ゲートの先を進むと、城山の西斜面に竪堀跡が確認できる。崩壊を防ぐためコンクリートで固められた城山の東斜面を過ぎると右手に右左口砦の主曲輪が見える。現在、南斜面は桑畑となっており、その頂上が主曲輪だ。主曲輪からは中道往還が見下ろせる要衝であった。

右左口砦は構造が単純な縄張だ。三角点がある山頂に主曲輪を置き、周囲に帯曲輪と竪堀を付帯させている。

現在、主曲輪はマツやヒノキが植えられ、一辺が五〇～六〇メートルの三角形に近い台形状の曲輪だ。主曲輪には土塁などは残っていないが、辺縁部には明らかに普請された切岸の痕跡がある。東側に段状の帯曲輪を付帯させ、段状の帯曲輪と自然地形を利用したためか、西側には屈曲した竪堀がある。

明確に残る主曲輪北面の切岸

金刀比羅山砦《こんぴらやま》

山頂に帯曲輪が巡る長方形の主曲輪

宿場の風情がよく残る中道往還の宿場の一つ、右左口宿の南方に標高一〇二五メートルの日蔭山《ひかげやま》が聳える。山から北西の右左口宿に向かって延びる尾根に標高六五五メートルのひときわ高い峰があり、その峰に金刀比羅山砦が築かれていた。現在、山頂には右左口集落の金刀比羅神社が祀られている。

中道往還は、金刀比羅山の東側にある若彦路と河内路の中間を通っていた。南方に難所の右左口峠があり、往還を通ると甲斐と駿河の間を最も早く行き来できた。中世は軍用道として使われ、江戸時代には主に海産物の輸送路となっていた。

馬の背に揺られ、この峠道から甲府へ運ばれたアワビの醤油漬けの煮貝は、今では山梨県の高価な名産品となっている。現在、中道往還は湧水地跡の強

【メモ】甲府市右左口町。国道358号→右左口交差点→下宿交差点→県道113号→山崎方代生家跡（駐車）→10分→登城口→30分→主曲輪（金刀比羅神社）

清水や石畳、馬頭《ばとう》観音の石像が残る。

　金刀比羅山砦の歴史は定かではないが、「家忠日記」の天正一〇（一五八二）年一一月四日の条に「うば口筋ニ取出普請候」と記されている。「甲斐国志」などからも右左口付近に砦が築かれていたことが知られている。

　右左口砦は単純な単郭式の縄張であるのに対し、金刀比羅山砦は南北の尾根上を三条の堀切で三つの曲輪が縄張された要塞だ。金刀比羅山砦は天正一〇年以前から烽火《のろし》台として存在し、中道往還を押さえていたことが考えられる。天正壬午の乱（天正一〇年）の際に中道から入峡した徳川家康は、右左口砦と金刀比羅山砦を複合的に利用して陣を構えたのだろうか。

　国道３５８号から右左口宿へ入り、往時の宿場町の雰囲気を味わいながら歌人・山崎方代《やまざきほうだい》の生家跡へ。坂道の県道１１３号を歩き、中道往還の迦葉坂《かしょうざか》の案内板を過ぎた先にある大きなカーブで、南アルプスの素晴らしい眺めが堪能できる。その先の右手に建つ住宅の裏手に金刀比羅山砦の登城口がある。金刀比羅神社の参道だ。五月のそよ風を受け、急な九十九折りを登ることとなる。

金刀比羅神社が祀られている長方形の主曲輪

砦は右左口宿をはじめ、甲府盆地を見渡せると同時に中道往還を見下ろせる。山頂が主曲輪で、その直前に主曲輪を囲む帯曲輪が巡り、右左口宿の氏子が奉納した鐘がある。陽光を浴びた新緑の木々の中で鐘の音色が気持ちよく響き渡った。甲斐国に多い鐘の音で合図を知らせる鐘撞堂《かねつきどう》としての役割を考える。

金刀比羅神社が祀られている主曲輪は尾根の先端に位置し、金刀比羅山砦の中では最大規模の長方形の曲輪だ。神社背後にL字状に土塁が現存し、東辺は痕跡が残るだけだが、南辺は高さ一・五メートルの見事なものになっている。土塁の南側に土橋が架かる空堀が残り、空堀の両端は竪堀へと続く。主曲輪の東辺には一段下方にめぐる帯曲輪からの虎口が存在していた。

空堀の南側は倒木などで荒れ地となっており、主曲輪よりやや高い長方形の二の曲輪がある。二の曲輪のさらに南側にも、大きな空堀と小さな曲輪が残る。南端は堀切を普請して尾根を遮断している。

神社裏側に残る見事な土塁。その外側には空堀が現存

平瀬《ひらせ》烽火台

昇仙峡の玄関口、山容が三角形の天然の要害

甲府市や甲斐市の水源となっている荒川《あらかわ》。秩父多摩甲斐国立公園内を流れる荒川の渓谷美、昇仙峡《しょうせんきょう》は一年を通して人々の目を楽しませる国指定の特別名勝だ。平瀬烽火台は昇仙峡の玄関口にあり、天神平《てんじんだいら》のすぐ東側にそびえる三角形の城山（標高五八六メートル）に築かれた。周辺の山々に囲まれた城山は、山容がピラミッドのような形をしている。

城山の北側に帯那《おびな》山系の塔岩《とういわ》地区を源とする塔岩川が流れ、その北側を流れる荒川と西方で合流している。これらの渓流によって平瀬烽火台は天然の要害を形成している。

平瀬烽火台は武田氏が築いたとされる甲斐国内の烽火台の一つで、遺構も烽火台独特な単純な形式の縄張だ。

「甲斐国志」に「平瀬村ノ北ニ里人城山ト呼フ烽火台アリ。山頂ニ廿四間ニ八間許石塁存セ

【メモ】甲府市平瀬町。ＪＲ中央線甲府駅・竜王駅→バス→平瀬入口停→ 15 分→登城口→ 5 分→主曲輪

り。御岳《みたけ》・猪狩《いがり》・柳平《やなぎだいら》等ヨリ烽ヲ達スベシ」と記されている。平瀬烽火台の北方には御岳と猪狩の烽火台があり、それぞれ連携していたようだ。躑躅ヶ崎館の北方の守りとして武田信玄の弟信実《のぶざね》が警固した河窪《かわくぼ》城からは、平瀬・御岳・猪狩烽火台が一望でき、平瀬烽火台は河窪城へ情報を伝えたと考えられる。

　躑躅ヶ崎館の周りには、要害城・鐘推堂山《かねおしどうやま》・小松山烽火台・湯村山城・法泉寺山・和田城山が二・五キロの範囲内にあり、その北方に平瀬烽火台が位置していた。平瀬烽火台は府中から帯那町を経て御岳へ通じ、府中を守る重要な拠点であった。

　県道7号からマンション「パレロワジール昇仙峡」の看板に従って進むと、城山の西側に新しい住宅地がある。その住宅地の中の曲がりくねった道を進み、舗装道から山道へ入る。現在は人が入り込まないためか、岩石が散在する急な斜面を登ることとなる。だが、その距離は短く、あっという間に山頂に辿り着く。

　頂上近くで驚かされた。一頭の黒いカモシカが見張り番のように目の前に姿を現したの

主曲輪東下方に積まれて残る石塁

だ。登城前に「昨年、熊が出没したから気をつけるように」と注意されたこともあり、一瞬、緊張が走った。

山頂の主曲輪に現れたカモシカ

　山頂に中央部がやや高い東西三〇メートル、南北一八メートルの楕円形の主曲輪がある。中央南辺近くに、南を向いた小さな石祠《せきし》が祀られている。主曲輪からの眺望は良好だ。ボリュームを最大にしたラジオから流れる音楽を聴きながら、のんびりとしたひとときを過ごす。

　主曲輪の周りを、幅一～五メートルの帯曲輪が囲み、東側が広く、北側は狭い幅で一周している。主曲輪の切岸の一部には石塁の痕跡がある。主曲輪の東側は比較的緩い傾斜で、小さな曲輪が現存する。そこには「番人小屋跡」の伝承もあり、小さな建造物が存在していたと考えられる。

　帯曲輪の西と東に石塁が残る虎口があり、烽火台としては固い普請だ。西側の石塁は四方を囲む水溜状の遺構から烽火《のろし》を上げた跡と考える説もある。一方、東側の石塁は崩れかけているが、明らかに人為的に積み上げたものだ。

川田館《かわだ》

峡東《きょうとう》地区で三〇〇年間続いた最後の武田氏守護館

新羅三郎義光《しんらさぶろうよしみつ》を祖とする武田氏五代信光《のぶみつ》から一八代信虎までの約三〇〇年間、武田氏は石和《いさわ》を中心とする峡東地方に守護館を転々と置き換えた。その最後の居館となったのが、川田館である。

ＪＲ石和温泉駅の西南五〇〇メートル。甲府市川田町にある二宮神社とその東方のブドウ畑や住宅地一帯に館は築かれた。西方に南アルプスを望むのどかな地区だ。二宮神社は貞観五（八六三）年の創建とされ、館が築かれた後はその鎮守社《ちんじゅしゃ》であった。

川田館は甲州街道が通る交通の要衝地にあり、東側の笛吹川《ふえふきがわ》は天然の外濠の役割を担っていた。現在は平等川《びょうどうがわ》から取水しているが、往時、笛吹川から取水していた水路には、三筋に分ける「三ツ俣《また》」と呼ぶ分水点が北東に

【メモ】甲府市川田町。ＪＲ中央線石和温泉駅→８分→川田館跡→１分→二宮神社→１分→三ツ俣

あるが、二筋は川田館へ水を引き入れていた。

背後には山梨百名山の大蔵経《だいぞうきょう》寺山《じやま》がある。そこから北に続く尾根上に、館の詰城と考えられる新城・古城・古手城が存在したと甲斐国志に記されている。

川田館の地は水害が多い。武田信虎が永正一六（一五一九）年に躑躅ヶ崎館を築き、居館を移したのは、それが理由の一つとされている。武田氏が守護大名から戦国大名に躍進する中、防御に有利として躑躅ヶ崎館の地を選んだ。

北側にある水濠跡の水路と一段高い曲輪跡

川田館は現在の水路と道路で区画された東西二町、南北一町の規模とされる。一町を一〇九メートルで計算すると、広さは約二万三七〇〇平方メートル（約七二〇〇坪）。遺構はほとんどないが、現在の水路は水堀の名残である。北側から川田館を眺めると、現在も一段高い微高地となっていることがわかる。

縄張は「甲斐国志」に御所曲輪・御厩《おんま》屋敷・舞台・サンプ屋敷などが記され、現在もその地名が小名として伝えられている。そのほか、曲輪・築地・公用屋敷・的場・泉水《せんすい》・大庭《おおにわ》など川田館と関連する地名も残る。

昭和六二（一九八七）年に甲府市の市史編さん委員会が、二宮神社東方一〇〇メートルの御所曲輪で試掘調査を実施している。その際、川田館の遺物と推定される一五～一六世紀の土師質《はじしつ》土器・陶磁器・内耳《ないじ》土器などが出土した。

　川田館は武田信虎の祖父信昌《のぶまさ》が築いたとされ、信昌は寛正六（一四六五）年に小田野城の跡部《あとべ》景家《かげいえ》を攻め滅ぼし、翌年の文正元（一四六六）年に川田館を築いたと推定されている。「王代記」には永正一一（一五一四）年に信虎が川田館を築館か、修築したと解釈できる文面がある。

　武田信虎が躑躅ヶ崎館を築くまで、五〇年余りに渡り信昌・信縄・信虎の武田三代の本拠であった。信虎は明応三（一四九四）年に川田館で生まれたと伝わる。一方で、笛吹市春日居町下岩下にある「誕生屋敷」とも呼ぶ信虎の母の実家「岩下越前守屋敷」で生まれたとする説もある。

　天正一〇（一五八二）年、廃館されていた川田館は織田信長勢の兵火によって焼失したと伝えられている。

三方向に分水している三ツ俣の分岐点

甲《こう》府《ふ》城

甲府市街地発展の礎、復元が進む近世城郭

山梨県内では数少ない近世城郭を代表する甲府城。大半の中世城郭と比べると規模や普請、作事に大きな違いがあり、城下町と今日の甲府市の発展の礎となっている。現在、甲府城周辺は市街化されて大きく変容。ＪＲ甲府駅や県庁などが建てられているが、天守台・櫓台・門跡・水堀・石垣などが残る舞鶴城《まいづるじょう》公園は憩いの場となっている。

城は甲府盆地の中央にあり、一条小山と呼ばれた孤丘上に築かれた。北の背後に要害山、東に愛宕山が控え、西に釜無川《かまなしがわ》と荒川、東に笛吹川が流れる天然の要衝であった。この地は鎌倉時代初期、武田氏四代信義《のぶよし》の子一条忠頼《いちじょうただより》の領地で、忠頼の居館が存在していた。忠頼が源頼朝に謀殺された後に忠頼の夫人が尼寺を創建。のちの一蓮寺《いちれんじ》だ。一蓮寺は甲府城の本丸下の鍛冶曲輪《かじくるわ》に置かれ、武田氏の本拠が躑躅ヶ崎館に移した際にも防御の一端を担っていた。

天正一〇（一五八二）年の武田氏滅亡後、甲斐を平定

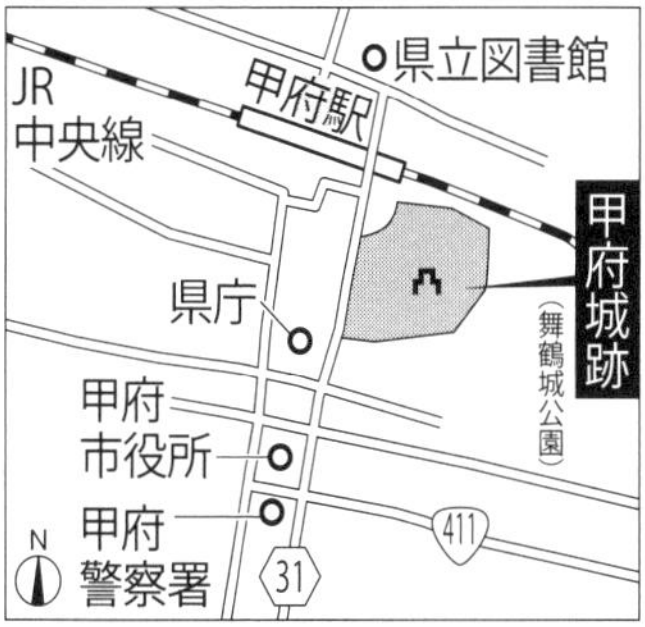

【メモ】甲府市丸の内一丁目。ＪＲ中央線甲府駅→２分

解体された県民会館から望む甲府城

した織田信長は重臣河尻秀隆《かわじりひでたか》を甲斐の領主とする。本能寺の変の後、徳川家康が平岩親吉《ひらいわちかよし》に甲府城の築城を命じた。だが、家康は関東移封となり、次に治めた豊臣秀吉が甥の羽柴秀勝《はしばひでかつ》、加《か》藤光泰《とうみつやす》、浅野長政《あさのながまさ》・幸長《よしなが》父子に甲府城の築城を命じている。

慶長五（一六〇〇）年、甲斐は再び家康の支配下となり、改めて平岩親吉が城代として甲府城に入った。その後は徳川家直系の義直、忠長、綱重、綱豊、そして甲斐国とゆかりが深い柳《やなぎ》沢吉保《さわよしやす》が城主となった。吉保を継いだ吉里《よしさと》が大和郡山《やまとこおりやま》（奈良県）へ転封した後、甲府勤番による支配が始まった。

現在の甲府城は宝永三（一七〇六）年、柳沢吉保が修築したもので、内城・内郭・外郭に区分される。内城は本丸・二の丸・稲荷曲輪・数寄屋《すきや》曲輪・鍛冶曲輪・楽屋《がくや》曲輪・清水曲輪など地形の高低差による輪郭式と梯郭《ていかく》式を併用した縄張だった。内郭とは山手門・柳門・大手門で結ばれ、木橋の太鼓橋が架かっていた。

野面《のづら》積みの天守台に立つと東に甲府城の石垣として切り出された愛宕山の石切場、西に南アルプス、北に要害城、南に富士山を望める。天守は存在しなかったとされるが、金箔《きんぱく》鯱《しゃち》瓦の出土から天守の存在説もある。

城内にも石切場の痕跡が残り、甲府城の探訪は石垣をテーマにするのも一考だ。石垣の石には大きな石材を割るためのノミと玄翁《げんのう》で開けた四角の穴の矢穴や刻印・線刻画と呼ぶ印や魚・鳥などが描かれている。坂下門などには自然石を積み上げた野面積みや槌で表面をたたいて平らにした石を積み上げる打込み接工法で普請された石垣が見られる。じっくりと天守台の西面石垣を観察すると一つの大きな石を割って積み上げた兄弟石を見つけることができる。稲荷曲輪では腰石垣の中に古い石垣が発見され、鍛冶曲輪と二の丸では継ぎ足した石垣を見ることができる。また、石垣には雨水などを外へ出す工夫の暗渠も残る。

享保一二（一七二七）年の甲府大火で焼失した甲府城は、平成二（一九九〇）年から復元工事が始まった。石垣と鉄砲狭間を備えた長塀・薬医門《やくいもん》の鍛冶曲輪門・高麗門《こうらいもん》の内松《うちまつ》陰門《かげもん》や稲荷曲輪門・稲荷櫓・山手門と徐々に復元され、平成二五年には櫓門の鉄門も完成した。同年、落成した山梨県防災新館の地下一階展示室では、楽屋曲輪南西面の石垣と胴木《どうぎ》を見ることができる。また、同二六年に温泉施設と推定される敷石遺構が発見されている。

石垣が積み直された稲荷曲輪の腰石垣

御前山《ごぜんやま》城

多くの巨岩が露出する中、土塁・空堀・堀切などの遺構

山梨市の矢坪《やつぼ》集落の高台に武田氏一六代信昌の菩提寺、永昌院《えいしょういん》がある。山梨市文化財に指定された信昌の宝篋印塔《ほうきょういんとう》・五輪塔や流転の名鐘《めいしょう》として名高い山梨県指定文化財の銅鐘が残る。ほかにも山梨県指定の絹本著色神嶽通《けんぽんちゃくしょくしんがくつう》龍禅師《りゅうぜんし》画像や山梨市指定の経蔵・木造十一面観世音菩薩立像・菊隠《きくいん》録・永昌院文書などがある文化財の宝庫だ。境内からは甲府盆地が見渡せ、関東の富士見百景に選ばれた景勝地でもある。

武田信昌は父信守が逝去したとき、わずか九歳だった。家督を相続した信昌が幼少であったこともあり、守護代跡部明海《みょうかい》・景家《かげいえ》父子は勢力を増し、専横な振る舞いが続く。明海が死去した後の寛正六（一四六五）年、一九歳になった信昌は夕狩沢《ゆうかりざわ》で景家軍と戦い、景

【メモ】山梨市上岩下。ＪＲ中央線山梨市駅→タクシー→10分→永昌院→15分→八嶽山神社→1分→夕狩沢古戦場跡→5分→登城口→40分→展望台→40分→主郭部

山頂の下方、西尾根にある巨岩を利用した岩穴

家を小田野《おだの》城で自刃させた。夕狩沢周辺の古宿《ふるやど》・矢坪・勝負沢などの地名は、この戦いによって付けられたと伝わる。

夕狩沢古戦場跡の背後、標高一一七一メートルの棚山から東南に延びる支脈の先端に標高七七六メートルの御前《ごぜん》山がある。城砦《じょうさい》として使われた御前山は上野原市や大月市など山梨県内に多い。この御前山も「御前山の烽火台」と呼ばれているが、烽火台以上の縄張が施された山城だ。南山麓に天宮神社と妙見《みょうけん》神社がある。西側には山梨百名山の一つ、烽火台跡としての伝承もある標高九一三メートルの兜《かぶと》山が聳えている。

永昌院からフルーツラインへ下ると、「やまなしし自然と歴史を歩くみち」の看板があり、夕狩沢古戦場跡方面へ歩く。山神《やまがみ》や天狗を祀る八嶽山《はちたけさん》神社の拝殿を過ぎたところに、夕狩沢古戦場跡の案内板が立っている。そこから北へ入る道を進むと登城口に「熊出没注意」「妙見尊」の看板が見える。崩れかかった厳しい石段を登り続けると、見えてくるのは巨岩を背にした懸造《かけづくり》の展望台だ。巨岩の上は岩場の物見台のようになっている。さらに登り続けると、枯れ葉が残る滑りやすい急斜面が待ち受ける。リュックからトレッキングポールを取り出して、ひたすら山頂をめざすことになる。

御前山城は、東西の尾根と北の尾根の広範囲に遺構があり、単なる烽火台ではないことがわかる。山頂には多くの巨岩が露出して立ち、平場はほんのわずかだ。山頂の北下方に弧状の帯曲輪がある。外縁に土塁状の痕跡があることから空堀とも考えられる。その下方には空堀と長さ五〇メートルの土塁が残り、緩やかな北の尾根を遮っている。

東尾根には数段の小曲輪が続き、竪堀や堀切がある。東先端の曲輪は物見台と考えられる眺望に優れた岩が多い平場だ。山頂西側の岩尾根は下方に続き、途中に巨岩を利用した岩穴や岩場があり、その先には大きな堀切が残る。

御前山城は、いつ、だれが築城したのか明らかになっていない。だが、夕狩沢で戦った武田信昌、あるいは跡部明海・景家との関わりが考えられる山城だ。

山頂の北下方にある空堀とも考えられる帯曲輪

小田野城《おだの》

安田義定への敬慕にじむ、独立峰状の山城

　笛吹川支流の鼓川《つつみがわ》が流れている谷筋に、ひときわ目立つ小田谷に突き出した独立峰状の小田野山が眼を引く。山城の小田野城だ。現在、小田野山は県道２０６号沿いの城下バス停北側に位置し、山頂から東と南北の三方へ尾根が延びている標高八八三メートルの急峻な山だ。

　小田野山の東中腹に城主安田遠江守義定《やすだとうとうみのかみよしさだ》が開基した普門寺《ふもんじ》、南山麓に義定を祀った腹切地蔵尊、鼓川東岸には精巧な造りの義定の宝篋印塔がある。登城口へは普門寺の墓地奥にある獣よけの柵から登る。冬場でも枯れ葉が積もって何度も足を取られながら、滑りやすい急な山道を登っていくと蔵王権現社《ざおうごんげんしゃ》の祠が二基祀られている三の曲輪が現れる。再び、三の曲輪から浅くなっている堀切《ほりきり》を経て汗を拭きながら、ひたすら山道

【メモ】山梨市牧丘町西保下・西保中。ＪＲ中央線山梨市駅または塩山駅→バス→窪平停（乗り換え）→城下停または小田野停→７分→普門寺→三の曲輪（蔵王権現社）→40分→主曲輪

南側から望む小田野山

を登り続けると二の曲輪、さらにより一層の急な尾根道を登ると山頂の主曲輪へ辿り着く。

小田野城の縄張は頂上に主曲輪を置き、登ってきた東尾根に東西に細長い二の曲輪と三の曲輪、南尾根に段曲輪、北尾根にも堀切と曲輪を普請している。

主曲輪は小田野城の中では最も大きい不等辺五角形の北側が一段高い二段の曲輪となっている。三角点の標柱がある主曲輪は眺望が開け、弁当を食べながら城の歴史を顧みることができる開放的な広さとなっている。

主曲輪の東下方に堀切があり、その東下方の尾根上の二の曲輪には自然の遮断物である雌雄二つの竜石がある。二の曲輪と三の曲輪の間には二条の堀切が現存するが、三の曲輪の尾根側の土塁は防衛施設としては適していないことから、土塁そのものの実態は謎だ。主曲輪の南斜面には数段の段曲輪が続き、北側の細尾根には良好な状態の堀切、その先の北縁には大きな石が立ち、防御を固めている。

小田野城は逸見《へんみ》清光《きよみつ》の四男安田義定の居城とされている。義定は清光の弟という説もある。義定は治承四（一一八〇）年、平氏追討の以仁王《もちひとおう》の令旨《りょうじ》に呼応して、甲斐源氏の中でもいち早く軍事行動を起こした勇将だ。しかし、武田信義とともに富士川の合戦や一の谷の戦いなどで多くの功績をあげたが、安田氏勢力の増大を恐れた源頼朝によって建久四（一一九三）年に子義資《よしすけ》が誅殺された。翌年には義定も攻め滅ぼされている。

その後の寛正年間（一四六〇〜六六）、小田野城に守護代の跡部明海が入っている。明海を継いだ跡部景家は守護武田信昌と戦った夕狩沢（山梨市上岩下）の戦いで敗れ、小田野城に敗走して自刃している。

現在、腹切地蔵尊や宝篋印塔のほかに雲光寺《うんこうじ》（山梨市下井尻）と放光寺《ほうこうじ》（甲州市塩山藤木）に安田義定の墓がある。地元では悲壮な武将であった義定に対して、まさに敬慕の念を表し続けている遺跡だ。

主曲輪北側の堀切

浄古寺城《じょうこじ》

甘さが漂う巨峰の丘、琴川《ことがわ》の河岸段丘上に甲府防衛の拠点

恵林寺《えりんじ》の北方へ二キロ、巨峰の丘として名高い牧丘《まきおか》町に中牧《なかまき》城とも呼ぶ浄古寺城がある。秩父大滝へ通じている秩父往還と西保《にしほ》から山道を通って甲府へ向かう秩父脇往還が分かれる要衝地の城山に築かれた平山城だ。

東麓に琴川と笛吹川《ふえふきがわ》、南麓には鼓川が流れて三つの川が合流しているが、浄古寺城は琴川の河岸段丘上に位置している。現在、城址一帯は一面の巨峰や白桃が実る果樹園。ちょうど、巨峰の収穫作業をしていた農家の方から頂戴した一房は、ずっしりと重く、さすが巨峰の丘の味だと再認識して、新鮮な甘さを満喫。

浄古寺城は当初、谷戸《やと》城主逸見清光の四男安田義定の出城だった。弘安年間（一二七八～八八）に牧丘を所領としていた二階堂氏が浄古寺城を修築し、天文一

【メモ】山梨市牧丘町城古寺。JR中央線塩山駅→バス→窪平停→25分→八幡神社（二の丸）→1分→本丸（果樹園）

今では畑となっている大規模な内堀

七（一五四八）年には武田晴信が土豪の大村加賀守に修築を命じている。

天正一七（一五八九）年、豊臣秀吉と北条氏の対立が激化する中、徳川家康は甲府防衛のために内藤信成《ないとうのぶなり》に浄古寺城の大修築を命じた。信成の修築で浄古寺城は近世初期の城として生まれ変わり、現存している遺構はその際の修築によるものだ。

まず、二の丸に建立された八幡神社境内にある縄張図を確認してから浄古寺城を散策したい。縄張は北側に本丸を設け、本丸の一段低い西南側に二の丸、東南側に三の丸を配置している。本丸からは甲府盆地特有の地形がよくわかり、富士山や塩山の街並み、西方三キロには詰城の小田野城を望むことができる。

本丸西辺の一部は削られているが、周囲に土塁が囲み、北と西辺には虎口が残っている。現在、南西隅に天守台跡の石碑が立つ櫓台があるが、天守台は西北隅の高台に存在していた。本丸を囲む内堀は北・西・南側が幅一五メートルと広く、東側は天然の急崖となり、その斜面には堅堀が確認できる。南側の道路は内堀、北と西側の道路や用水路は外堀跡だ。

二の丸には諏訪神社が建立され、修築の際にも城内の鎮守として存在していたが、現在は八幡神社として再建され、本殿脇に櫓台の礎石が残されている。四方には空堀が囲み、二の丸と三の丸を画する土塁と堀の一部が現存している。また、八幡神社の東と南辺には畑となっている中堀跡や鰻《うなぎ》堀と呼ばれていた池跡もある。

浄古寺城という名称の由来は、天正年間（一五七三〜九二）に窪平《くぼだいら》へ移転した夢窓疎石《むそうそせき》が開いた浄居寺《じょうこじ》がこの地に存在したことによる。浄古寺城の南方二〇〇メートルのブドウ畑の中には夢窓疎石を鎌倉から招いた二階堂道蘊《どううん》（貞《さだ》藤《ふじ》）と足利尊氏の宝篋印塔がある。

八幡神社境内に残る櫓台の礎石

下釜口《しもかまぐち》烽火台

武田氏の大伝達網、雁坂《かりさか》峠方面の異変伝達の役割

日本二百名山の一つで、山梨百名山でもある乾徳山《けんとくさん》（標高二〇三一メートル）から尾根が東南に張り出し、尾根伝いの笛吹川右岸に標高九八八メートルの城山がある。現在の三《み》富下釜口《とみしもかまぐち》を走る国道１４０号の城山《しろやま》トンネルだ。その城山に築かれた下釜口烽火台は、城山城郭遺構として山梨市史跡に指定され、小規模ながらも山に囲まれた憩いの城山公園となっている。

笛吹川上流に武蔵国との国境である日本三大峠の一つ、雁坂峠がある。この峠を通過する雁坂道（秩父往還）は古くから重要な古道として存在し、南北朝時代の永徳四（弘和四・一三八四）年に関所が設けられたと伝わる。

関所が制度化された江戸時代には、下釜口烽火台の北方二キロに川浦口留番所《かわうらくちどめばんしょ》が設けられ、人や物資の流入を取り締まった。平成六（一九九四）年に川浦口留番所は

【メモ】山梨市三富下釜口。ＪＲ中央線山梨市駅→バス→笛吹の湯停→２分→登城口→10分→主曲輪

スポーツ広場から見上げる城山

復元されている。

武田信虎と信玄の時代は、躑躅ヶ崎館を中心に信濃・駿河・武蔵・相模方面に向けて多くの番所や烽火台が設けられ、大伝達網を張り巡らせていた。下釜口烽火台もその一つで、甲斐と武蔵秩父方面を結ぶ雁坂峠方面の異変を伝える役割を担い、北方の雁坂の烽火台から南方の牧丘町の成沢烽火台へと急報を伝達していたようだ。また、三富や塩山《えんざん》の山間部は金山採掘としても重要な地であった。

山梨市の市営みとみ笛吹の湯に隣接するスポーツ広場の螺旋状階段または笛吹川に架かる新三之橋を渡ったところの石段から城山へ登城。山頂までの距離は短いが、比高九〇メートルと勾配は急だ。山頂へは階段の遊歩道があるが、枯れ葉が積もっている時期は滑りやすいため、トレッキングポールがあるといい。

下釜口烽火台は小規模だが、わかりやすい状態で遺構が現存している。松林となっている山頂の主曲輪は南北に長い狭小の楕円状で、北側は水の神、雨乞いの大山石尊大権現《おおやませきそんだいごんげん》が祀られた一段高い岩場となっている。南側には展望台が築かれ、周囲を山々に囲まれながらも北から東と南方の眺望が開け、南方には富士山も眺望できる。

主曲輪の南側五メートル下方には鉄塔がある半円形状の腰曲輪《こしぐるわ》が付帯している。主曲輪の北側には堀切が二条設けられて北へ向かう細い尾根を遮断し、堀切の両側は竪堀が設けられて防御を固めている。堀切を越えてそのまま進むと林道徳和《とくわ》・下釜口線に出るが、二条目の堀切から枯れ葉が布団状に積もった東斜面の道を滑るように下り、笛吹の湯でのんびりとひと風呂も。

東山麓には現在も子孫の方が居住する武田氏重臣の荻原氏屋敷がある。秩父口の国境防御や下釜口烽火台の管理を担っていた荻原氏は、大永元（一五二一）年に武田信虎と駿河今川氏が戦った飯田河原の合戦で戦功をあげた昌勝が名高い。だが、昌勝の出自については不明な点があり、武田信満《のぶみつ》の子今井信景《のぶかげ》、信景の子荻原慶忠、その慶忠の嫡男と言われているが、寛政重修諸家譜によると武田信昌の後胤《こういん》とされている。

主曲輪の北側尾根を遮断する堀切

連方《れんぽう》屋敷

中世居館の代表的な形式、一三〇メートル四方の方形居館

夏の夕涼み、うちわを片手に手軽に歴史散歩が楽しめる山梨県指定史跡の連方屋敷。JR中央線東山梨駅から東へ約三〇〇メートル離れた住宅地の中にある連方屋敷は、北西に笛吹《ふえふき》川、南に笛吹川の支流重川《おもがわ》が流れている平野部に築かれた居館だ。

連方屋敷の東方に国宝の仏殿や重文の庫裏《くり》が現存する清《せい》白寺《はくじ》、西方には峡東《きょうとう》地域で最も栄えた八日市場跡があり、甲府盆地東部の中心的エリアであった。

以前は連方屋敷の土塁に舌状花《ぜつじょうか》のヒメジョオンが群生していたが、現在は土塁全体に芝生を張って保存整備されている。そのため、単郭式の連方屋敷の規模が理解できる。

連方屋敷の創築については不明な点が多く、居館者を断定できない謎の居館だ。平安から鎌倉時代初期の悲劇の武将安田義定の九世安田光泰は、足利尊氏に仕えて蓮峯《れんぽう》入道

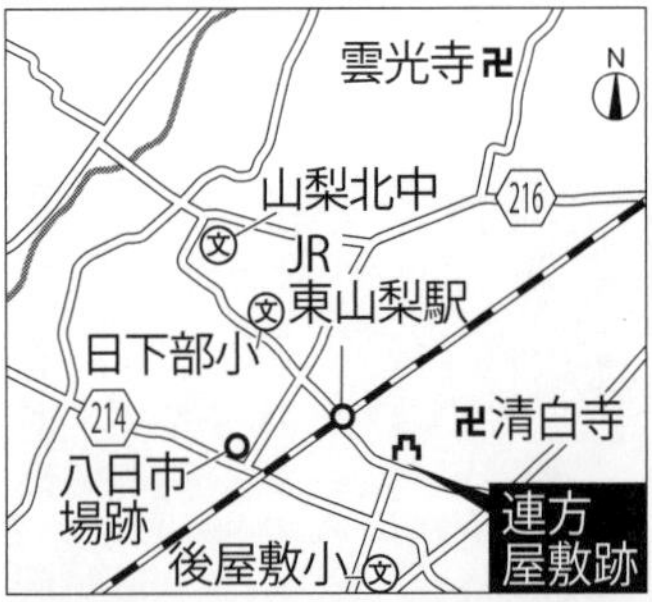

【メモ】山梨市三ケ所。ＪＲ中央線東山梨駅→５分→連方屋敷

を名乗り、その屋敷を「蓮峯屋敷」と称したと伝わる。清白寺は尊氏が夢窓疎石を開山に創建した臨済宗寺院、連方屋敷北側の雲光寺は安田氏菩提寺であることから、武田氏の時代以前に安田氏の屋敷が存在していたことが考えられる。

　武田氏の時代には財政をつかさどる庁所を「蔵前《くらまえ》」、この庁所で働く代官衆を「蔵前衆」と呼んだ。その点から連方屋敷は御蔵庁所や武田信玄の蔵前衆頭の古屋《ふるや》道忠《みちただ》が居住したとする説もあり、現在も古屋邸が建つ。

　連方屋敷の規模は一辺が一三〇メートルの不整方四角形で、周囲には土塁と堀が取り囲んでいた中世居館の代表的な形式である。土塁は北東隅と南辺の一部を除いて良好な状態で現存している。堀は北と西辺に現存、東と南辺の堀は水路となってその面影を残している。畑となっている北東隅は折邪《おりひずみ》と呼ぶ鬼門除けだ。陰陽道《おんみょうどう》では北東は邪

屋敷内部から見る大規模な土塁

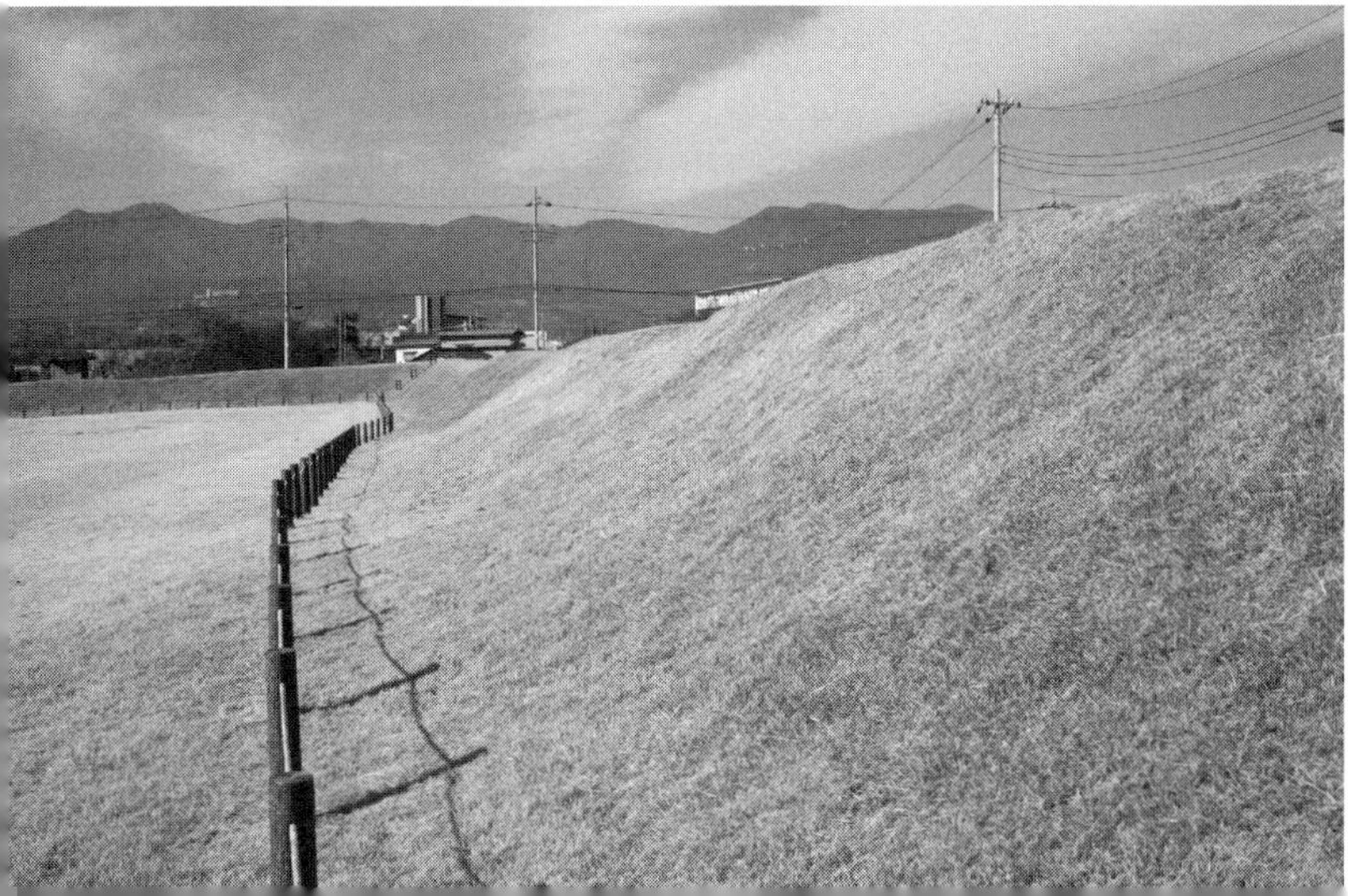

歴史散歩に最適な整備された土塁

悪なものが入り込むとされ、北東隅の土塁と堀は上田城（長野県上田市）のように屈曲していたと考える。

現在、屋敷内には江戸時代の宝篋印塔《ほうきょういんとう》・五輪塔や普請時期が不明の石組みの水溜状遺構や井戸跡がある。

新町の町並みは浅野長政が整備したが、南西の直線的な小路は連方屋敷としては防御上の弱点、その小路に沿う小規模な町割《まちわり》などからも防御面は重要視されていない居館であった。

平成一五（二〇〇三）年に屋敷跡の七割が所有者から山梨市へ寄贈され、発掘調査とともに史跡公園として整備が進められた。過去の調査で礎石《そせき》建物や掘立柱建物《ほりたてばしらたてもの》跡が発見され、一三世紀ごろの青磁器や一四・一五世紀ごろの土器などの遺物も出土している。

栗原《くりはら》氏館

武田信成の子武続を祖とする栗原氏の本拠

モモやブドウ畑が広がり、寺院が集まる甲府盆地北東部の山梨市栗原《くりはら》地区。笛吹川支流の日川《ひかわ》と重川に挟まれた平坦な地形だ。

江戸時代には甲州街道が通り、東側に勝沼宿、西側に石和宿、その間に置かれて賑わっていた栗原宿。今は繁栄した面影は残らない栗原宿だが、その一画に中世居館である武田氏一族の栗原氏館が存在していた。

一町四方の居館跡で、今の栗原山大翁《だいおう》寺境内に築かれたと伝わる。境内にブドウ畑や柿の木があり、気軽な歴史散歩にふさわしい静寂な地だ。

栗原氏は武田氏一一代信成《のぶなり》の子武続《たけつぐ》を祖とし、信通・信明・信遠《のぶとお》・信友・信重・信方と世襲したことが文献「一本武田系図」に記されている。栗原郷を中心に、武続は東郡の雄として守護と並ぶ強大な勢力を誇った国人

【メモ】山梨市下栗原・上栗原。ＪＲ中央線山梨市駅→ 40 分→栗原氏館跡（大翁寺）→妙善寺→大法寺→海島寺→ 5 分→養安寺

領主であった。

嘉吉年間（一四四一～四四）から永正年間（一五〇四～二一）にかけての甲斐国は、守護武田氏と守護代跡部氏が戦いを繰り広げた下克上の時代であった。

武田氏は歴代にわたって石和を中心に守護館を置いていた。永正一六（一五一九）年、一八代信虎が守護館を川田館から躑躅ヶ崎館へ移し、家臣も甲府へ移住させて甲斐国統一を図った。栗原信友《のぶとも》は有力な国人衆の大井氏や逸見《へんみ》（今井）氏らとともに信虎に抵抗したが、次々に鎮圧されて武田氏に従っていた。

「妙法寺記《みょうほうじき》」には、享禄四（一五三一）年に栗原兵庫が飯《お》富《ぶ》兵部《ひょうぶ》や今井信元らとともに再び信虎に蜂起したものの、敗死したと記されている。その後、栗原氏は鎮圧されて武田氏家臣団に組み込まれていった。武田氏滅亡後、栗原氏は徳川家康に仕えている。

大翁寺の北東隣に香陽山妙善寺《みょうぜんじ》、その東隣に龍巌山海島寺《りゅうがんざんかいとうじ》がある。大翁寺の東側には真浄山大法寺《だいほうじ》、四〇〇メートル離れた北東の地には石伝山養安寺《ようあんじ》があり、それぞれほぼ一町四方の規模だ。栗原氏館は妙善寺・海島寺・大法寺を含めた城域とする説もある。その

土塁が残る竹林とケヤキの大木がある大翁寺

説をとれば、曲輪を複合化させているため「栗原城」と呼ぶのがふさわしい大規模な平城だ。また、養安寺も栗原氏の居館跡と伝えられている。

海島寺に残る栗原氏の墓

妙善寺との境の北側にはひときわ高いケヤキが目を引く。栗原氏館の遺構は少ないが、ケヤキの下の竹林に土塁の一部が残っている。境内北側の墓地にも土塁跡があり、往時は敷幅一〇メートルを超える大きな土塁であったと推測される。大翁寺入口には堀跡をしのばせる水路があり、かつては水量が豊富で、子供の遊び場だったという。

館周辺の寺院群は栗原氏の菩提寺でもある。栗原武続が開いた海島寺には「栗原城主栗原重郎武続公家之墓所」の碑がある大小一八基の石塔や尼寺として一一代続いた尼僧の墓がある。大翁寺よりも一段高い地にある妙善寺には栗原信明の供養塔があり、栗原信友が開基した養安寺には信友の子と伝わる信盛の墓がある。

勝沼氏館《かつぬまし》

往時をしのぶ、国指定史跡の歴史文化公園

梅雨どきの晴れ間、青紫や黄色のハナショウブや白いヤマボウシが、周辺の緑に染まって咲く勝沼氏館。笛吹川支流の日川右岸に位置する勝沼氏館は、アーチ姿が美しい祝《いわい》橋背後の河岸段丘上に築かれた勝沼信友《のぶとも》の居館だ。

勝沼氏始祖の信友は武田氏一八代信虎の弟で、信虎に最も信頼されていた武田氏の親族衆であったが、天文四（一五三五）年の北条氏綱《うじつな》との戦いに敗れて討死。嫡子信元《のぶもと》も武田氏の親族衆として活躍したが、永禄三（一五六〇）年、長尾景虎が上杉憲政を擁して関東へ進軍した際に謀反を企てたことが露見。そのため、信元は武田信玄の命で山県昌景《やまがたまさかげ》に誅殺されて勝沼氏は滅び、勝沼氏館も廃された。

勝沼氏館の周辺に甲州街道が段丘に並走、鎌倉脇往還も北の雁坂《かりさか》口から南の御坂《みさか》口へ向かうように南北に走り、交

【メモ】甲州市勝沼町。ＪＲ中央線勝沼ぶどう郷駅→30分→勝沼氏館

通・経済の重要な地であった。現在、JR中央線勝沼ぶどう郷駅からブドウ畑の中を通る県道38号を二キロ南下し、県道34号の交差点に勝沼氏館がある。土塁・空堀・門跡や井戸・水溜・水路が復元され、幼児連れでも楽しめる国指定史跡の歴史文化公園だ。公園の駐車場脇には勝沼信友の娘理慶尼《りけいに》が建立したと伝わる勝沼氏供養の地蔵が再建され、訪館を迎える。

昭和四八（一九七三）年、山梨県立ワインセンターの建設によって勝沼氏館が発見され、発掘調査を経て全容が明らかとなった。勝沼氏館の縄張は内郭と東曲輪・北西曲輪・北曲輪の外郭に区分され、時代とともに順次東方へ城域が拡大されていった。

主曲輪に当たる中心曲輪の内郭は二重堀と二重の土塁に囲まれていた。門は北門と東門の二つの門があり、北門は土塁を利用して石積みをコの字状に積み上げた桝形、東門に入る内堀には木橋の橋脚の石垣がある。内部からは水路・水溜・礎石

建物跡が表面表示されている内郭

東門前の空堀に木橋が架かっていた橋脚石垣

建物・門・井戸・厩《うまや》・庭園・鍛冶跡などの遺構が発見されている。

現在、内郭には主屋・常の御座所・会所・番所・厩・蔵・工房などの礎石建物跡が、礎石と礎石を結んで建物の規模を示した表面表示の手法で復元されている。縁石を用いた水路は土塁の内側に並走し、この水路に連係して台所の水場が存在している。

外郭は掘立柱建物の家臣屋敷や工房があり、柱穴が検出されて現在は表面表示され、家臣屋敷や井戸が復元されている。また、深沢用水から水を引き込んだ石組みの浄化施設は勝沼氏館の特徴を示す遺構だ。現在、水路に分水路・排泥処理溝などを設置した水路式浄化施設や受水槽と沈殿槽の石組み水槽に水をためて飲料水の浄化を行った水槽式浄化施設も復元されている。

於《お》曽《ぞ》屋敷

圧巻な土塁が残る典型的な中世の居館

旧塩山市を流れている重川の扇状地に位置する於曽屋敷は、重川から引いた水を堀に入れた典型的な中世土豪の居館。

昭和四九（一九七四）年、館主於曽氏の子孫廣瀬氏が東半分の敷地を旧塩山市に寄贈した。今では、虫網を持った子供たちがセミやチョウを追う緑に囲まれ、中央には百日草が一面に咲く花壇がある於曽公園、気持ち良く歴史散策が楽しめる山梨県指定史跡だ。

土手屋敷とも呼ぶ於曽屋敷の地の字名は簱板《はていた》といい、土塁上に遮断物として板塀を巡らせていたことがうかがわれる。簱板の字名は北方の上於曽にもあり、板塀に囲まれた於曽屋敷が存在していた。

於曽氏は甲斐の古代豪族三枝《さえぐさ》氏の分流である。応保二

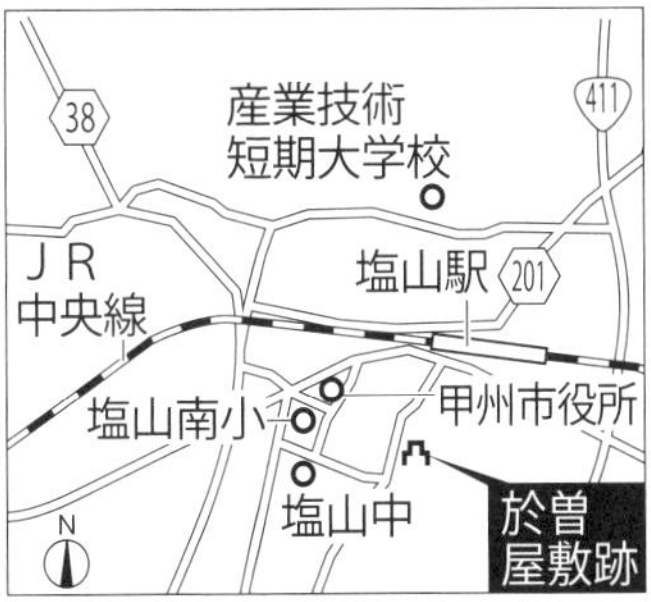

【メモ】甲州市塩山下於曽。ＪＲ中央線塩山駅→５分→於曽公園→１分→板垣権兵衛腹切石

東側に残る見事な高さの土塁

（一一六二）年の熊野権現社八代荘《やつしろのしょう》をめぐる国司と熊野社との争いに連座した三枝氏は弱体化。その中、武田氏四代信義の弟加賀美遠光《かがみとおみつ》の四男光経《みつつね》と五男光俊《みつとし》（上於曽）がこの地に入って於曽氏を称した。

のちの永禄年間（一五五八～七〇）に於曽信安《のぶやす》が板垣《いたがき》氏を継ぎ、信方《のぶかた》・信泰《のぶやす》は於曽殿と呼ばれて活躍している。その後、於曽氏は江戸幕府に遠慮して姻戚の廣瀬《ひろせ》氏を名乗って世襲し、現在は三三代目の重治氏である。

於曽屋敷は北・東・西の三辺が二重の土塁と二重の水堀が囲んでいた方形の単郭式の居館であった。山梨県内には同様の形式として、山梨市の連方屋敷、北杜《ほくと》市の深草館、笛吹市の小山城などがある。

於曽屋敷の東と西には重川から引いた用水が流れ、現在も細い水路があるが、昭和二〇年代までは子供たちが内堀にたらいを浮かべて遊んでいたという。

門は南辺の大手門と西辺に存在し、大手門は土塁の外側に角馬出《かくうまだし》状に防御。現在、低いながらも北辺に二重土塁が残り、東と南辺の土塁は圧巻な規模だ。現在は移されているが、東北隅に鬼門除けの御宿神《おしゅくじん》を祀り、西北隅には於曽光経や於曽一族を祀る五輪塔・宝篋印塔がある。

　廣瀬宅の門をたたいて於曽氏と廣瀬氏の説明を受けながら墓や社を拝観すれば、歴史や城好きには於曽屋敷の規模がより一層実感できるだろう。

　織田信長の甲斐侵攻で於曽屋敷が攻められ、その際に主人を逃亡させるために切腹した忠義な板垣権兵衛。屋敷外側の東南に板垣権兵衛腹切石と観音が祀られている。腹切石《はらきりいし》は本来、道路を挟んだ南側の巨石であった。東側の用水は権兵衛の血で赤く染まったという伝承から権兵衛川と呼ぶ。

　また、於曽屋敷の周囲には黒川金山《くろかわきんざん》衆の住居や精錬の作業場が存在し、金山衆の役宅として於曽屋敷が利用されたことも考えられる。

北辺に残る二重土塁

千野館《ちの》

石和から移る、武田氏一二代信春の居館

甲斐武田氏一二代信春の居館、千野館。甲府盆地東部に位置し、現在は柳沢山慈徳《じとく》院を中心にブドウ畑や千野保育園、住宅地となっている武田氏総領の守護館だ。重川が盆地の東北部を流れ、その右岸の台地に築かれていた。

甲斐武田氏は五代信光以降、一八代信虎が永正一六（一五一九）年に躑躅ヶ崎館を甲府に築くまで、歴代に渡って石和周辺に守護館を置いていた。一一代信成の跡を継いだ信春は、甲斐守護を世襲すると居館を石和から千野へ移している。信成が守護領の塩山《えんざん》の地に向嶽庵《こうがくあん》を開き、千野の継続院を菩提寺としていたためと伝えられ、黒川金山の掌握を狙っていたことも考えられる。

源頼朝に従って功績をあげた武田氏四代信義は、長男一条忠頼《いちじょうただより》が謀反のかどで頼朝に殺され、忠頼の弟石和

【メモ】甲州市塩山千野。ＪＲ中央線塩山駅→バス→千野停→１分→千野館跡（慈徳院）

武田信春公館跡の石碑が立つ慈徳院入口

信光が武田氏総領家を継いだ。武田氏は信春の祖父信武から信成の時代まで北朝方に属して比較的安定していた。だが、信春の時代からは南朝方に攻められて甲斐国内は不安定な状態が続き、文和四（一三五五）年には南朝の甲斐国人領主の攻撃を受け、柏《かしわ》尾《お》山に布陣している。

応永二〇（一四一三）年、武田氏一族の逸見氏が起こした「逸見氏の乱」で、千野館は兵火にかかり落館している。その際、信春は萩原山に柳沢堡塁を築いて逃れたが、その地で病死したと伝わる。慈徳院は信春の遺言で建てられたとも伝わり、本堂東側にある枝垂れ桜の下には信春の立派な宝篋印塔がある。

修理亮・伊豆守・陸奥守となった武田信春の逝去後、家督を嫡男信満が継いだ。応永二三（一四一六）年の上杉禅秀の乱の際、信満は禅秀に属して戦ったが、翌年、甲州市大和町の木賊《とくさ》山で自害している。現在、栖雲寺《せいうん》に信満の墓がある。

千野館は、土塁と水堀に囲まれた東西一〇〇メートル、南北一五〇メートルの南北に長い方形居館だ。遺構はほとんどないが、西と南側は道路よりも高くなっている。

周囲には水堀跡とみられる水路が巡っている。北東隅に周囲より高い土塁が認められるが、土塁上は墓地となっている。墓地を掘削した際、常滑《とこなめ》の甕の破片や土師質土器《はじしつどき》の破片が出土したという。

千野停留所から慈徳院へ向かうと、千野館の東側に千矢の堀跡の石碑がある。往時は戦いで使う矢になる優良な矢竹が群生していたようだ。西方には、千野館からの伝達を掲げた札の辻や信春の奥方・女中衆の御台屋敷跡、慈徳院入口には武田信春公館跡の石碑が建てられ、その存在を今に残している。

千野館の東と北側には「馬場街道」と呼ぶ兵馬訓練場跡があり、東に鹿子《かのこ》屋敷、北西に女中屋敷と呼ばれる地がある。馬場・橋建・郷宿・町屋原・千貫堀などの地名も残っている。

慈徳院本堂の脇に残る信春の宝篋印塔

岩崎氏《いわさきし》館

山々に囲まれた谷戸地形、優れた眺望

岩崎氏館は甲府盆地の東部、御坂山系から流れ出た京戸川《きょうどがわ》扇状地の扇端《せんたん》に築かれた。扇端は坂下川《さかしたがわ》の浸食によって断崖となっている。北側から岩崎氏館を望むと、周囲より一段高いところに築かれていたことがよくわかる。

岩崎氏館の地の字名は「立広《りゅうこう》」といい、立広砦の別称がある。現在、岩崎氏館の大部分が山梨ワイン醸造のブドウ畑となり、南側には国道20号の勝沼バイパスが通っている。岩崎氏館の南には岩崎氏の詰城の蜂城、東南に勝沼氏館の詰城と伝えられる茶臼山《ちゃうすやま》烽火台がある。西方に甲斐駒ヶ岳や南アルプス、北から東方には柏尾山（高尾山）などの山々に囲まれ、いわば大規模な谷戸《やと》地形に位置した眺望が素晴らしい地だ。

昭和五〇（一九七五）年、勝沼バイパス建設に伴う岩

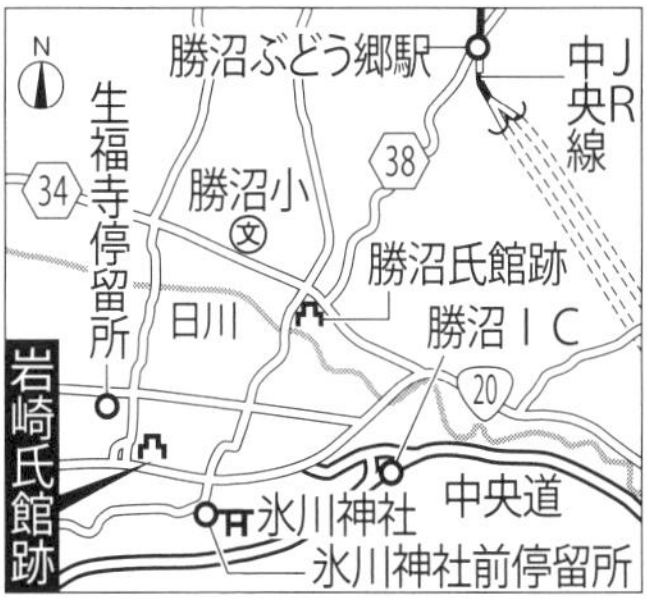

【メモ】甲州市勝沼町下岩崎。ＪＲ中央線勝沼ぶどう郷駅→バス→生福寺停→6分→岩崎氏館跡

現在の坂下川から見る段丘の城壁

崎氏館の発掘調査で暗渠《あんきょ》、石塁《せきるい》、溝跡《みぞあと》の遺構が見つかった。天目《てんもく》茶碗をはじめとする陶磁器や土師質土器、鉄製品、木製品など一三世紀中ごろから一五世紀初頭の遺物も出土している。

岩崎氏館は北側が高さ一〇メートル以上の急崖となり、東、南、西の三辺に堀を普請した東西一二〇メートル、南北一〇〇メートルの方形居館だ。ブドウ畑の中央に南北の空堀によって東西の曲輪に二分していた。東曲輪中央に東西に走る土塁の存在が考えられ、さらに二つの曲輪に区分していたことが想定される。

現在、岩崎氏館には明確な遺構は残っていないが、西曲輪の南西隅に太鼓《たいこ》櫓台《やぐらだい》跡、北西隅の一段下がったところに小さな曲輪と虎口跡と推定される遺構がある。土塁は南辺だけに存在していたようだ。

南辺の堀からは地下水を含んだ灰青色の泥層が調査で確認され、扇状地の伏流水が湧き出していたことがわかった。ブドウ畑の前所有者の前田澄也さんの話では、道路となっている南側の堀跡の湧水点から常時約一千リットル分が貯水されていた。ここから流出する水が東側をめぐって坂下川へ流れ、昭和三〇年代ごろまではウナギも見かけたという。

岩崎氏館の創築は不明だが、甲斐源氏武田信光の子信隆《のぶたか》を祖とし、鎌倉時代から室町時代前期にかけて岩崎郷を中心に隆盛した岩崎氏の存在が考えられる。「生山系図」によると、岩崎氏は甲斐源氏の棟梁《とうりょう》職であったことを表す武田氏代々の家宝の御旗《みはた》、楯無鎧《たてなしよろい》を八代にわたって相伝し、岩崎直信の時代に守護武田信重に伝えたという。

「甲斐国志」によると、大善寺の嘉元四（一三〇六）年の記録に「岩崎一分ノ地頭武田筑前守武政」と記されている。岩崎氏館の東南に位置する岩崎氏の氏神である氷川明神の棟札にも再建者として筑前守武政の名が記され、岩崎氏館との関係が深いものと推定される。守護武田氏と相並ぶ地位となっていたことが考えられる岩崎氏は、長禄元（一四五七）年からの守護武田信昌と守護代跡部《あとべ》景家《かげいえ》との戦いの際、跡部氏と戦った岩崎小次郎・源次郎が討死、一族はその後に滅亡してしまった。

一段高くなっている西南隅の太鼓櫓跡

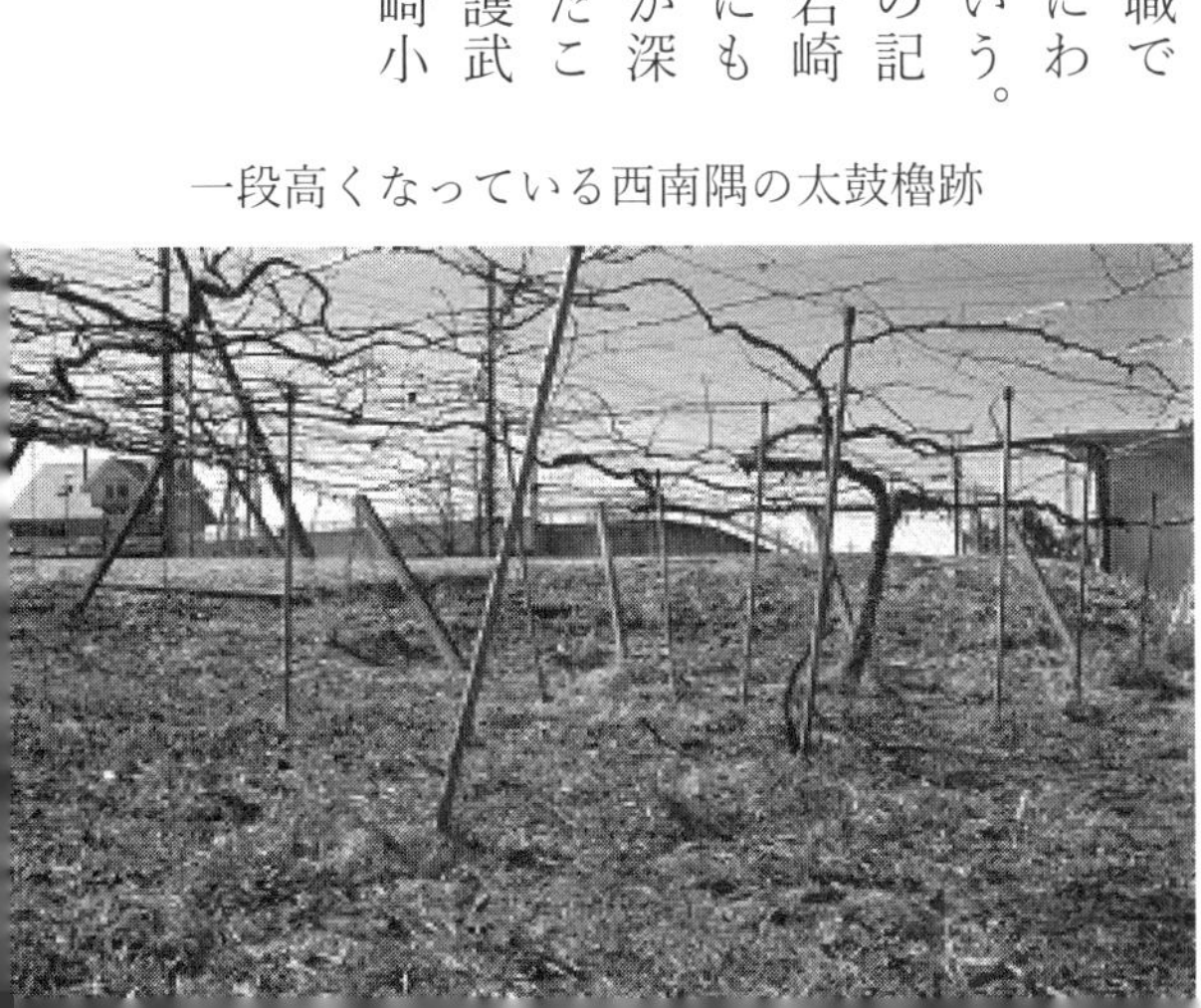

茶臼山《ちゃうすやま》烽火台

小規模で単純な縄張、山頂の一段下方に腰曲輪

山梨県内には茶臼山と呼ばれる烽火台が二つある。一つは都留市の小山田《おやまだ》氏と関係が深い谷村《やむら》烽火台、もう一つの茶臼山は甲州市と笛吹市の境界線上にある茶臼山烽火台だ。

茶臼山烽火台の南下方は御坂山系から流れ出た京戸川によって形成された京戸川扇状地で、現在は山梨を代表する広大なブドウやモモなどの果樹園となっている。勝沼町の中心街から東南三キロの地に存在する標高九四八メートル、比高四四八メートルの茶臼山に築かれた茶臼山烽火台は、郡内へ通じる要所に位置し、笹子峠《ささごとうげ》付近に存在していた烽火台と連結していたことが考えられる。

茶臼山は笹子峠付近から眺めると、茶臼の形状に似ていることから名付けられた。鐘撞堂《かねつきどう》や御前《ごぜん》山と同様、茶臼山や茶臼岳も烽火台に関係する呼称とされている。

縄文時代の土器や土偶が展示されている釈迦堂《しゃかどう》遺跡博物館の南方に聳える標高七三八メートルの蜂城《はちじょう》山は、

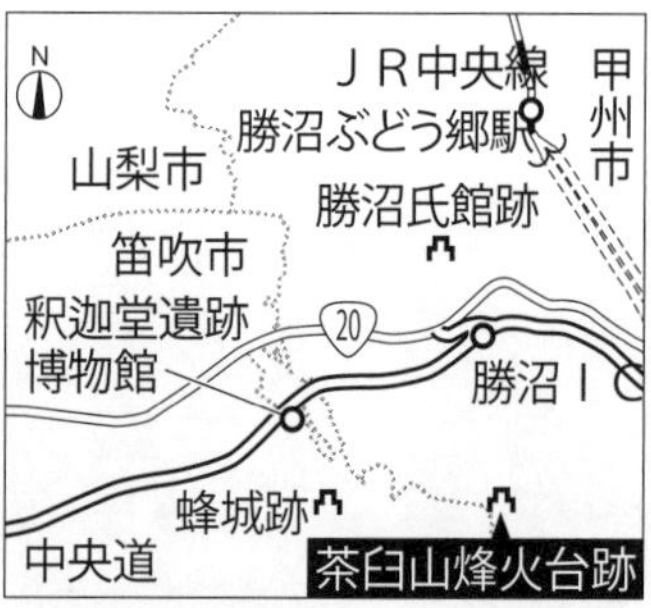

【メモ】甲州市勝沼町山林・笛吹市一宮町。ＪＲ中央線勝沼ぶどう郷駅→バス→釈迦堂入口停→ 15 分→釈迦堂遺跡博物館→ 20 分→登城口→ 50 分→主曲輪

大龍王の石碑が立つ主曲輪

岩崎氏や栗原氏の山城だ。その東隣の山が茶臼山。博物館から京戸川沿い近くのブドウ畑を登って行くと、道路脇に茶臼山登城口の案内看板がある。

登城口のヒノキ林を抜けると横に見えていた蜂城が、すぐ下に見えるほどの急斜面の登城道をひたすら登ることとなる。山道は整備された遊歩道ではあるが、途中で引き返したくなるほどハードな登山だ。帰りの下山の際、長野県から来た山城好きの年配ご夫婦に出会った。長野の山城は雪が深いため、冬は山梨県の山城を楽しんでいると、ゆっくりではあるが笑顔を残して苦もなく急斜面を登って行った。

急斜面を登り切ると東方へ緩い尾根が続き、北下方に勝沼町を見下ろせる景勝地。その尾根伝いを登って行くと城の雰囲気を感じさせてくれる堀切が現れる。堀切を越えて一段登るとそこは待望の山頂、つまり、茶臼山烽火台だ。

山頂には雨乞いとして祀られたと伝わる大龍王の石

碑と三角点や山頂表示板がある。主曲輪からの展望は残念ながらヒノキ林に遮られて望めないが、往時はパノラマの視界だったことがわかる。樹木に囲まれてひと休みしていると、小鳥のさえずりが聞こえ、思わず小鳥の姿を探すひととき。

茶臼山烽火台は小規模で単純な縄張ではあるが、遺構の残存状態は良好だ。主郭部の規模は一辺が四〇メートルの三角形の形状で、山頂の主曲輪は楕円状となっている。主曲輪の北・南・西の一段下方には腰曲輪があり、腰曲輪は帯曲輪でつながって三角形を形成している。また、南と西には竪堀がつながる堀切を設けて尾根筋を遮断している。

茶臼山烽火台の創築は不明だが、武田信虎の弟勝沼信友が築いた勝沼氏館の詰城とされている。当時、信虎は小山田信有と対立し、笹子峠を監視する砦として勝沼氏が茶臼山を管理していた。その後の信玄の時代に茶臼山は烽火台として利用され、相模の北条氏の動静を伝えていた。

西の堀切と竪堀

蜂城《はち》

甲斐屈指の山城、鳳凰三山・八ヶ岳や桃源郷を一望

日本一の桃の里、笛吹市一宮《いちのみや》町の桃源郷に魅せられながら標高七三八メートルの蜂城へ登城。モモの濃いピンク、レンギョウのイエロー、南アルプスの残雪のホワイト、その背景にある空のブルーは甲州自慢のスプリングカラーの競演だ。

さらに、モモ畑の下萌《したも》えのホトケノザやヒメオドリコソウのムラサキ、そして菜の花やタンポポのイエローが優しく目に映って心を和ませ、蜂城への登城の歩みを遅らせる。

背後の山から突き出た独立峰《ほう》状の蜂城山に築かれた蜂城は、甲斐国内でも屈指の山城に数えられる。文献「甲斐国志」には、蜂城山は城壁を構えた跡と記されている。現在、蜂城山には学問の神様である蜂城天神社が祀られ、参道入口にある獣よけの金網の柵をあけて登城となる。

石灯籠《いしどうろう》がある山道の参道をひたすら登って行く。途

【メモ】笛吹市一宮町石。ＪＲ中央線勝沼ぶどう郷駅→バス→釈迦堂入口停→ 15 分→釈迦堂遺跡博物館→ 10 分→登城口→ 25 分→分岐点→ 1 分→ヤマボウシ→分岐点→ 10 分→主曲輪

レンギョウが咲く登城口から望む桃源郷と南アルプス

中のY字分岐点を左へ五〇メートルほど寄り道をすると、笛吹市天然記念物のヤマボウシの巨樹がある。ヤマボウシの花は六月から七月が見頃だが、地元では白い花がきれいに見える年は大雨が降ると伝えられているようだ。

分岐点に戻って少し登ると、虎口跡と見られる平場に鳥居がある。そこからは東に茶臼山烽火台、南に旭山烽火台を見通せ、西から北の眼下には甲府盆地が見渡せる。

再び参道を登り始めると、左手斜面に幅三〜五メートルの長い帯状の曲輪が階段のように続いている。現存する二〇段ほどの帯曲輪群は、蜂城の見どころの一つである。また、多くの竪堀を普請して防御を固めている点も特徴だ。

山頂の蜂城天神社の境内となっている平場が主曲輪。主曲輪からはまさに桃源郷と呼ぶにふさわしいピンク色の絨毯が一望できる。また、甲斐駒ヶ岳から鳳凰三山をはじめ、北岳《きただけ》、間ノ岳《あいのだけ》、農鳥岳《のうとりだけ》の白根《しらね》（峰）三山や八ヶ岳、さらには金峰山《きんぷさん》や国師岳《こくしだけ》などの奥秩父山地までパノラマ状に望め、城跡に興味がなくても去り難い景色が楽しめる。

主曲輪は東西一〇メートル、南北二〇メートルの規模だ。山頂の鳥居前には帯曲輪が付帯し、社殿裏側に高さ二メートルの土塁が明確に残っている。現在は浅くなっているが、主曲輪東南の尾根上には三重の堀切と細長い小さな曲輪がある。そのまま直進して急斜面を下ると林道京戸岩崎山線に下りられるが、それなりの準備と覚悟が必要だ。

蜂城の創築について不明な点は多いが、鎌倉時代に甲州市勝沼町下岩崎に居館を構えていた武田氏一族の岩崎氏が、詰城として蜂城を築いたと考えられる。岩崎氏は深沢《ふかさわ》郷の地頭であり、岩崎太郎盛信は「甲斐前司」であったことが文献「太平記」に記されている。また、武田氏一四代信重は武田宗家相伝の「御旗・楯無鎧」を岩崎直信から伝えられたという。

岩崎氏は鎌倉時代から長禄年間（一四五七～六〇）まで隆盛を誇っていたが、守護武田信昌と守護代跡部景家の戦いで、信昌に属した一族の大半が戦死。その後は山梨市上栗原に居館を構えていた栗原氏が現在の山梨市から一宮町までの一帯を領し、蜂城もその支配下としている。

主曲輪南側に現存する三重の堀切

旭山《あさひやま》烽火台

御坂路監視の役割と府中への連絡網の一つ

笛吹市一宮町金沢《かなざわ》に曹洞宗の古刹の広厳《こうごん》院がある。そこには、武田氏一六代信昌から信縄・信虎・信玄・勝頼と武田氏五代にわたる土地寄進状が残る。広厳院の南東に標高八四二メートルの旭山が聳えている。

旭山にはかつて烽火台が築かれていた。南西方向に手前から花鳥山《はなとりやま》、金比羅《こんぴら》山、右左口《うばぐち》の城山が並び、二キロ北東には茶臼山がある。府中への連絡網が充実していたことがわかる。

旭山の山頂からは甲府盆地東側一帯が望め、御坂峠からの御坂路を監視する役割を担っていた。御坂路は中世には鎌倉街道とも呼ばれ、甲斐と駿河を結ぶ重要な街道であった。

武田信昌が文明一九（一四八七）年に出した広厳院の寺領寄進状に「南ハ城山之峰をきり」と記されている。「城山之峰」とは旭山のこととされ、一五世紀後半

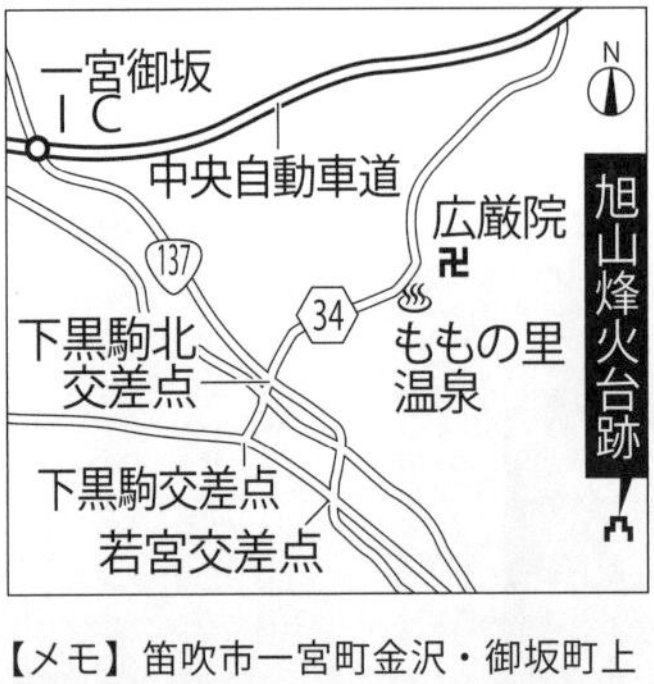

【メモ】笛吹市一宮町金沢・御坂町上黒駒。ＪＲ中央線石和温泉駅→バス→ももの里温泉停→３分→登城口→20分→物見台（蚕影山）→30分→主郭部→10分→烽火台（旭山最頂部）

には旭山烽火台が存在していたことがわかる。

東西に延びる旭山の尾根上には三つのピークがある。西から標高六二五メートルの蚕影《こかげ》山《さん》、標高八〇九メートルの三角点がある頂部、そして標高八四二メートルの旭山の最頂部が並ぶ。中央の標高八〇九メートルの頂部が主郭部。その東と西の両頂部と主郭部の下方北尾根に独立した曲輪の出丸を置いて防御力を高めた。

西の出丸である蚕影山の山頂は物見台、東の旭山の最頂部は烽火台だったことが想定される。信昌の時代以前は単なる烽火台だったが、遺構からも天正一〇（一五八二）年の天正壬午の乱までの間に砦や山城として機能したことが考えられる。

国道137号の下黒駒《しもくろこま》交差点や下黒駒北交差点から県道34号を北へ向かい、ももの里温泉の方向へ。春には一面がピンクに染まった桃源郷が広がり、温泉施設の南東に旭山が聳えている。JR石和温泉駅からバスの便もあるが、本数が少ないため、事前のチェックが必要だ。

旭山の麓は獣よけの柵に囲まれているが、「蚕影山・旭山入口」と書かれた看板がある地点から登城を始める。青葉を眼

主曲輪の東尾根の斜面に残る竪堀

主曲輪東面に崩れかけて残る石塁

に映し、肌に触れながら、大手筋と考えられる明確な城道を汗ばみながら登り続けると、蚕影山の石碑が立つ物見台に辿り着く。土塁などの遺構は残っていない物見台は、雑木林となっているものの視界は広く、見張りには適している。

再び、登り始めると遺構とは断定はできないが、細尾根を利用した土橋や竪堀がある。主曲輪は東西三五メートル、南北一九メートルの規模で、南辺に桝形虎口が設けられ、腰部には石塁が部分的に残る。周囲には幅一～二メートルの帯曲輪をめぐらせている。南東部に続く帯曲輪は幅四メートルと広く、尾根続きは堀切で尾根を遮断、北西には三段の腰曲輪、北と南には竪堀も残る。

旭山最頂部の烽火台は台形の曲輪で、土塁などの遺構はないものの立派な砦形式だ。岩を砕いた堀切など東方の尾根には三条の堀切も残る。尾根の要所要所に普請を加えている旭山烽火台は、まさに戦国末期の甲斐の山城「旭山城」と呼んでもおかしくない。

大野城《おおの》

南北に延びた尾根を利用した大規模な山城、小山城の詰城か

御坂山地の神座山《じんざさん》から甲府盆地に向かって突き出した尾根の先端部に、小物成山《こものなり》がある。この尾根に沿って東北側に御坂路、西南側には若彦路が通り、交通の要となっていた。北山麓には「甲斐国志」にも記された福光園寺《ふっこうおんじ》がある。保元二（一一五七）年、当地の領主であった大野対馬守重包《しげかね》が中興開基、賢安上人を中興開山として再建され、山号を大野山とした。

福光園寺の鐘楼門を潜ると、左に春が楽しみな枝垂れ桜、右に菩提樹の大木が出迎える。境内には運慶のまな弟子の蓮慶が造ったと伝わる木造の吉祥天《きっしょうてん》座《ざ》像と多聞《たもん》天《てん》、持国天《じこくてん》の二天立像がある。ぜひとも拝観したい貴重な国指定重要文化財だ。

大野寺集落の南東にある小物成山は、山頂に愛宕《あたご》社が祀られていることから愛宕山、あるいは城山とも呼ばれ

【メモ】笛吹市御坂町大野寺。ＪＲ中央線石和温泉駅→タクシー→福光園寺→5分→登城口→40分→主郭部（西・東曲輪）→15分→鉄塔→5分→南曲輪群

国指定重要文化財の吉祥天・多聞天・持国天の三天像

ている。現在、南尾根上に高圧線の鉄塔があり、頂上からは甲府盆地の東側が望める景勝地だ。そこに小物成山城とも呼ぶ大野城が築かれていた。

大野城跡は昭和六一（一九八六）年の山梨県教育委員会による調査で発見された。創築時期は不明だが、北西二・五キロにある小山城の存在が気にかかる。小山城は穴山伊豆守が城主となり、文明四（一四七二）年に信濃の大井氏と戦った。大永三（一五二三）年には穴山信永が南部某と戦って敗れている。大野城はその間の穴山氏と関係が深いと考えられる。躑躅ヶ崎館と要害山の関係と同様、大野城は小山城の詰城だったという見方ができるのだ。また、天正壬午の乱の際、小山城に入った徳川勢が修築したとも考えられている。

小物成山は傾斜がきつく、多くの沢が入り組んだ天然の要害。その山に築かれた大野城は単なる烽火台ではなく、南北の尾根を中心として縄張された大規模な山城だ。標高六七〇メートルの尾根の最頂部に主郭部に当たる東西の二つの曲輪が並郭式に縄張されている。

白根三山・鳳凰三山や八ヶ岳を望みながら、福光園寺裏の桃畑の道を登る。灌漑用水のダムを右手に曲がり、桃畑の先にある獣よけの柵から登城する。左手の急斜面を登り続けると二段の小曲輪。さらに、きつい斜面を登り続け、石祠や石仏がある小さな曲輪でひと息つく。その先に残る堀切を越え、再び険しい斜面を登り、四段の小曲輪の先の堀切に架かる土橋を渡ると愛宕社の石祠が祀られている主郭部の西曲輪がある。

西曲輪は楕円形で、南北辺に土塁の痕跡がある。西南の尾根上には小さな曲輪が六段続いている。西曲輪の東から土橋状の痩せ尾根を経て、最頂部の東曲輪へ続く。東曲輪にも土塁の痕跡があり、四方の斜面は険しく、東と南面には竪堀が普請されている。北東の尾根には堀切と四段の小曲輪がある。

南の尾根には、堅固な五条の堀切や竪堀。鉄塔の先には、細尾根を経て西側に低い土塁と虎口が残る曲輪があり、その上方の曲輪に続いている。さらに、南側の尾根には土橋が架かる堀切と小曲輪群が残り、南端部は幅広い堀切で防御を固めている。

両側に土塁の痕跡がある主郭部の西曲輪

小山城《こやま》

見事な土塁が囲む、櫛形山・白根三山・鳳凰三山などが一望

県道34号線から小山城の誘導看板に従って進むと介護老人福祉施設小山荘があり、その東側に小山城の土塁と四阿《あづまや》が見える。

浅川の扇状地北端にある小さな丘の上に築かれた小山城は、昭和三八（一九六三）年のスポーツ競技場造成工事で壊されたが、同四八（一九七三）年に旧八代《やつしろ》町史跡に指定され、現在は笛吹市指定史跡となっている。東方に御坂峠を越えて河口湖へ抜ける鎌倉往還（御坂路）、西方には駿河へ通じていた若彦路が通る交通の要衝地に築かれていた。

現在、小山城周辺はのどかな果樹園や畑となり、春には城内がサクラ、周辺はモモやスモモの花が咲き誇った後、新緑に映えて飛ぶモンシロチョウが小山城の入口である虎口へ案内してくれた。

広場となっている小山城は、高い土塁と堀が囲み、戦国

【メモ】笛吹市八代町高家。ＪＲ中央線石和温泉駅→タクシー→20分

石塁の石が残る東辺の虎口

時代の土豪居館の典型である方形単郭式の縄張だ。中世の居館は土塁と堀に囲まれた一町四方のほぼ正方形の規模だが、小山城は一二〇メートル四方の規模である。甲斐の各地に残る居館は一辺が一三〇〜一五〇メートルの長方形の方館が多い。

小山城の土塁は南辺の一部が平らに削られているが、見事に現存している。南西隅の櫓台《やぐらだい》からは櫛形《くしがた》山・白根（白峰）三山・鳳凰三山・駒ヶ岳・八ヶ岳・茅ヶ岳《かやがたけ》の山々が望め、笛吹川沿いの甲府盆地を見渡すことができる展望台だ。

曲輪は当初、段差がつけられていたが、造成工事で平らになってしまった。虎口は東辺と南辺にあり、東辺虎口の土塁にはわずかに石塁の石が残っている。破壊されている南辺虎口は正門の大手跡であったため、南辺の空堀は東辺より規模が大きい。

塁線を凹凸や斜めにして、敵兵を横から攻撃するために普請されるのが折邪《おりひずみ》と呼ばれる防御施設だ。小山城でも土塁隅には規模を大きくし、堀に張り出している櫓台は折邪だ。特に東南隅の櫓台は死角を設けた横矢掛《よこやがかり》となり、東と南の虎口を防御している特徴がある。北西隅の櫓台には礎石が残り、建物が建っていたことを証明している。北辺の土塁と空堀の外側には、「ごんぱち塚」と呼ぶ物見塚が畑の中にある。

　小山城は、躑躅ヶ崎館へ移る以前の武田氏本拠とする説があるが、一般的には宝徳二（一四五〇）年に武田氏縁戚衆の穴山満春《みつはる》が居城したとされている。その後、穴山氏一族の信永が大永三（一五二三）年の南部宗秀《むねひで》との戦いで敗れ、その後、小山城は宗秀が守備している。しかし、宗秀は天文一七（一五四八）年、武田晴信（信玄）に追放されて小山城は廃城となる。

新緑に覆われた南東隅の空堀

　天正壬午の乱では御坂城に布陣した北条氏に対抗するため、徳川家康が鳥居元忠《とりいもとただ》に小山城を修築させている。現在の遺構はその際に修築したものだ。小山城から打って出た元忠は北条氏政《ほうじょううじまさ》の弟氏忠《うじただ》と黒駒で戦って勝利し、その後の徳川氏と北条氏の和睦に伴って小山城は再び廃城となった。

武田氏館《たけだし》

清道院の石組井戸、武田信成夫人が井戸に投身

甲斐武田氏は永正一六（一五一九）年、信虎が現在の武田神社の地に躑躅ヶ崎《つつじがさき》館を築いて本拠とするまで、石和《いさわ》を中心とする峡東《きょうとう》地域に守護館を転々と置き換えた。現在も峡東地域には武田氏にまつわる居館跡と伝わる地がある。

その中の一つ、笛吹市八代町北の清道院《せいどう》が建立された武田氏館跡は「武田信守《のぶもり》館」や「赤甲城《あかこう》」とも呼ぶ武田氏の守護館跡だ。現在、南西部は墓地、北側はブドウ畑を中心とした耕作地となって遺構は少ないものの、武田氏館跡は中世居館の面影を残している。

「甲斐国志」に武田氏館は武田氏一五代信守の居館と記されているが、現在では信守の四代前である一一代信成《のぶなり》の居館とする説が有力だ。「甲斐国社記・寺記」の清道院由緒書によると、応永五（一三九八）年、信成が信州へ出陣中に落館。その際、信成夫人は館内の

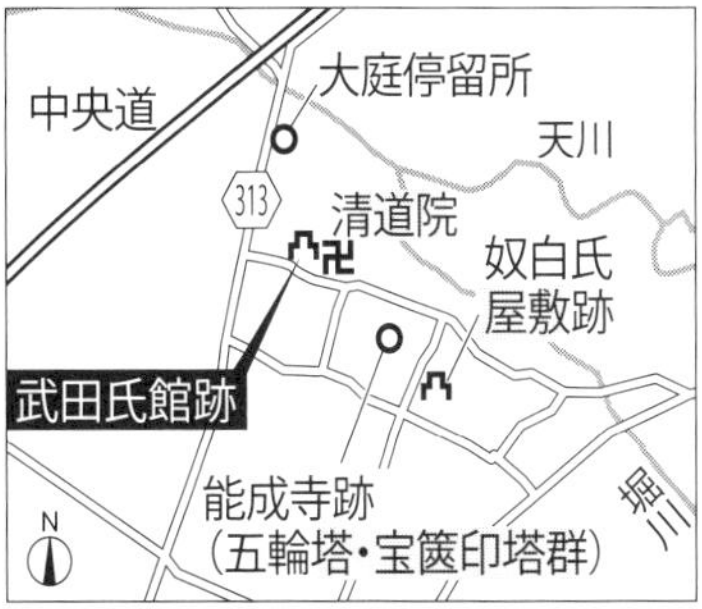

【メモ】笛吹市八代町北。ＪＲ中央線甲府駅→バス→大庭停→５分→武田氏館跡（清道院）→３分→能成寺跡（五輪塔・宝篋印塔群）

井戸に身を投じたと伝えている。信成の嫡子信春は母を弔うため、応永一七（一四一〇）年に居館を清道院に改め、虎渓和尚を開山始祖としている。

現在、武田氏館は土塁の一部が残っているだけだが、方形の居館であったことが想定できる。東方に堀川が蛇行し、付近には「舞台」と呼ばれている地もある。東側に延命地蔵尊が祀られている吉祥院との間に道路となっている堀跡が北側と南側の堀跡の道路へ続いていることから、武田氏館は堀と土塁が囲み、その規模が想定できる。特に北側は堀跡の道路との比高が鮮明にわかる。

大庭と呼ばれる武田氏館の内郭は東西八〇メートル、南北一〇六メートルの規模で、幅一〇メートルの土塁が囲っていた。現在、土塁は大部分が破壊されているが、東南辺に一部が現存し、東南以外もその痕跡が感じ取れる。西側は、現況から二重の土塁が存在していたことが推測できる。

南辺には清道院の門があるが、往時の武田氏館の虎口も南辺に存在していたと考えられる。門を入った右手に信成夫人が投身したと伝わる「ミナイノ井」と呼ぶ石組井戸が、形

武田信成夫人が身を投げたとされる、石組が残る井戸

の良い枝ぶりの松の下に残る。虎口東側の土塁上には「清道院殿春山妙栄大姉」と刻まれた石碑が立つ信成夫人の墓がある。

武田氏館の東南二〇〇メートルのブドウ畑や畑地の中に武田信守の菩提《ぼだい》寺であった能成寺《のうじょうじ》跡がある。その地には昭和一三（一九三八）年に発見され、現在は笛吹市史跡に指定された三二基の五輪塔と三基の宝篋印塔がある。

南辺に虎口が存在していた地にある清道院の門と土塁

武田信玄は京・鎌倉の五山制度に倣って能成寺を甲府五山の一つとして甲府市宝《たから》に移し、その後の文禄年間（一五九二～九六）に甲府市東光寺《とうこうじ》町に移築したと伝わっている。

現在、東光寺町の能成寺墓地には武田信守の供養塔のほかに赤穂浅野家の家老大石良雄と意見が対立して仇討に加わらなかった大野九郎兵衛や甲州市に栖雲寺《せいうんじ》を開いた業海《ごっかい》本浄禅師、甲府勤番医の石丸家、儒学者の吉川新助らの墓もある。

能成寺跡東側のブドウ畑と畑地や住宅地一帯は奴白《ぬばく》氏屋敷跡の伝承地の一つだ。武田信義の子小笠原長清《おがさわらながきよ》、その子長光《ながみつ》が信義の弟八代信清《やつしろのぶきよ》の跡を継ぎ、その子長継が奴白氏を称した。その居館が奴白屋敷であるが、町内の個人宅地内にも伝承地がある。

武田信重館《たけだのぶしげやかた》

流浪の守護の武田信重、居館跡には供養塔

甲斐武田氏は四代信義の子信光が石和に居館を築き、歴代にわたって石和周辺に甲斐国守護として存在した。だが、室町時代、守護職の武田氏は必ずしも安泰だったとはいえなかった。

一四代信重は歴代の中でも受難の時代の守護だった。父信満は、鎌倉公方足利持氏と上杉禅秀《ぜんしゅう》（氏憲《うじのり》）が戦った上杉禅秀の乱で娘婿の禅秀に加担して幕府軍に攻められた。応永二四（一四一七）年、「梓弓《あずさゆみ》ひきそめし身のそのままに五十あまりの夢やさまさん」と辞世を残し、今は天目山《てんもくさん》と呼ばれる木賊山《とくさ》（甲州市大和町）で自刃した。現在、天目山栖雲寺《せいうんじ》に信満は眠っている。

鎌倉府や足利持氏の寵臣《ちょうしん》で甲斐国内で強力な勢力を誇示していた武田氏一族の逸見有直《へんみありなお》の勢力を避けるため、信重

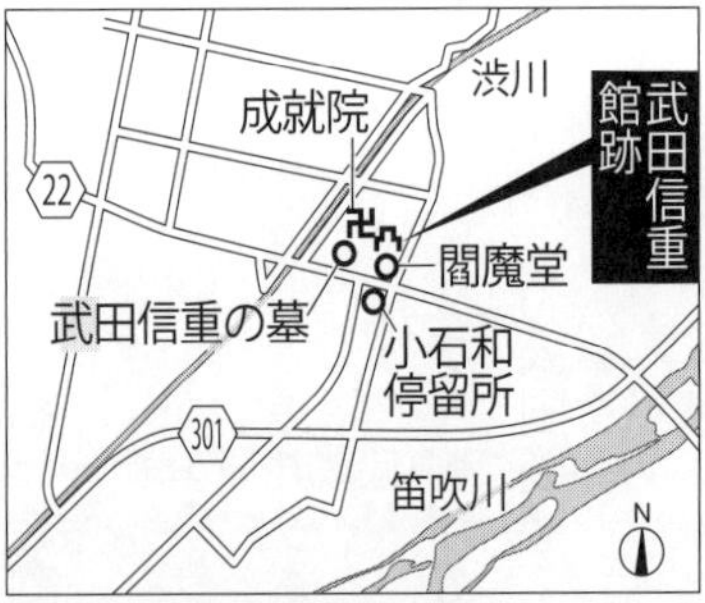

【メモ】笛吹市石和町小石和。ＪＲ中央線甲府駅→バス→小石和停→１分

は叔父信元とともに出家して高野山に逃れた。信重にとって受難の人生のスタートとなる。

応永二八（一四二一）年に信重は室町幕府から甲斐国守護に任命されたが、国内の抵抗が激しかった。信重が入国したのは永享一〇（一四三八）年。甲斐国を去ってから二一年の長い歳月を要した。入国の際、弟武田信長や幕府の支援、跡部氏の臣従があった。甲斐国に入った信重は、笛吹川右岸の石和町小石和に居館を築いて甲斐国を治めた。だが、入国後も下克上の風潮が強かったようだ。結局、武田氏族の黒坂太郎と交戦中の宝徳二（一四五〇）年、黒坂氏に応じた小山城主の穴山伊豆守に攻められ、自刃した。波乱に富んだ人生を送った信重は、「流浪の守護」の代名詞をつけられた悲劇の守護だった。

武田信重の子信守が建てた成就院

現在、武田信重館跡は、信重の子信守が建てた六角山成就院の境内となり、墓地の北側は実り豊かな柿畑や住宅地となっている。南東に笛吹川、北西には渋川が流れ、度々の笛吹川の氾濫に悩まされた地だった。現在、周辺には高い建物がなく四方を山に囲まれ、居館が甲府盆地の中に存在していたことが実感できる。居館の遺構はないが、南小路・前小路・宿町・的場・町屋・大門などの地名が残っている。

規模は不明だが、「甲斐国志」には「東西へ土手堀を構え北より西は二重堀、南は門なり」と記されている。現状から居館の形を推測すると、方形で単郭式の縄張だったと考えられる。方形館は長者屋敷や平安から鎌倉時代の武士・土豪の築城形態で、戦国末期まで大きく変化することなく存在した。規模は一町四方が一般的であることから、武田信重館も土塁と堀に囲まれた同等の規模だったことが想像できる。

信重の死後、信守は守護代跡部氏の権勢が続くなかで守護職を継いだ。信重の位牌寺として清光院を再建し、成就院《じょうじゅ》と改めた。境内には笛吹市史跡に指定された信重の墓や明治四〇（一九〇七）年の大水害で埋没した江戸彫刻の閻魔王《えんまおう》像がある。

武田信重の墓と伝わる新旧の供養塔

八田家御朱印屋敷《はったけごしゅいんやしき》

武家書院様式を伝える中世豪族屋敷

石和温泉郷の一画、JR中央線石和温泉駅の東南約六〇〇メートルの場所に、山梨県史跡に指定されている中世豪族屋敷の八田家御朱印屋敷跡がある。

武田氏五代信光《のぶみつ》が本拠を石和に置き、一八代信虎が今の甲府市古府中に躑躅ヶ崎館を築いて本拠を移すまで、石和周辺には守護武田氏歴代の居館が置かれていた。八田家御朱印屋敷は守護館に結び付く蔵前の庁所と推定されていたが、今では年貢の収納や軍糧の輸送をつかさどっていた蔵前衆《くらまえしゅう》の代官屋敷と考えられている。

八田家御朱印屋敷は八田東市佐《とういちざ》（市之丞）政清と弟の新左衛門尉（土佐守）両家の屋敷だった。政務や軍事の命令や許可を表す朱肉印が押された朱印状（諸役免許状）で保証された地であった。

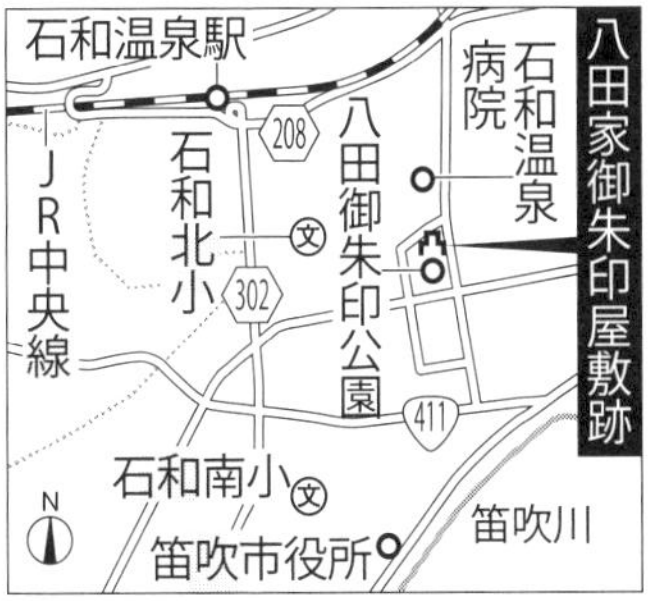

【メモ】笛吹市石和町八田。ＪＲ中央線石和温泉駅→15分

床の間と付書院がある奥の間

八田氏は常陸国《ひたちのくに》の守護八田《はった》権頭《ごんのかみ》宗綱《むねつな》の子孫。戦国時代、武田氏に仕えた八田淡路守家重は笛吹市一宮町末木《すえき》地区を拝領して末木氏を名乗った。武田氏滅亡後、家重の子政清は徳川家康に仕えて八田氏に復姓し、家康から御朱印を得て家重の跡を継いで、御朱印屋敷と呼ばれた。弟の新左衛門尉は特権商人・蔵前衆として要職に就いたが、男子がなかったため、政清の子政俊（菅太郎）が両家を相続している。

屋敷は帆掛舟が通った旧笛吹川の河道沿いにあり、南には甲州街道が通り、水陸交通の要衝地だった。御朱印地は大曲輪と呼ばれ、東西に長い三四〇〇坪の規模で、周囲に土塁と堀を普請した複郭式の縄張だった。現在は住宅地になっているが、西側の曲輪が東西一二〇メートル、南北一五〇メートルの台形の形状で残る。東辺と北辺に土塁の一部が現存し、周囲の堀は用水路となっている。

屋敷は主殿・西之座敷（書院）・御方屋・馬屋・御長蔵・酒蔵・味噌蔵・文庫蔵などが建ち並び、戦国期の上級武士の屋敷構成だった。だが、天正一〇（一五八二）年の織田信長の甲斐攻めの際、兵火を受けて建物は全焼した。同年、徳川家康から用材を賜って母屋、慶長六（一六〇一）年には書院を建てた。安政六（一八五九）年の笛吹川の洪水で母屋は大破したが、書院は残り、桃山時代末期の武家書院様式を今に伝えている。現在、書院は山梨県文化財に指定されている。

茅葺き屋根を注意深く見ると、東妻は入り母屋造り、西妻は寄せ棟造りで異なる。間取りは床の間と付書院がある九畳の奥の間、二間の床の間がある一五畳の中の間、そして八畳の三の間からなる。南側には東に開く形で式台玄関が配され、奥の間と中の間の南側に入側《いりかわ》、奥の間の西側には濡れ縁が付いている。表門は寛文元（一六六一）年、現在の石和南小学校の場所に石和代官所が築かれた際、代官平岡勘三郎良辰が建立した石和陣屋門だ。明治七（一八七四）年に八田家が払い下げを受け、現在の場所に移築した。

現在、八田家御朱印屋敷跡は四季を通じて楽しめる静寂な歴史のスポットとして人気だ。書院では毎春、江戸から昭和の雛飾りが展示され、六月はショウブ、夏はハス、秋にはカエデやケヤキの紅葉が楽しめる。

東面に玄関、南面には入側がある（入母屋造り）

義清《よしきよ》屋敷

円墳状の義清塚が残る、義清の晩年の居館か

源八幡太郎義家の弟新羅三郎義光は永保三～寛治元（一〇八三～八七）年の後三年の役で義家を支援した後、長男義業を常陸国の佐竹郷（茨城県常陸太田市）、三男義清を武田郷（茨城県ひたちなか市）に配置して、常陸国への進出を図った。

郷名から武田冠者を称した義清とその子清光は、土豪との間で衝突。大治五（一一三〇）年の乱行がもとで朝廷に訴えられ、天承元（一一三一）年頃、甲斐へ配流となった。

甲斐の市河荘へ流された武田義清・清光父子の配流地には、二つの配流先が伝えられている。一つは山梨県西八代郡市川三郷町市川大門の義清館跡、もう一つは山梨県中巨摩郡昭和町西条の義清屋敷跡だ。

【メモ】昭和町西条。ＪＲ身延線国母駅→８分→義清屋敷跡（義清神社）→１分→義清塚→１分→浄慶寺

真偽は不明だが、一般的に義清は当初、義清館を居館とし、晩年に義清屋敷に移り住んだと考えられている。また、義清父子は現在の北杜市須玉《すたま》町若神子《わかみこ》の地に居館を構えたという伝承もある。この三カ所には甲斐源氏発祥を示す石碑や看板があるが、今だに甲斐武田氏初期の歴史は謎に包まれている。

　武田義清は清光に古代官牧逸見牧が発達していた八ヶ岳南麓の逸見荘を経営させた。逸見冠者とも呼ばれ、多くの男子に恵まれた清光は、逸見を本拠に子を甲府盆地周辺の要地に分封させ、甲斐源氏発展の扶植に手を広げた。逸見・武田・加賀美・安田・平井・河内・浅利・八代などの分封諸家を誕生させ、さらには一条・甘利・板垣・秋山・小笠原・南部など甲斐源氏諸氏を派出させた。

　義清屋敷はＪＲ身延《みのぶ》線国母《こくぼ》駅の北西七〇〇メートルの住宅地に位置する。現在、義清神社の境内となり、太鼓橋に覆いかぶさるような、枝ぶりが見事な松が迎えてくれる。義清神社は武田義清の逝去した後に社殿が造営さ

松が太鼓橋を覆う義清大明神を祀る義清神社

規模が大きく見事な円墳状の義清塚

れ、義清大明神を祀る。

義清屋敷の遺構はほとんどないが、土塁状の高まりが残り、南側にはコイが泳ぐ水堀跡、東側にも水路が流れている。太鼓橋を渡った左手に「甲斐源氏祖御旧跡」の碑、拝殿前に馬の産地、逸見荘を拓いた経緯で奉納されたという馬像、本殿横には義清の歌碑がある。

神社西側の住宅地の中には、義清の墳墓と伝わる見事な円墳状の義清塚がある。義清塚の近くには、武田信玄の家臣の鷹野淡路守が開いたという浄慶寺《じょうけいじ》があり、木造阿弥陀三尊像が昭和町文化財に指定されている。

昭和六〇(一九八五)年に昭和町教育委員会が義清屋敷の発掘調査を実施。その際、明確な遺構は出土されなかったが、土塁の痕跡は確認されている。遺物としては、平安時代末期の土器が中・近世の陶磁器とともに発見された。また、義清塚からは土師質土器・陶器・古銭なども見つかっている。

谷戸《やと》城

山頂の主曲輪を中心に同心円状に曲輪を縄張

ミンミンゼミとツクツクボウシが夏の別れを惜しむかのように鳴き競い、夏の野の花コバギボウシも緑一色の中で最後の淡紫を彩っている逸見山（茶臼山）。地元では「流れ山」や「城山」と呼び、八ヶ岳の火山活動が盛んだった頃、八ヶ岳の崩壊で生じた岩屑流《がんせつりゅう》からできた小山だ。その逸見山に国史跡に指定されている谷戸城が築かれた。東に東衣川、西に西衣川の二つの衣川が流れ、特に西側は湧き水が多い肥沃な土壌の水田地帯であった。

平成二三（二〇一一）年四月、谷戸城ふるさと歴史館から名称が変わった北杜市考古資料館。城内に入る前に、資料館に展示してある谷戸城の模型を見てから歩くと谷戸城の縄張の理解が早い。また、山頂からは東方に旭山砦と源太ヶ城、南方に深草館や新府城など周辺の城砦、

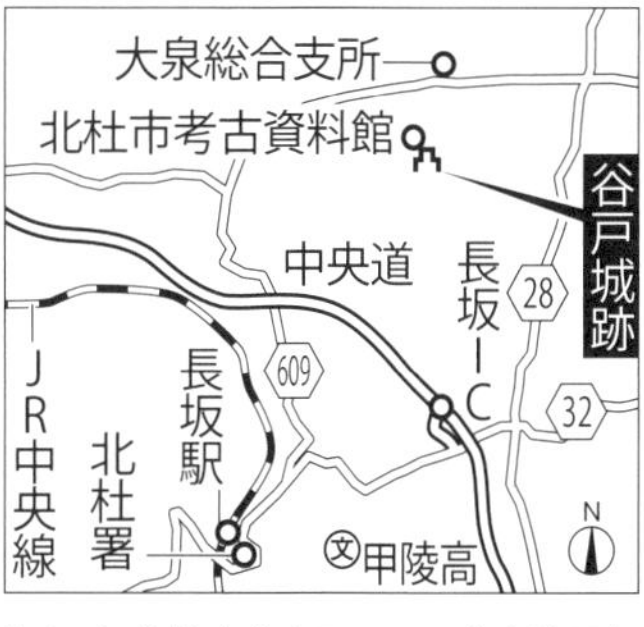

【メモ】北杜市大泉町。ＪＲ中央線長坂駅→バス→大泉総合支所停→５分→北杜市考古資料館→１分

遠くは甲府盆地まで望め、背後には雄大な八ヶ岳が東西になだらかな裾野を広げている。

谷戸城は東西の衣川を天然の外濠とし、北西に大手、南西に搦手を置き、山頂の主曲輪を中心に二〜五の曲輪を同心円状に配置している。この縄張は円郭式と分類されるが、その代表の城が武田信玄が駿河へ侵攻して徳之一色《とくのいっしき》城を開城させ、馬場美濃守信房《のぶふさ》に修築させて改名した田中城（静岡県藤枝市）だ。

形の良い松の木が聳えている楕円形の主曲輪は、周囲を土塁が囲み、特に大手口がある東辺の土塁は見事だ。西北には喰違い虎口があるが、谷戸城の虎口は敵の攻撃を防御するために土塁を喰違いにし、空堀は緩い坂道として城方の攻撃に勢いをつける工夫が施されている。

主曲輪の東側に二の曲輪、西側に三の曲輪があり、二の曲輪は主曲輪と同じレベルの高さ、三の

松の木が聳える主曲輪

土塁に囲まれた楕円形の主曲輪

曲輪は一段低い帯状の曲輪だ。二の曲輪と三の曲輪もともに土塁が囲み、土塁の内側に空堀、南辺には喰違い虎口がある。二の曲輪の北側に帯曲輪を挟んで四の曲輪、その北側一段下方には空堀と土塁がある。

二の曲輪の東側には帯曲輪を経て東と南へ傾斜している五の曲輪が続いている。南斜面には数段の帯曲輪と竪堀があり、中段の帯曲輪は東南端から西斜面まで回っている。西斜面にも帯曲輪が三段連なり、その下方西側には居館が置かれた六の曲輪が存在していた。

谷戸城の創築については不明な点があるが、新羅三郎義光の子義清の嫡子逸見清光が築城したと伝わる。清光は嫡子光長を逸見庄、次男信義を武田庄に配し、清光の諸子や孫は鎌倉幕府開幕期に甲斐源氏一党として勇名をはせた。武田氏滅亡後の天正壬午の乱では谷戸城に北条軍が入り、新府城に籠る徳川軍と対峙する拠点となった。

深草館《ふかくさ》

田園にこんもり、森の中に方形に囲む土塁が現存

八ヶ岳の西南麓、一面が黄金色に実ったコシヒカリの稲穂。その一画の森の中に、圧巻な土塁が現存する中世居館跡の深草館がある。中央道長坂インターチェンジから縄文時代後期の集落・祭祀施設と中世城館・集落跡の複合遺跡の金生《きんせい》遺跡を目指し、その南方二〇〇メートルのこんもりとした森が深草館だ。

赤トンボに出迎えられながら、北西側の堀に架かる滑り易い丸太の橋を渡って館内へ入る。深草館は北方一・二キロに逸見清光が築いたと伝わる谷戸城、南方に富士山、西方には甲斐駒ヶ岳・摩利支天や北岳を眺めることができ、まさに秋の季節が似合う、甲斐国原点の空気を肌で感じる田園地帯にある。

現在、深草館は北と南の二つの曲輪で構成され、見ごたえのある土塁と堀で取り囲まれている。東・北・西の

【メモ】北杜市長坂町大八田。中央道長坂ＩＣ→金生遺跡→３分→登城口

三方に堀が現存し、東と西辺の堀には天然の外濠であった西衣川の水を北方から引き入れている。この地は湧き水が豊富で、生活用水や農業用水として使用され、現在も周辺の水路には清水が勢いよく流れている。

　東西五〇メートル、南北七〇メートルの規模の南曲輪には見事な土塁が現存しているが、南半分には存在していない。そのため、南曲輪は土塁の有無によって二つの曲輪に分けられていたことが考えられる。現存する土塁は西辺が低いが、東と北側は高い。北側の土塁には間口一メートルの北曲輪と接する虎口があり、土塁の両端は一段高く、物見台と推定できる。南辺は土塁がないが、深草館の中では最も深い堀で防御されている。竹林となっている南端には大手道であった竪土塁状の坂がある。

　土塁に囲まれた北曲輪は四〇メートル四方の規模で、深草館の主曲輪に当たる。東と北辺の土塁は高

稲穂の中に浮かぶ深草館

良好な状態で残る南曲輪の土塁

く、北辺土塁の外側には空堀が現存し、東衣川と西衣川に通じている。

深草館の東方にある妙喜院《みょうきいん》東側の東衣川に沿った微高地にも方形の曲輪があり、その地に建つ民家の西と北側に土塁が現存している。北側には土塁と並行して堀跡と推定される窪地もある。

深草館の創築については二つの説がある。平安時代後期に逸見清光の嫡子太郎光長・元義父子が谷戸城の支城として築城。もう一つの説は逸見清光の家臣堀内氏が居城し、その子孫堀内下総守の子主税助《ちからのすけ》の時代に落城したとする説がある。武田氏滅亡後、深草館は北条氏に接収されて徳川家康に対する駐屯地として利用されたため、主税助時代の落城は天正壬午の乱の天正一〇（一五八二）年と考えられる。

長坂氏屋敷《ながさか》

信玄の足軽大将、勝頼の側近として活躍した釣閑斎

甲斐源氏の一族、武田氏支流の栗原氏から分かれた長坂氏。軍記「甲陽軍鑑」の中に記される、釣閑斎《ちょうかんさい》（長閑斎）と名乗った長坂光堅《みつかた》が歴史に名を残す。「釣閑屋敷」とも呼ぶ長坂氏屋敷は、江戸時代には「長閑原」と呼ばれた原野に存在した。比高六～七メートルの丘陵が西に張り出した地だ。

長坂氏屋敷からは北方に八ヶ岳、西方に甲斐駒ヶ岳などの南アルプス、県道17号に出れば富士山も望める。冬のすっきりとした青空のもと、雪をかぶった霊峰の山々に囲まれた絶景地だ。

往時、八ヶ岳南麓の土豪屋敷は尾根上や微高地に構えられ、東・南・西側の三方が水田となるのが一般的だった。だが、長坂氏屋敷は背後の北側から西側の沢にかけ

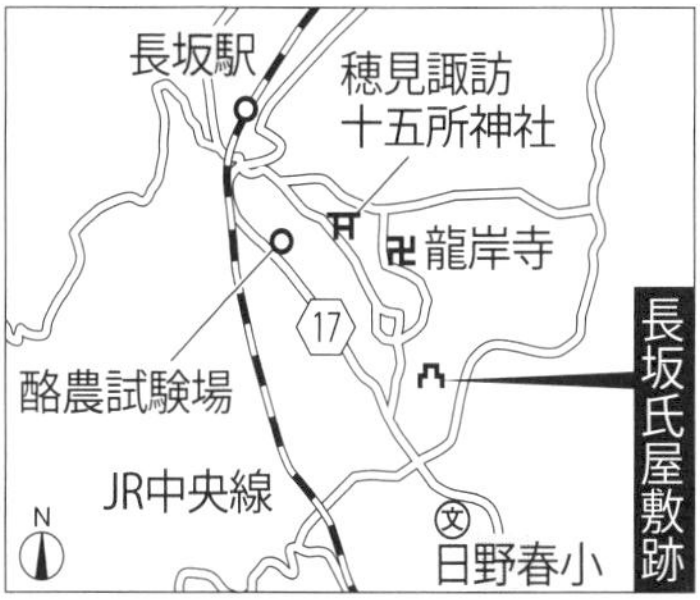

【メモ】北杜市長坂町長坂上条。ＪＲ中央線長坂駅→30分→長坂氏屋敷跡→15分→龍岸寺→10分→穂見諏訪十五所神社

て水田を配していた特徴がある。

屋敷跡は近くの集落と深く結びつくが、長坂氏屋敷は長坂上条集落から離れた南東台地にあったとされる。そのため、現在の地割や用水などの点から、集落中央部の道路に囲まれた方形の区画に存在したとする説もある。北西に穂見諏訪十五所神社、その東側には龍岸寺がある。

平安から鎌倉時代の武士の居館は方形館が多い。小河川に沿う平地や低い丘陵先端に築かれ、その規模は一町四方が一般的だった。古代から中世の豪族居館は戦闘の拠点ではなく、農耕地支配が第一の目的で築かれた。居館を巡っていた水堀は、農耕地へ供給するための貯水池の役割を担っていた。

長坂釣閑斎は騎馬四〇騎、足軽四五人を率い、足軽大将として武田信玄に仕えた。信玄の死後は、武田勝頼の側近として跡部大炊助《あとべおおいのすけ》とともに活躍。長篠の戦いでは合戦を主張する勝頼に賛同して敗戦を招いてしまったと伝えられている。だが、釣閑斎は軍議に参加していなかったとする説もある。


南側の水田地帯から望む小高い丘陵の長閑原

武田氏が滅亡した天正一〇（一五八二）年、天正壬午の乱で徳川家康と北条氏直が甲斐を奪い合う。その際に北条氏が長坂氏屋敷を修築したと伝えられている。

ＪＲ中央線長坂駅から県道17号を日野春《ひのはる》駅方面へ三〇分ほど歩くと、峡北《きょうほく》自動車整備協業組合の東側に見える丘陵が長坂氏屋敷跡だ。登城口から登るとすぐにＴ字路があり、その正面が屋敷跡。そのまま進むと主曲輪西辺の土塁へ、東側に迂回して稲荷大明神から進めば東辺の土塁につながる。

雪が残る堀跡、左側は主曲輪の土塁

長坂氏屋敷は丘陵の北西端に築かれ、北と西側は急斜面、東と南側は平坦地になっている。東西六〇メートル、南北八〇メートルの周囲を低い土塁と堀で囲んだ台形の居館だ。土塁は南東と南西の隅がやや高く、南と東側は二重土塁となって平坦面を防御している。
堀は深さ一メートル、幅二～三メートルの規模で東・南・西側の三方を囲む。南側の土塁中央には土橋と虎口が存在していた。北側の急斜面には腰曲輪があるが、崩れた土によって埋没した堀とも考えられる。東と南側の平坦地には中世集落があったと考えられる。

笹尾《ささお》砦

天然の要害に連なる串団子状の連郭式の縄張

八ヶ岳山麓の西側を南流する釜無川、その左岸の急崖《きゅうがい》となっている七里岩《しちりいわ》上に笹尾《ささお》砦（塁）がある。この地は甲斐と信濃国の国境に当たり、笹尾砦の東は城の沢、西は蟹沢、南は釜無川の浸食谷となっている天然の要害だ。

笹尾砦からは北方に八ヶ岳、東方に富士山、南方には南アルプスの霊峰が望める景勝地。現在、主曲輪と二の曲輪は城山公園として保存整備され、埋められた空堀と三の曲輪は駐車場、そのほかの曲輪は雑木林となっているが、小規模ながらも見どころが多い。

武田信虎は対立していた諏訪上社の諏訪頼満《よりみつ》の侵入に備え、享禄四（一五三一）年に諏訪を追われた諏訪氏一族の諏訪下社の大祝金刺昌春《おおほうりかなざしまさはる》に笹尾砦を築かせた。その後、笹尾砦には武田氏家臣の笹尾石見守が居城。武田晴信の時代には諏訪氏攻略のための重要拠点となった。さ

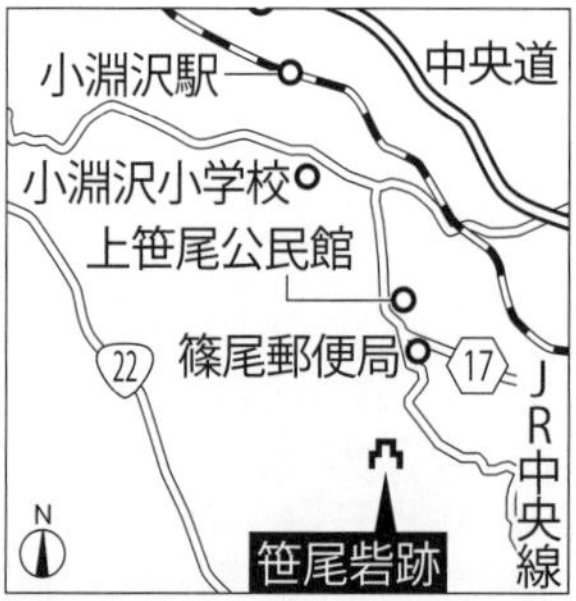

【メモ】北杜市小淵沢町。中央道小淵沢ＩＣ→県道 11 号→県道 17 号（七里岩ライン）→上笹尾公民館→下笹尾城山通り→城山公園

横矢掛となっている主曲輪と二の曲輪

らに、武田氏滅亡後の天正一〇（一五八二）年に北条氏が若神子城に布陣した際、笹尾砦も獅子《しし》吼《く》城などとともに戦場に築かれた臨時の城、陣城として新府城跡に本陣を構えた徳川家康軍と戦っている。

笹尾砦は南から北に六つの曲輪が串団子状につながった連郭式の縄張。武田氏時代は南側の主曲輪と二の曲輪を城域とした砦であったが、その後の北条氏時代に城域を拡張させている。

小淵沢《こぶちざわ》駅南方の県道17号沿いの上笹尾公民館から一・五キロ南下した地に城山公園がある。駐車場から遊歩道を歩くと、すぐに三日月堀と二の曲輪の城壁。三日月堀の東端には三の曲輪と城の沢からの攻撃に備えた馬出や竪堀がある。二の曲輪は北西隅に虎口と見事な土塁が東から北・西辺に現存し、北辺の土塁は東西の端が高く、上幅も広い物見台だ。二の曲輪には富士山を望める休憩所があるが、そこは意外にも緑の樹木の間を吹き抜ける風の通り道、涼しい風を受けながら食べる弁当がうまい、夏のひとときを過ごす。

主曲輪は北・西・南辺に土塁を巡らし、南辺の土塁は上幅が広く、物見台であったことが考えられる。西辺の土塁は西斜面に突出した横矢掛となり、二の曲輪の土塁下にある道の監視ができ、北辺の虎口の土塁も高くなっている。横矢掛は虎口や塁に近づいた敵兵を横から射撃する施設のことである。敵兵を側面から攻撃できる喰違い虎口や横矢掛は笹尾砦の特徴だ。また、遊歩道からは見ることができないが、主曲輪南崖面に急を告げるための鐘を鳴らした鐘釣穴と呼ぶ洞窟の痕跡がある。

駐車場に戻り、その北側の雑木林は四～六の曲輪、駐車場の奥から入ると堀切や竪堀が確認できる遊歩道が続く。

見事に残る主曲輪の土塁

旭《あさひ》山《やま》砦

佐久往還の監視の大役、横矢掛の虎口が現存

八ヶ岳の東南麓に点在する流れ山の一つ旭山。標高は九一二メートルと高いが、なだらかな山容を見せている。東方に須玉川が流れ、若神子から八ヶ岳の山裾を通る佐久往還沿いの旭山に砦が存在していた。

山の形状から要害とは言い難い砦ではあるが、佐久往還の監視という大きな役割を担っていたと考えられる。旭山からは北東に須玉川を挟んで源太ヶ城を望み、西方に谷戸城と中山砦、南方は松林で視界が遮られているが、かつては若神子城方面が見渡せた。

天正一〇（一五八二）年の天正壬午の乱の際、北条氏は東の相模と北の信濃方面から甲斐へ侵攻。北条氏直は旭山砦の南方七キロに位置する若神子城を本陣とした。北から攻め入った北条軍は大門峠を越え、諏訪盆地を経

【メモ】北杜市高根町村山北割。中央道須玉ＩＣ→国道141号→総合グラウンド→林道旭山線→旭山砦跡

て八ヶ岳西麓から甲斐へ入り、若神子以北を制圧して多くの城砦を修築・築城している。旭山砦もその一つ。武田氏時代の烽火台を修築した陣城である。

雪をかぶった八ヶ岳が望める国道１４１号を総合グラウンドの看板に従って曲がる。グラウンドを過ぎた直後、「朝日山塁趾《るいあと》入口」の標柱から林道旭山線をしばらく進み、逆V字状に右折してラフな道を少し行くと主郭部だ。

山頂から南と西斜面にかけて縄張されている旭山砦。障子堀・畝堀が見事に残る山中城（静岡県三島市）と同様、自然地形を利用し、削平されていないという特徴がある。山頂部に自然地形そのままの北曲輪、土塁と空堀で囲まれた南曲輪で縄張された臨時的な山城だ。山中城も天正一八（一五九〇）年の豊臣秀吉の攻撃を前にして北条氏が築いた山城である。

南曲輪は、東と西の二つの曲輪に分ける見方もできる。日本城郭体系では東曲輪を一の曲輪としているが、遺構から南側の敵を想定した構築とも考えられ、北曲輪が主曲輪だろうか。北曲輪には人工的な普請が少ないため、築城途中で放棄されたことも考えられる。

斜面に築かれた土塁の間に空堀が残る

北曲輪は現在、中央がウォーキングコースとなっている松林の東西一〇〇メートル、南北三〇〇メートルの規模だ。北から西側斜面に空堀とも考えられる帯曲輪、東斜面にも帯曲輪が一部確認できる。北辺に土塁、南辺には土塁と空堀が東西に走って区画し、土橋を設けた虎口がある。空堀の東端の東斜面はそのまま竪堀を普請して防御を固めている。

空堀に架かっている土橋

　南曲輪を二分した場合、東曲輪は東西二五メートル、南北七〇メートルの規模で、南・東・北の三カ所に虎口を設けている。虎口の外側には土橋を付帯させた空堀を配し、特に南側の虎口は横矢掛となっていることは見逃せない普請だ。

　西斜面に築かれた西曲輪は段曲輪となり、北・西・南の三辺は高さ一～二メートルの土塁と堀で囲まれた東西八〇メートル、南北は西辺六〇メートル、東辺一〇〇メートルの台形の曲輪だ。下方の西辺にも空堀に土橋が架かる虎口を設けている。

古宮《ふるみや》城

津金《つがね》氏の本拠、諏訪神社に残る土塁と空堀

国道141号を韮崎《にらさき》から北上する。左手に鳳凰三山、右手に八ヶ岳の秀麗な山並みを望みながら、「三代校舎ふれあいの里」の標識に従って右折する。二キロほど進むと、欧米建築を真似たバルコニーや両開き窓を採り入れたハイカラな歴史資料館「津金学校」が現れる。

明治八（一八七五）年に落成した木造校舎を復元した擬洋風建築で、近代化を奨励した現在の山梨県知事に当たる山梨県令の藤村紫朗《ふじむらしろう》に因み、藤村式建築とも呼ばれている。平成四（一九九二）年に山梨県文化財に指定された。

隣には校舎を再建した農業体験農園施設「大正館」と総合観光施設「おいしい学校」があり、明治、大正、昭和の三つの時代の校舎が建ち並ぶ全国でも珍しい学校跡地だ。春には満開のソメイヨシノが「三代校舎ふ

【メモ】北杜市須玉町下津金。中央道須玉ＩＣ→国道141号→三代校舎ふれあいの里の標識→三代校舎ふれあいの里・諏訪神社→5分→東泉院▼ＪＲ中央線韮崎駅→バス→御所公民館停→5分→三代校舎ふれあいの里・諏訪神社

れあいの里」を包み込む。

この地は八ヶ岳を源流とする須玉川の急崖に面し、南から北にかけて斑山《まだらやま》・津金山・源太山《げんたやま》に囲まれる。海岸寺の山裾から流れ出る須玉川は、寺入から上津金の集落に近づくと東に曲がる。須玉川に突き出た台地の上に、かつて古宮城が存在していた。

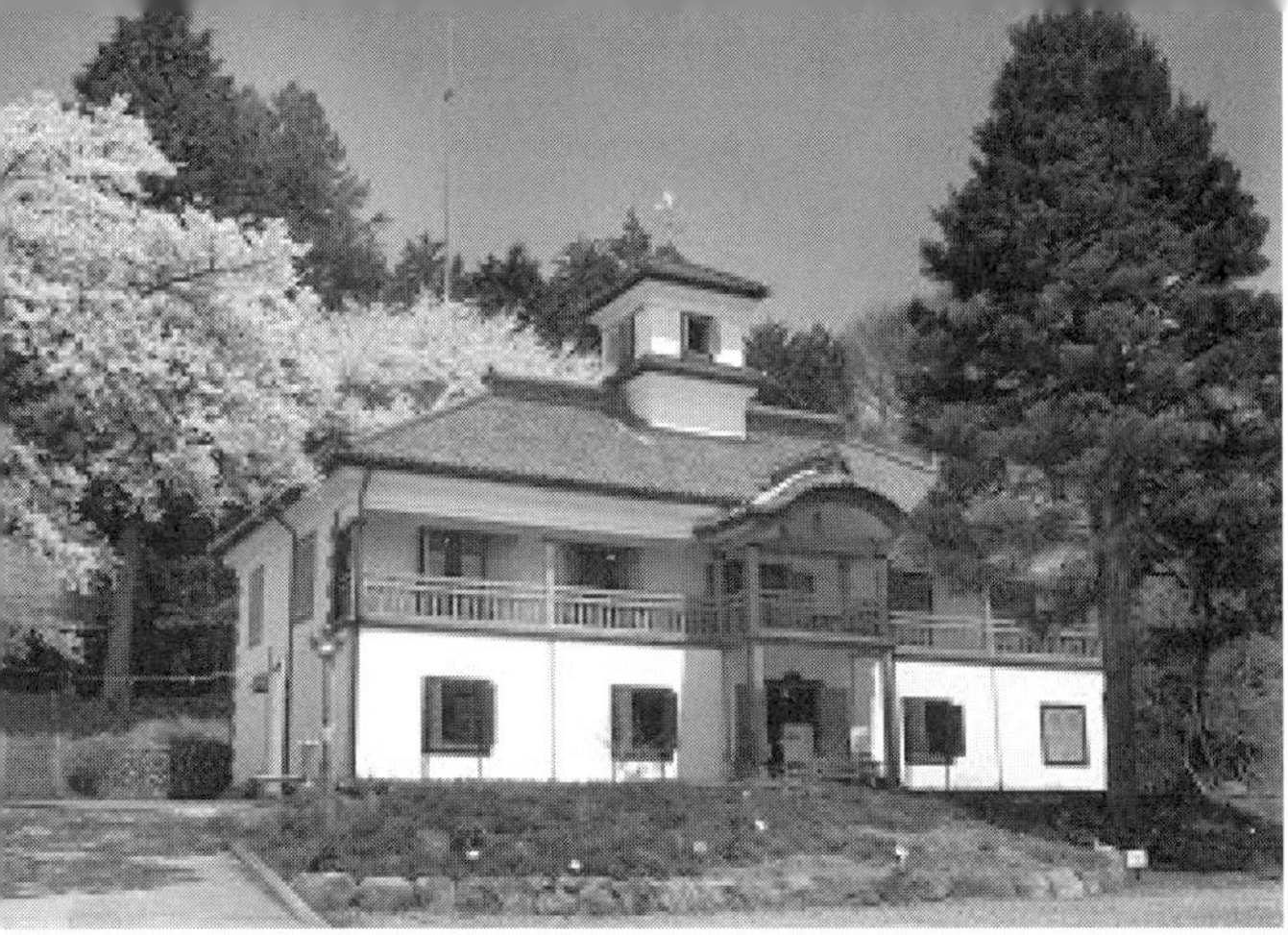

明治時代の校舎を復元した津金学校
左奥は城跡に建つ諏訪神社

城は古宮《ふるみや》屋敷とも呼ばれ、津金氏の本拠だった。室町後期の文明年間（一四六九〜八七）、常陸の佐竹胤義・胤秀父子が武田氏一六代信昌を慕って甲斐へ入り、津金郷を与えられて姓を津金に改めた。清水・小池・高見沢・比志・小尾《おび》・箕輪《みのわ》・海口・村山・八巻・井出・河上ら八ヶ岳東南麓地方の武士団は「津金衆」と呼ばれ、津金氏はその中心的存在であった。

古宮城があった場所には現在、地域守護の要地霊社の諏訪神社が建っている。古宮城は東西一一八間（二一二メートル）、南北六五間（一一七メートル）の規模で、二重の堀で囲まれていた。今でも一段高くなった約七〇メートル四方の曲輪が残る。南側の一部は校舎やグラウンドの造成によって壊されている。

諏訪神社の西側には空堀の一部が幅七メートル、長さ七〇メートルにわたって残っている。北側は急斜面となり、天然の濠だった沢が流れている。平成九年の発掘調査で、大正館の敷地から南北に走る空堀が確認された。

津金氏は古宮城の北方に詰城として源太ヶ城を整備したと考えられる。見張台や烽火台として利用され、津金衆が甲斐と信濃の国境警備の役割を担った。古宮城の東下方には佐久往還が通り、寺入を経て大和《おおわ》に入り、急崖を下って須玉川を渡って長沢へ。

武田氏滅亡後の天正壬午の乱では、津金衆の一部が北条氏直方に属したが、大半は武川衆とともに徳川家康方に属して活躍した。その後、津金氏は望まれて尾張藩に仕えている。

諏訪神社の二五〇〇メートルほど東に津金氏の菩提寺の東泉院《とうせんいん》がある。境内からは甲斐駒ヶ岳をはじめとする南アルプスの山々が望める。ホトトギスが鳴く竹林に囲まれた墓地に津金氏一族が眠っている。

諏訪神社境内の西側に唯一残る土塁と空堀

源《げん》太《た》ヶ《が》城

古宮城の詰城、信玄・勝頼の時代は佐久往還の監視と烽火台

八ヶ岳の南東の清里湖とも呼ぶ大門ダム湖の南側に位置する源太ヶ城は、百体観音や観音堂で名高い海岸寺《かいがんじ》の北西に聳える双峰の源太山に築かれた山城だ。古宮城が存在していた旧津金学校、その北方二キロにあるキャンプ場ウッドペッカーから大和《おおわ》林道が通り、車でも自衛隊顕彰碑が立つところまで行ける。

顕彰碑から源太ヶ城へは、林道を東へ。秋の行楽シーズン、道を塞いでいる背丈ほど伸びたススキをかき分けながら、ハイキング気分で緩やかな九十九折りを登る。林道は山頂近くで帯曲輪状に、源太ヶ城の北面を東から西へ続いて終わっている。

源太山の南面は比較的緩やかな斜面だが、北面は急傾斜となり、東方の尾根は海岸寺まで続いている。海岸寺北方の海岸寺峠を越えると、浅川を経て信濃の佐久方面

【メモ】北杜市須玉町上津金。JR中央線長坂駅→タクシー→キャンプ場ウッドペッカー→30分→自衛隊顕彰碑→20分→主郭部

のどかな田園風景の後方に聳える双峰の源太山

へ通じている。往時の佐久往還は若神子から穴平《あなだいら》を経て須玉川を渡って津金に入り、古宮城の北から大和、そして西側の須玉川を再び渡って長沢に通じていたため、源太ヶ城は交通の要衝でもあった。

源太ヶ城からは佐久往還を眼下に見下ろせ、南方に若神子城や旭山砦、北方に浅川や平沢方面が一望でき、街道の監視や烽火台として利用された。現在は雑木林で双峰の山頂からの眺めは遮断されているが、若木が心地よい秋の風で踊るように揺れ、色づく葉とともに秋の到来を肌で感じる。

林道の建設で源太ヶ城の北斜面は一部破壊されているが、段曲輪や帯曲輪が良好な状態で現存。縄張は東西の峰に独立した二つの曲輪が並行する並郭式の形式だ。東側の峰は石尊山《せきそんざん》とも呼ばれ、山頂には秋葉社が祀られている東曲輪があり、その東下方に腰曲輪や段曲輪が続いている。

一方、西側の峰は東曲輪よりも規模が大きく、雑木林の中には朽ちかけた模擬烽火台がある西曲輪がある。その一段下方に北から南へつながる帯曲輪、西側には段曲輪が残っている。東西の曲輪の間には自然地形を利用した一目でわかる堀切が現存している。

源太ヶ城は甲斐源氏の祖新羅三郎義光の孫にあたる逸見冠者黒源《くろげん》太《た》清光《きよみつ》が創築したと伝わる。戦国時代には地元の津金衆が古宮城を本拠としてこの地一帯を統治し、源太ヶ城は有事の際の詰城であったと考えられる。

武田信玄・勝頼の時代には佐久方面に対する烽火台として西曲輪を中心に利用されている。その後の北条氏直と徳川家康が戦った天正壬午の乱の際、源太ヶ城は若神子城を本陣とした北条氏の後方守備の拠点となった。

東と西曲輪の間の堀切

比志《ひし》烽火台

信濃と甲斐を結ぶ、小尾街道の監視・伝達拠点

大渡《おおわたり》烽火台跡が残る増富《ますとみ》ラジウムライン（県道23号）の鳥井坂《とりいさか》トンネルを抜けると、左手下方に平安時代に編まれた歴史書「日本三代実録」にある古い社が塩川《しおかわ》沿いに建っている。蔵王権現や比志権現とも呼ばれた比志神社だ。

大永八（一五二八）年、土豪の日向大和守是吉《ひなたやまとのかみこれよし》の一族が修造したと伝わる本殿と棟札は、山梨県文化財に指定されている。樹齢五〇〇～六〇〇〇年の大きな杉の木が聳える厳かな雰囲気の社だ。

県道をはさんだ東南、比志の城山と呼ぶ小山に比志烽火台が築かれていた。「比志城跡」として現在、北杜市の史跡に指定されている。

比志の城山からは、甲斐と信濃を結ぶ小尾街道（穂坂《ほさか》路）を見下ろせ、街道監視には適した地だったことがわ

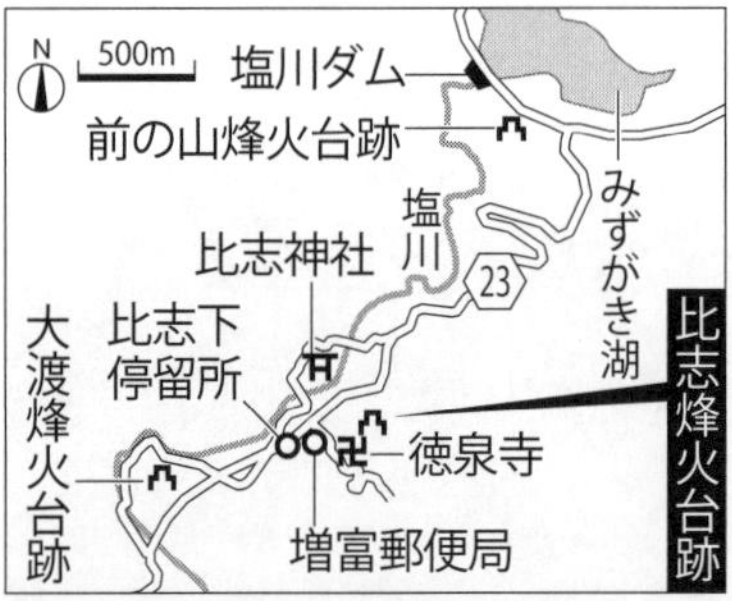

【メモ】北杜市須玉町比志。ＪＲ中央線韮崎駅→バス→比志下停→５分→徳泉寺→３分→登城口→25分→南曲輪・主曲輪→20分→比志神社→５分

塩川を挟んだ北西山麓の比志神社と城山

かる。山頂からは、南に大渡烽火台、北方にある塩川ダムの東方に前の山烽火台が見える。

戦国時代の武田氏の伝達網は、府中の躑躅ヶ崎館を中心に信濃・駿河・相模・武蔵方面に向かって張りめぐらされていた。比志烽火台は信濃方面からの伝達網の一つである。

信州峠から黒森・和田・御門《みかど》・神戸《ごうど》・前の山・比志烽火台へ、比志烽火台からは大渡烽火台、馬場《ばんば》烽火台・獅子吼城・中尾城・若神子城へ。さらに、いくつかの烽火台を経由して躑躅ヶ崎館への伝達網が整備されていた。「甲斐国志」に「烽火台、比志村、二所江草村界ニ一所アリ皆穂坂路ナリ」と記されているが、二所とは比志烽火台と前の山烽火台、一所とは大渡烽火台と思われる。

塩川左岸に築かれた比志烽火台の創築は明らかになっていない。ただ、比志の城山が比志神社の社地となっていることや比志神社の修造から、日向大和守是吉との関係が深いと考えられている。是吉・虎頭《とらあき》父子は北杜市高根町村山北割に居館を構え、村山郷（北杜市高根町）に勢力を誇示していた。武田信玄に仕え、馬場信春とともに信濃の深志《ふかし》城（後の松本城）の城代となっている。

比志烽火台は単純な縄張で、山頂の主曲輪と南側に一段下がった腰曲輪の南曲輪で構成されている。主曲輪はほぼ四角形で、南面を除く三面は急峻だ。現在、中央に秋葉山の石祠、北側には電波塔があり、土塁と断定はできないものの、南辺に断片的な低い土塁状の高まりがある。南曲輪は舌状の南北に長い長方形の形状だ。

城山の西南麓には、甲斐源氏の始祖、新羅三郎義光が祈願所と定めた徳泉寺《とくせんじ》がある。雪が積もった銀世界の林道を歩き、平成二三（二〇一一）年一二月にできた狐石沢砂防堰堤がある東南の谷から登る。明確な登城道はないが、山頂をめざしながら山の斜面を登って尾根筋へ。さらに、尾根筋を西方へ登って行くと南曲輪、そして山頂に辿り着く。

雪で覆われた南曲輪から見上げる主曲輪

大渡《おおわたり》烽火台

眺望が悪い塩川上流の情報中継点、城山は景観保存地区

武田氏は甲斐国内に煙や火を用いた情報伝達の中継拠点として多くの烽火台を設けた。中でも北杜市内の塩川流域は多くの烽火台が築かれ、信濃国の情報が府中へ伝えられた。大渡烽火台もその一つとして塩川沿いに存在していた。

北杜市須玉地区を流れている塩川が独立峰の城山に突き当たって西に大きく曲がり、さらに南へ曲がって小森川と合流する北側に鳥井峠がある。大渡烽火台は塩川の浸食によって山並みから切り離された塩川左岸の城山に築かれた。

現在、大渡烽火台は塩川沿いを走る県道23号の鳥井坂トンネル上にあり、秋には新紅葉橋から赤や黄に染まった城山の全貌を望める。眼下に塩川が流れ、粘板岩の深い渓谷となっている眺めは圧巻だ。この一帯はカエデな

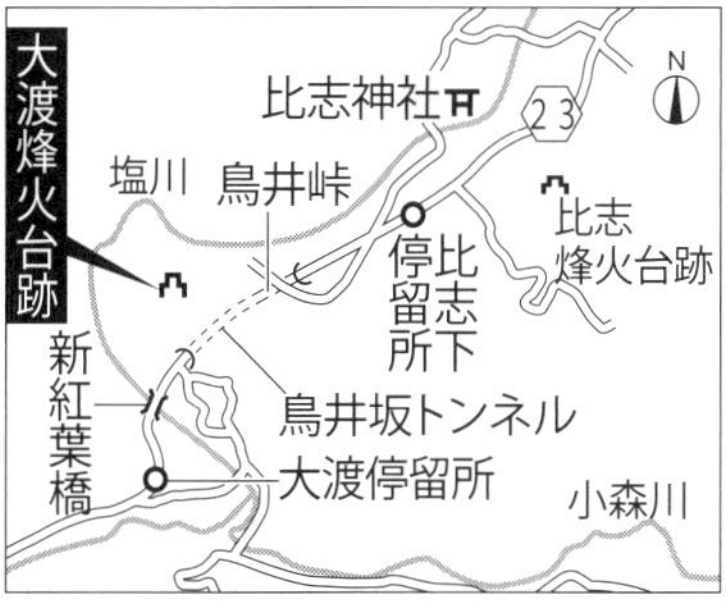

【メモ】北杜市須玉町江草。ＪＲ中央線韮崎駅→バス→比志下停→５分→鳥井峠→15分→大渡烽火台

新紅葉橋と城山の全貌

どの広葉樹が多く、紅葉が見事な景観保存地区になっている。また、南東には大渡集落が広がっている。

小森川上流には岩下集落があるが、ここから観音峠を越えて御岳方向へ通じる道が存在していた。穂坂からは明野《あけの》・江草を経て大渡へ至り、鳥井峠を越えて比志・黒森、さらに信州峠を越えて信濃佐久へ至る小尾《おび》街道も走る交通の要衝であった。江戸時代には大渡・根古屋《ねごや》・馬場・岩下の四カ所に口留番所《くちどめばんしょ》が置かれていた。

塩川上流は、谷筋が深く眺望が悪いため、烽火台をつくる必要性があった。大渡烽火台は南の獅子吼城と北の比志烽火台や前の山烽火台への連絡拠点となっていた。

大渡烽火台は東西三〇〇メートル、南北一〇〇メートルの規模で、北・西・南の三面は天然濠の塩川に続く急斜面となっている。山頂の西端部に東西に細長い主曲輪があり、主曲輪の北や西側斜面には岩が露出している地形だ。

大渡烽火台の東側に鳥井峠の切通があり、その南斜面を下ると大渡集落へと繋がっている。鳥井峠から西側の尾根筋を登ると一〇分ほどで山頂に辿り着く。その途中には小さな堀切や三角形の曲輪があり、主曲輪直下の東斜面に南北に細長い腰曲輪が連続している。

山頂の痩せ尾根の西端に築かれた主曲輪は現在、マツなどで視界が遮られているものの、南方に獅子吼城、北方の谷間には比志の集落が望める。主曲輪には大渡集落で祀った秋葉神社の小さな社や御神燈《ごしんとう》が祀られている。

主曲輪の遺構は、北辺に低い土塁、西北の尾根筋に堀切を設けて尾根を遮断し、南北斜面には竪堀もある。堀切の先には痩せ尾根が続き、さらに急峻な地形が塩川に落ち込んでいる。

大渡烽火台の創築は不明だが、「甲斐国志」にも記された甲斐の代表的な烽火台で、北杜市史跡に指定されている。岩下には小森将監という落ち武者の名が伝えられているが、大渡烽火台との関係は今のところわかっていない。

石祠群と御神燈が祀られている主曲輪

獅子吼城《ししく》

円錐形の江草富士、信濃と甲府を結ぶ伝達の中継地

国指定天然記念物の田木《たぎ》・畑木《はたぎ》という二本の大ケヤキで知られる北杜市須玉町の根古屋《ねごや》神社。その裏手に標高七八八メートル、比高一三〇メートルの江草富士《えぐさふじ》とも呼ぶ円錐形の城山がある。ここに築かれたのが獅子吼城だ。落城の際に城内に住んでいた怪物が吼《ほ》えながら深い淵に飛び込んで岩となったという伝承から名づけられたそうだ。伝承とともに城山に巨石や平石を積み上げた石塁が多いことには驚く。

獅子吼城は北、西、南面が急峻。山頂からは南方の若神子、北方の信濃方面への見通しがきく。そのため、城山には信濃から甲府へ伝達する烽火台が置かれ、特に武田信玄は塩川沿いの烽火中継点として重要視していた。

現在、獅子吼城へは城山の東側に整備された登城口がある。根古屋神社の一帯には大手口が存在し、神社前の

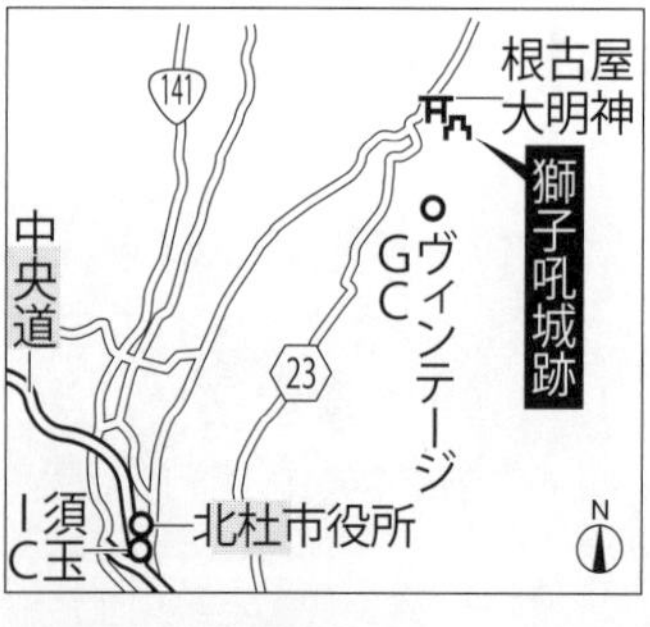

【メモ】北杜市須玉町江草。ＪＲ中央線韮崎駅→バス→平停→15分→根古屋神社

道は信濃国と上野国を結ぶ小尾《おび》街道や穂坂路と呼ぶ重要な古道であった。足腰に自信があれば神社裏側から城山斜面を西方面へ直登すると大手筋に出る。

大手筋は西から北、そして東に回って主郭部へ向かうと、その途中には石組み遺構や大きな竪堀がある。東側登城口からの合流点には桝形の虎口跡と土塁・空堀があり、空堀は通路となっている。また、土塁の外側斜面には竪堀に沿って竪土塁が残っている。

築城に際して縄を張りめぐらしたことから、城の平面構造を縄張と呼ぶが、獅子吼城の縄張は山頂に主曲輪、その周囲下方には帯曲輪が巡り、主曲輪の北東と西南斜面には石塁を用いた段曲輪を配置している。山頂の主曲輪に根古屋神社上社の石祠が祀られ、北東辺に土塁が現存、東辺と東南隅には土塁の痕跡が残る。現在、武田氏の烽火網

北東斜面に現存する段曲輪と平石の石塁

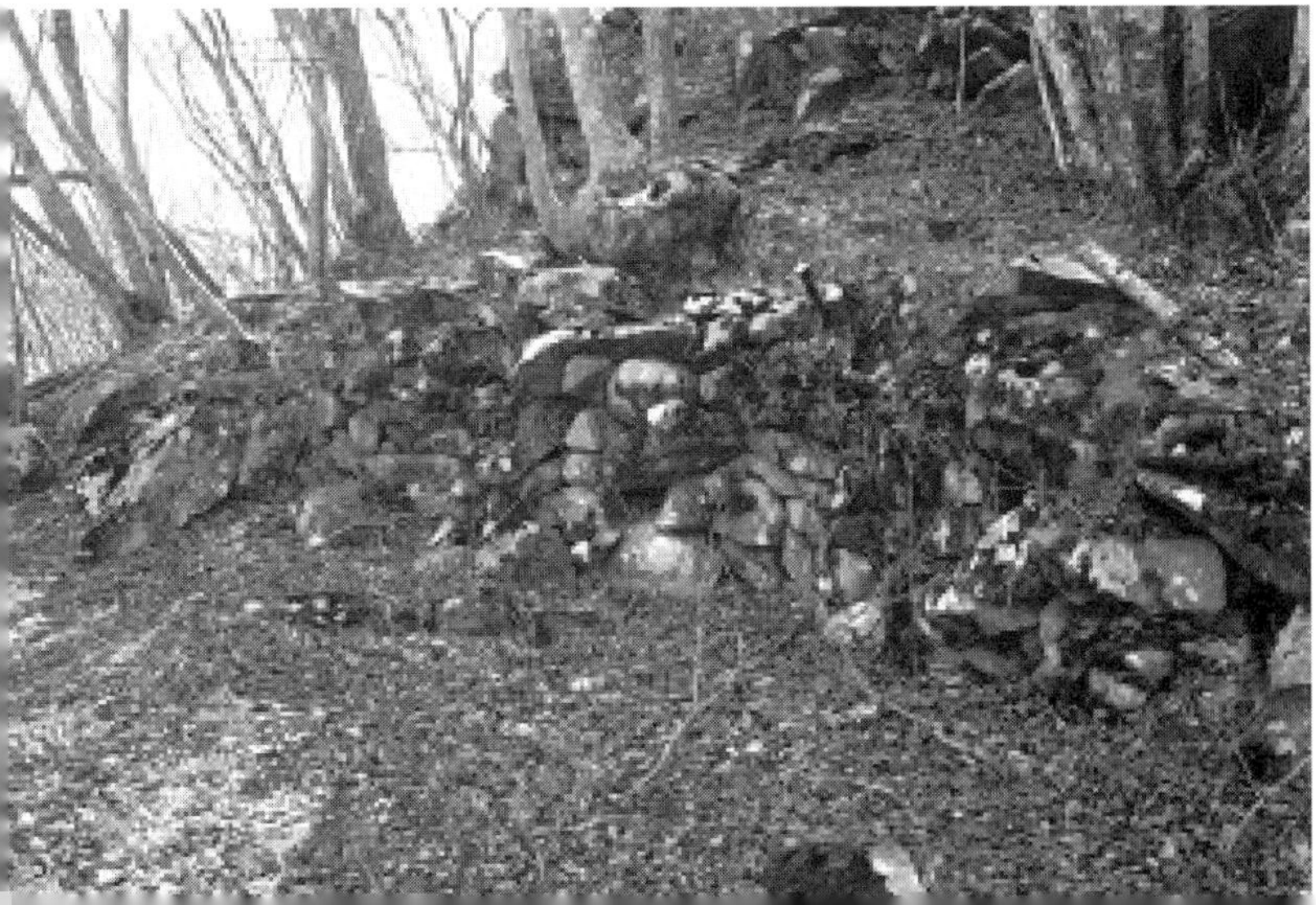

根小屋神社の上社が祀られている主曲輪

の中枢拠点として、模擬の烽火台が建てられている。

獅子吼城は鎌倉末期に信田実正・実高父子が居城したとされ、応永年間（一三九四〜一四二八）に武田氏十三代信満の三男江草信康（泰）、その後は信満の四男今井信景が入城して今井氏が歴代世襲。天文元（一五三二）年、武田信虎は獅子吼城を落城させ、城主今井信元は信虎に臣従している。

天正一〇（一五八二）年の天正壬午の乱では、小田原北条氏が獅子吼城に布陣したが、徳川家康方の服部半蔵や武田氏遺臣の津金衆・小尾衆の夜襲によって落城、そして廃城となった。

若神子古城《わかみこ》

若神子北城と南城を含む一城別郭式の城

武田信玄が佐久侵攻の際に通った佐久往還。現在の国道141号沿いにある中央道須玉インターチェンジに近い山頂の山肌には、「甲斐源氏発祥の地」の看板がある。若神子古城、または若神子大城と呼ばれる山城だ。

この城を中心に、東の正覚寺《しょうかくじ》裏山の若神子北城と、西の甲川《かぶとがわ》（湯沢）西方にある若神子南城の三つの城を総称して若神子城と呼ぶ。一つが落城しても残った城が戦いを続けられる一城別郭の形式となっている。

明治時代、若神子で大火が起き、若神子古城から大量の壁土が採取された。現在、ふるさと公園として整備され、憩いの場となっている。南山麓に公園の看板とともに立派な石段の登城口がある。東山麓には後三年の役で戦功をあげた新羅三郎義光と孫清光の祈願所であった諏

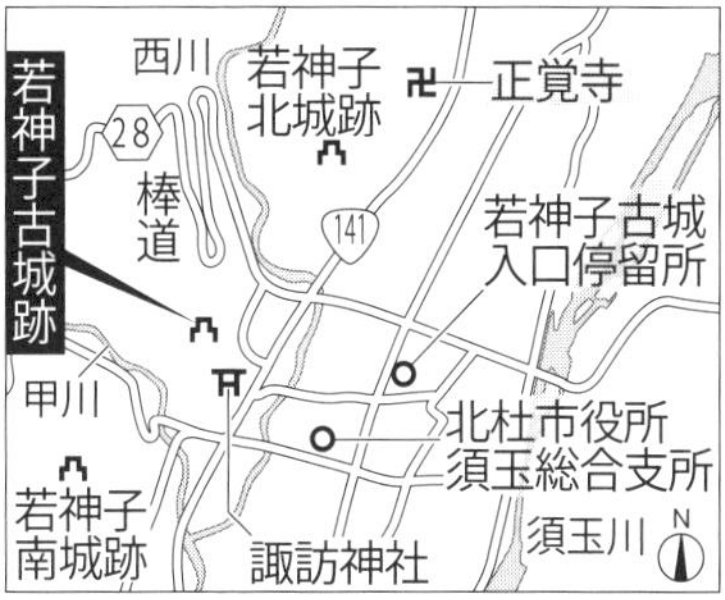

【メモ】北杜市須玉町若神子。ＪＲ中央線韮崎駅→バス→若神子古城入口停→３分→諏訪神社→２分→登城口→５分→宿借石→１分→主曲輪

登山道から見る巨岩の宿借石

訪神社がある。

須玉川の支流西川と甲川に挟まれた南西尾根上にある若神子古城には、尾根南端の松林の中に東西三〇メートル、南北四〇メートルの主曲輪がある。その南と東側の一段下方に主曲輪を囲むような曲輪、北側の東西の斜面には段状の小さな曲輪が続く。

主曲輪の北側は公園となり、サクラが散った五月初旬、白と紫のフジの花や赤いキリシマツツジが咲き出した。眺望も良く、眼下に須玉の街並み、遠くには富士山も望むことができる。江戸時代の資料をもとに復元されたつるべ式の烽火台があったが、現在は老朽化のため撤去されている。

公園整備前の発掘調査で幅一メートル、深さ一・二メートル、長さ一〇メートルの小規模な薬研《やげん》堀が出土している。漢方薬の薬種の粉砕道具である薬研に似た断面がV字形の堀だ。この薬研堀は主曲輪北側の尾根を遮り、西側の空堀へ続いていた。西側の空堀の外側には土塁が現存している。発掘調査では、東端から厚い焼土の堆積、南端部からは櫓台跡と思われる柱穴跡が発見されている。

南面の山頂近くの城道に諏訪神社の御神体とも言われる特徴ある巨岩の宿借石がある。新羅三郎義光は突き出た岩の下で雨宿りをしたという伝承がある。若神子古城の虎口として利用されていたことだろう。

若神子城は甲斐守に任ぜられた新羅三郎義光が居館として構えたと伝えられているが、真相はわからない。文献「甲斐国志」に武田義清が父義光を弔うため正覚寺を建立したと記されていることから、義光をはじめとして義清・清光・光長の四代が若神子城を居城としたという伝承があるものの否定説の方が強い。

武田信玄の時代、甲府から信濃・佐久口への軍事や情報、物資の集まる拠点となった若神子城は、棒道の起点にもなっている。信玄は甲府から信濃へ出陣した際に若神子城で陣立てをしており、この城を烽火台として利用している。

天正壬午の乱では北条氏直が若神子北城を築き、若神子古城を修築して本陣とし、新府城に布陣した徳川家康と対峙《たいじ》した。薬研堀などの遺構は北条氏が応急的に修築した遺構と考えられる。だが、修築途中で和議が成立している。

薬研堀を保存している現況の堀

若神子北城《わかみこきた》

北条氏直が築き、新府城に布陣した徳川家康と対峙

北杜市須玉町若神子には西川・甲川・須玉川が流れる。川に挟まれた地にある古城または大城と呼ぶ山城と、東側にある陽谷山《ようこくさん》正覚寺《しょうかくじ》の裏山にあたる北城、西側の南城を合わせた三城の城跡群は、若神子城と呼ばれている。その一つ、若神子北城は、現在は国道141号となった佐久往還の難所の小手指坂《こてさしざか》から南へ延びる尾根上の山城である。

JR中央線の長坂駅から北杜市民バスに乗り正覚寺入口停留所で降りると、「味噌なめ地蔵」がある。具合が悪いところと同じ部分に味噌を塗れば、病が治癒すると伝わるユニークな地蔵さまだ。正面には甲斐源氏の祖新羅三郎義光とその子武田冠者義清の供養塔が残る正覚寺が目に入る。

若神子城の創築は解明されていない。「甲斐国志」に

【メモ】北杜市須玉町若神子。JR中央線長坂駅→正覚寺入口停→味噌なめ地蔵→2分→正覚寺→20分→クラブヴェルデ（テニスリゾート）→3分→若神子北城跡

武田義清が父義光を弔うために正覚寺を建立したと記されていることから、義光をはじめ、義清・清光・光長の四代にわたって居城としたという伝承があるが、否定説の方が強い。武田信玄は、若神子城を信濃攻略の拠点とし、陣立てや烽火台として利用している。

正覚寺の背後にある若神子北城

武田氏が滅び、本能寺の変で織田信長が明智光秀に殺された天正一〇（一五八二）年、北条氏直と徳川家康が旧武田領をめぐって天正壬午の乱が起きた。このとき氏直は武田氏の城だった古城と南城を修築し、北城を新たに築いて新府城に布陣した家康と対峙した。

若神子北城は南北に長い。北半分はスポーツ施設（クラブヴェルデ）となっているが、南半分はヒノキ林や雑木林の中に土塁などの遺構が良好な状態で残っている。東方の眼下に若神子集落や水田地帯、目の前には富士山を望む。ヴェルデの南側から北城に入ると東辺に尾根の南端へ続く帯曲輪状の道がある。太陽光発電設備を経た南端は、西川へ落ち込み、国道１４１号へ降りる遊歩道が続く。

雑木林の中ではミンミンゼミとツクツクボウシが鳴いていた。鳴き声は、異常に長い真夏日が続いた残暑の終わりをようやく告げるかのようにおとなしい。

　昭和二〇年代まで畑地として利用されていた北城は、天正壬午の乱の際の急普請のためか、粗雑な構築だ。八ヶ岳南麓の丘陵が西川と須玉川の流れで浸食され、幅広い平らな舌状台地に築かれた北城は、東辺を除き曲輪の周囲を土塁と空堀が囲む。東面は急斜面、西面は緩やかな斜面で西川へ落ち込んでいる。東西の斜面には竪堀跡と考えられる痕跡が認められる。

　南半分の北側には尾根を遮断する堀切と土塁が現存する。東側の防御は急崖を利用し、緩斜面の西側は土塁を伴う帯曲輪や腰曲輪を付帯させて防御を固めている。北側虎口の東西の櫓台は防御を強化させ、南側の虎口の土塁上には秋葉神社が祀られている。

　ヴェルデの建設工事の際に行った発掘調査で、門跡を伴う柵列と溝跡が検出されている。施設の北側は現在、水田となっている大規模な堀跡があり、その先の北側には土塁の存在が想定できる。

現存する北辺の土塁

屋代氏館《やしろし》

江戸初頭の貴重な城館跡の遺構と遺物が出現

茅ヶ岳の西麓、塩川東岸の河岸段丘上に位置する屋代氏館跡は、現存する土塁中央にひときわ目立つケヤキの木、その下には二基の石祠が静かに祀られている。屋代氏館はこの土塁延長線上に土塁と堀が囲む一二〇メートル四方のほぼ平均的な規模の単郭式の居館と考えられるが、副曲輪の存在も検討したい地形だ。

現在は埋め戻されているが、屋代氏館では平成二三（二〇一一）年一〇月から同二四年一月まで、圃場《ほじょう》整備の一環で発掘調査が行われた。その結果、建物跡・井戸・堀・庭園跡など江戸時代初頭の貴重な城館遺構が発掘され、陶磁器・土器・かわらけ・五輪塔の相輪などの遺物も出土した。

屋代氏館の北西に八ヶ岳、南西には甲斐駒ヶ岳を中心に南アルプスが雪化粧で青空に映えていた平成二四年二

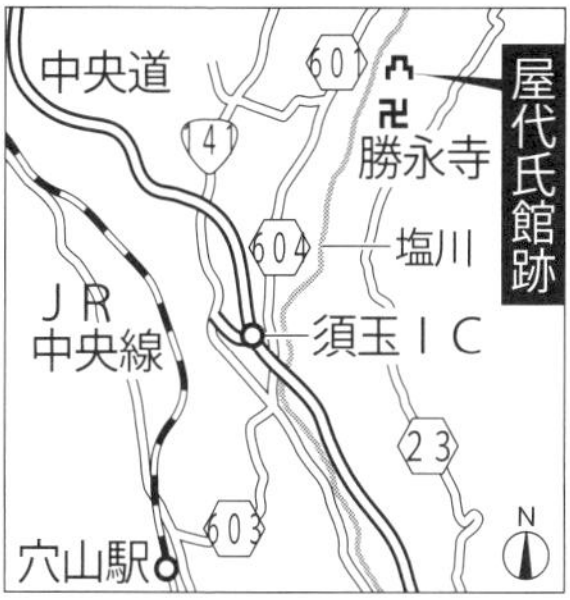

【メモ】北杜市明野町上神取。ＪＲ中央線穴山駅→タクシー→屋代氏館跡→５分→勝永寺

調査で発掘された石組遺構

月一一日、農耕地としての埋め戻し工事のため、二度と見ることができない屋代氏館跡の現地説明会（北杜市教育委員会主催）に参加。調査に携わった文化財担当大網信良氏による遺構の説明に耳を傾けながら、見事な出土遺構が眼に焼き付いた。

建物は掘外側の三棟を含めた三〇棟の掘立柱建物跡と二棟の礎石建物跡が発掘調査で確認された。代表的な建物は中央部に主殿建築と推定される母屋と接客や儀式が営まれた建物が北と南に建てられ、東南角に厩と家臣詰所、北東には独立した廂付きの建物が存在していた。

屋代氏館は近世の城館である。母屋と南西の建物は礎石建物だが、掘立柱建物が存在していたのは驚きと同時に謎だ。また、調査結果からも断定できないが、城門は南辺に存在していたと考えられる。

現存する土塁近くには小規模ながらも石を曲線的に並べた庭が発掘された。保存を望みたい見事な石組遺構だ。井戸は四カ所で見つかり、石組・木枠・素掘と、なぜか造り方に違いがある。中でも見事な石組井戸は、今もこんこんと水が湧き出ている貴重な遺構だ。

さらに、居館として一八年間存続した屋代氏館は、その間に建て替えられていることが判明し、柱穴《ちゅうけつ》からは焼けた壁土が発掘されている。

屋代氏は信濃の村上氏庶流として村上氏に従っていたが、弘治年間（一五五五～五八）の正国《まさくに》の時代に武田氏に降《くだ》っている。長篠の戦いで正国の嫡子正長が討死したため、正国の弟室賀《むろが》満正《みつまさ》の子秀正《ひでまさ》（勝永）を養子に迎えている。秀正の菩提寺勝永寺は居館跡の南方にある。

武田氏滅亡後、秀正は一時的に上杉景勝に属した後に徳川家康に従い、六千石余を領して屋代氏館を慶長一九（一六一四）年に築いた。家康が真田真幸の甲斐侵攻に備えたためか、塩川西側の須玉町大蔵に真田信昌、須玉町東向に三枝昌吉《さいぐさまさよし》の居館を置き、塩川を挟んだ東西に三氏の居館が集中していた。

秀正の没後、家督を継いだ忠正は四千石が加わり、一万石を領して徳川忠長に仕えた。だが、寛永九（一六三二）年の忠長の改易に連座して領地は没収された。その後の同一三年に忠正は赦免され、二年後に安房国一万石を領して北条藩を立藩して大名に復帰している。

水をたたえた石組井戸

教来石民部館《きょうらいしみんぶ》

八ヶ岳を望む地、出構と空堀が残る

八ヶ岳の澄んだ天然水と寒暖の差が激しい特有の気候で培われた土壌が、甘みのある蕎麦を生む。八ヶ岳山麓では、名水で打つ逸品が楽しめる新そば祭りが開催されていた。中世、八ヶ岳山麓の蕎麦は飢饉に備えた救荒食《きゅうこうしょく》。近世は年貢米の代品として上納され、さらには藩主献上品として重用された。

この名水の地、北杜市白州《はくしゅう》町を流れる釜無川によって形成された段丘面に、武川衆一員の教来石《きょうらいし》氏の居館が存在していた。武川衆は武田氏五代信光の四男一条信長の孫時信を祖とし、その子は北杜市白州町と武川町に分封された。教来石氏はその一族だった。

教来石氏は歴代にわたって白州町を本拠として続いた。「甲斐国志」によると、白州町下教来石に上屋敷・中屋

【メモ】北杜市白州町鳥原。ＪＲ中央線小淵沢駅または韮崎駅→バス→ビューファーム鳥原平停→１分→教来石民部館跡

敷・裏門などの地名や枯れた井戸があり、上教来石にも居館が存在したと記されている。現在、この居館の跡は明確には確認できないが、白州町鳥原に築かれた教来石民部館跡は整備されている。

東側の空堀と正面に望む八ヶ岳

天文一五（一五四六）年、教来石民部少輔景政《かげまさ》は絶えていた馬場家を継ぎ、白州町白須の馬場氏館へ移った。そこで教来石氏は途絶えている。景政は武田信虎・晴信に仕え、馬場氏を継いでからは信房、そして信春を名乗った。「不死身の鬼美濃」と称された勇将の信春であったが、武田勝頼の時代の天正三（一五七五）年、長篠の合戦で殿《しんがり》をつとめて討死した。

教来石民部館は北方に流川が流れ、南東側は松山沢川《まつやまさわがわ》に削られた急崖の段丘面に築かれた。現在、ビューファーム鳥原平の前にある「殿畑」と呼ぶ畑地の一画が、タンポポの咲く公園となり、北方に八ヶ岳が大きく望める憩いの広場となっている。

南北に長い方形居館で、北側に二の曲輪、南側に主曲輪を配置していたと推定され、南東隅に突出した虎口状の出構が残る。南側は沢となっているが、四方を空堀が囲んでいたと考えられる。現在、北と西側の堀は埋められているが、土の流入によって浅くなった東側の堀が残る。主曲輪と二の曲輪の西側には、主曲輪から南側へ三〇〇メートル続く長い空堀があり、三の曲輪（外郭）の存在が考えられる。

教来石民部館は昭和六三（一九八八）年からの発掘調査で、往時の規模がわかりつつある。北杜市教育委員会発行の「市内城館跡詳細分布調査報告書」によると、東西の堀は底に水路状の溝が存在し、断面はＶ字形の薬研堀だったことが確認されている。北側にも小規模な空堀の一部が存在していることが確認された。また、主曲輪と二の曲輪の間には地中探査レーダーで東西に延びる溝の存在も確認されたという。

曲輪内は焼土や炭化物が堆積していたことも判明し、長年の間に火災があったことが推測される。二の曲輪からは礎石建物跡・溝や建物の柱穴などが想起される小さな穴のピットが確認され、一三世紀の竪穴状遺構も出土した。三の曲輪からも建物跡や溝が検出されたと記されている。

南東の隅に残る出構と空堀

中山《なかやま》砦

武田氏特有の三日月堀、良好な状態で現存

標高八八七メートルの中山は北杜市武川町から白州町へと続く独立峰。中山砦は中山峠から延びる南北の尾根の中山に築かれた見事な土塁が残る山城だ。中山砦の北方に尾白川《おじらがわ》、南方には大武川《おおむかわ》が流れ、山頂からの眺望が良いことを生かして烽火台としても利用された甲斐国北部の極めて重要な拠点であった。

国道20号から台ヶ原下交差点近くの尾白川橋を渡って中山峠へ向かい、中山遊歩道入口の案内板があるところが登城口だ。登り始めの最初から甲斐駒ヶ岳を背にして、比高一〇〇メートルほどの急勾配の遊歩道を登ることとなる。この急勾配の登城はそれなりの覚悟を必要とする。背後から登城姿を見ている甲斐駒ヶ岳、途中途中、振り向いては駒ヶ岳に挨拶しながら登るといいだろう。

急斜面を登り切った後、左手にうっすらと雪化粧した

【メモ】北杜市武川町三吹・白州町横手。中央道須玉ＩＣ→国道 20 号→台ケ原下または牧原→県道 612 号→中山峠→ 25 分→展望台→ 5 分→主曲輪

八ヶ岳を見ながら、比較的なだらかな遊歩道を登っていくと展望台が建っている。展望台がある平場は、そこに入る直前の遊歩道に堀切と土橋があることから、中山砦の物見的な存在であったことが考えられる。高さ一三メートルの展望台からは雄大な山梨を代表する自然の眺めが楽しめる。

西方眼下に緩やかに大武川と石空川《いしうとろがわ》が水田地帯を潤して流れ、正面に大きく甲斐駒ヶ岳や鳳凰三山などの南アルプス、反対側の北東には八ヶ岳が望める。この眺望は急な山道を登ってきた苦しさを忘れさせ、城跡に興味がなくても十分な満足感を与えてくれる。

展望台から南東の尾根伝いに二条の堀切があり、その先の上方を登り切ると突如、土塁が囲む長方形の主曲輪が現れる。主曲輪は三つの曲輪が南北に並んでいたとする説もあるが、現在は中央が通路となり、切れた大きな土塁で南北二つの曲輪に分かれている。

西辺の北寄りに残る短い土塁の存在が、曲輪の区分に鍵を握るようだ。北曲輪の東辺に虎口があり、南曲輪の東辺の土塁は消滅しているが、そのほかの土塁は良好な状態で残っている。

主曲輪を区分する土塁と土門

南側の腰曲輪を囲む三日月堀

南曲輪の一段下方に弧状の腰曲輪や堀幅が狭い三日月堀と低い土塁、東斜面には数段の帯曲輪が付設している。三日月堀は新府城にも現存しているが、山城の中に良好な状態で現存している三日月堀は、武田氏築城法の特徴の一つとして貴重な遺構だ。その先の東南尾根を下ると、竪堀とつながっている堀切があり、北東と北西を加えた三つの尾根に堀切を普請して防御を固めている。

中山砦の創築は不詳ではあるが、釜無川右岸の武川筋で勢力を誇った地域武士集団の武川衆と関係がある。武川衆は武田氏の流れをくむ一条時信を祖とし、時信の子供たちが居住地名を姓として山高・牧原・教来石・白須・青木氏などの祖となり、さらに青木氏からは柳沢・山寺・折井氏などが分出している。また、馬場・横手・米倉・曲淵《まがりぶち》・曽雌《そし》氏も武川衆に加わっている。

中山砦は逸見路の監視とともに笹尾砦からの烽火中継基地としての存在が考えられ、諏訪口の防衛を担っていた武川衆が中山砦に詰めていたことだろう。武川衆は武田氏の一勢力として活躍したが、武田氏滅亡後は徳川家康に属し、天正壬午の乱では中山砦を警固して北条氏と戦った。

星山《ほしやま》古城

山間部に埋もれた目立たぬ立地、避難には最適地

北杜市武川町を流れる大武川や小武川沿いの一帯は耕地が開け、良質な武川米を産することで名高い。古くは甲斐三御牧《みまき》の一つ真衣野牧《まきのまき》の官牧《かんぼく》があり、朝廷へ献上される良馬の産地であった。近年まで畜産業が盛んで牧場が多かった地区だ。

鎌倉時代初期、武田氏五代信光の子信長が、甲斐源氏の一族である一条氏の家督を継ぎ、信長の孫時信は甲斐守護職に任ぜられた。時信には多くの男子があり、武川筋に分封させて地名を姓にして栄えた。青木・折井・山高・柳沢・宮脇・入戸野《にっとの》・白須・横手・知見寺《ちけんじ》（蔦木《つたき》）・教来石などの諸氏だ。これらの同族諸氏を合わせて「武川衆」と呼ぶ。

大武川の支流の石空川右岸にある山尾根先端部に武川衆の築城と考えられる山城の星山古城がある。畜産業が

【メモ】北杜市武川町黒澤。中央道須玉ＩＣ→国道20号→牧原交差点→登城口（ヒノキ植林地）→30分→主郭部

盛んだった山麓一帯は、今ではオートキャンプ場や別荘地になっている。

武川衆は天正一〇（一五八二）年の天正壬午の乱で、徳川家康に属し、北方四キロに位置する中山砦を拠点として戦った。星山古城は山間の奥まったところに置かれ、武川の住人が逃げ込んだと伝わる。乱の直前、織田信長が甲斐へ侵攻した際に柳沢氏が避難した場所とも伝わる。

主曲輪の西南鞍部に残る見事な堀切

国道20号の牧原交差点から県道６１２号へ入り、甲斐駒カントリークラブや黒沢川の北側へ。オートキャンプ牧場チロルの案内板に従って別荘が建つ森の中を進む。チロルの施設を過ぎてすぐ、「藪の湯《やぶのゆ》・大坊《だいぼう》・横手・白州」方面への看板に従う。

星山古城への登城口はわかりにくいが、沢が流れる小橋を渡った直後の道路脇にある「退避所（六）」のフラッグが目印。近年、ヒノキ植林の山梨県有造林地があり、そこに比較的わかりやすい登城口がある。東西面が極めて急崖であるため、北斜面からの登城となる。

堀底《ほりぞこ》状の道は枯れ葉が積もり、滑りやすい。「この道はその昔、山頂で伐採した樹木を馬が引いて下った道だった」

と地元の人に聞かされ、馬にとっても相当な重労働だったことだろう。そう思わずにはいられないほど傾斜が厳しい九十九折の道、一気に登るのは並大抵のことではない。天正壬午の乱の際、武川の住人たちにとっては、それどころでなかったことだろう。

登り始めて四〇分。北西側を防御する長さ五〇メートルの大きな竪堀が現れる。小さな腰曲輪を経れば山頂だ。山頂には土塁などの遺構はないが、東西一二メートル、南北二〇メートルの台形状の主曲輪がある。その南側に幅一・五メートル、長さ一二メートルの土橋状の細長い曲輪が続く。南西の鞍部には大きな堀切が普請され、主曲輪を独立させている。

堀切の先を登ると、避難場と考えられる大規模な曲輪がある。今ではヒノキの植林地となり、中央部は穴蔵状の窪地になっている。

昭和後期まで星山古城の存在は明らかではなかったが、昭和六三（一九八八）年度の遺跡分布調査で実態が確認された。小規模な山城だが、山間部に埋もれた目立たない立地。避難の場としては最適な山城だったのだろう。

土橋状の細長い曲輪につながる主曲輪

柳沢氏屋敷《やなぎさわしやしき》

遺構なく、伝承地二カ所が残る武川衆の本拠

南アルプスの北端に位置する甲斐駒ヶ岳。「南アルプスの貴公子」とも呼ばれるその雄姿が眼前に迫る田園地帯に、柳沢氏屋敷が存在していた。四季を肌で感じ取れるのどかな田園風景に、ひときわ大きく、青空に映える雪化粧をした甲斐駒ヶ岳は、柳澤地区の自慢の一つだろう。

甲府城主へと出世し、元禄政治を主導した柳沢吉保《やなぎさわよしやす》。先祖は青木・山高・山寺・折井・教来石・宮脇・横手・牧原・曲淵・米倉氏などとともに武田氏に属し、武川衆の一員として活躍した。その本拠が柳沢氏屋敷だった。

柳澤周辺に「中原」の地名は存在していないが、「甲斐国志」には柳沢氏屋敷が「中原という処にあり」と記されている。柳澤北側を流れている釜無川の支流大武川の段丘上に柳澤集落があり、その一角に「弥太郎屋敷」

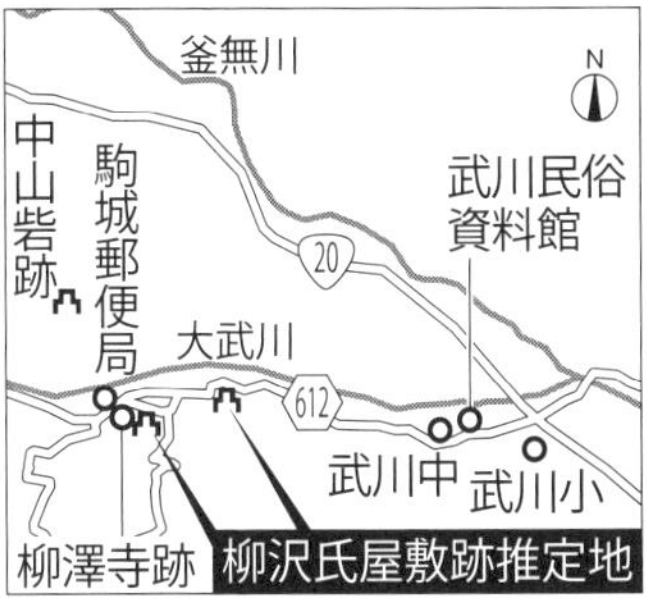

【メモ】北杜市武川町柳澤。中央道須玉ＩＣ→国道20号→牧原→県道612号→柳沢氏屋敷跡推定地→５分→柳澤寺跡

と呼ばれた柳沢氏屋敷の存在が伝わる。弥太郎とは武田信虎に仕えた柳沢弥太郎貞興のことと伝えられ、柳沢吉保も弥太郎の通称がある。

「甲斐国志」からも柳沢氏屋敷の存在は認められるが、大武川の度重なる水害によって地形が変わっていることもあり、今のところ所在地は判明していない。歴史を見続けてきた甲斐駒ヶ岳に尋ねたいところだ。

地元には二カ所の柳沢氏屋敷の伝承地がある。水田地帯を走る県道612号脇に「柳澤氏発祥之地」の石碑と案内板がその存在を示す。もう一ヵ所は、民家の一角の六地蔵石幢《せきどう》がある柳澤寺《りゅうたくじ》跡周辺だ。だが、双方は農耕地や宅地となり、屋敷が存在していたことを証明する遺構や遺物などは出土していない。

柳沢氏は甲斐守護の一条時信の子青木時光の家系にあたる安遠《やすとお》の子信興《のぶおき》が、柳澤村に入って柳沢氏を名乗ったのが始まりとされる。信興は武川衆の一員として武田氏に仕え、その後、貞興・信景・信房・信兼・信俊と世襲した。武田氏が滅亡した直後の天正一〇（一五八二）年、天正壬

壮大な雪の甲斐駒ヶ岳を背にする伝承地

柳澤寺跡に残る六地蔵石幢の地蔵

午の乱の際に徳川家康に与した信俊は、山高信直らの武川衆とともに中山砦に詰め、釜無川対岸の花水坂で北条軍と戦っている。そして、同一八年、信俊は武川衆とともに武蔵の鉢形領《はちがたりょう》（埼玉県寄居町）へ移っている。
信俊の次男安忠の子吉保は館林藩主であった徳川綱吉に仕え、綱吉が五代将軍となると側用人として頭角を現した。さらに吉保は元禄七（一六九四）年に川越藩主、そして宝永元（一七〇四）年に甲府一五万石の甲府藩主となった。綱吉の没後、吉保は下屋敷六義園に隠棲《いんせい》し、家督を継いだ吉里はその後に大和郡山へ移封となった。
現在、廃寺となっている柳澤寺は柳沢氏が開基したものと伝わる。境内跡に残る六地蔵石幢は明応五（一四九六）年に建てられ、柳沢信興が願主であったと想定できる。六面に地蔵尊像が配列されている石幢は、北杜市文化財にも指定されている必見の石造建造物だ。

実相寺《じっそうじ》塁

日本三大桜、樹齢二千年の神代桜が彩る居館跡

北杜市武川町にある実相寺《じっそうじ》境内の山高神代桜《やまたかじんだいざくら》が、毎年春になると、山梨県外からも多くの観光客を誘い込む。樹齢二千年と伝える、風格があるエドヒガンザクラだ。

神代桜は日本武尊《やまとたけるのみこと》が東征の際に植えたという伝承がある。その後、日蓮聖人が衰えていた神代桜を回復させたことから「妙法桜」の別称もある。国内で最古・最大級の巨樹として大正一一（一九二二）年に国の天然記念物に指定され、平成二（一九九〇）年には新日本名木百選に選ばれた。岐阜の淡墨桜《うすずみざくら》、福島の三春滝桜《みはるたきざくら》とともに日本三大桜として名高い。春には境内いっぱいに淡墨桜、三春滝桜や身延の枝垂れ桜などの子ザクラとラッパ水仙が咲き乱れ、青空のもと残雪が残る甲斐駒ヶ岳や南アルプスが借景となり、見事な眺めが楽しめる。

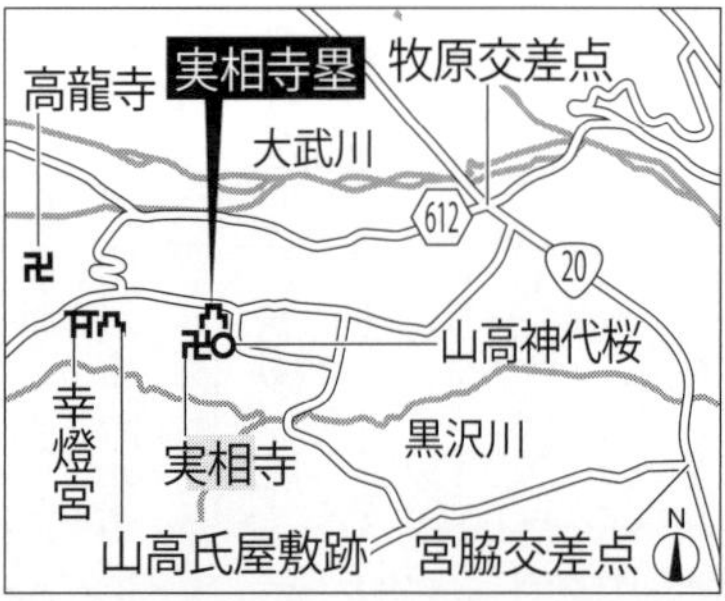

【メモ】　北杜市武川町山高。ＪＲ中央線韮崎駅→バス→実相寺・神代桜停（運行日注意）▼中央道須玉ＩＣ→国道 20 号→宮脇交差点→神代公園駐車場→１分→実相寺

実相寺の地は実相寺塁や山高氏屋敷跡と呼ばれ、武川衆の山高氏の居館跡と伝えられている。山高氏が居館を構えた以前には武田氏四代信義の子一条忠頼の居館があったという。実相寺塁の詳細については不明だが、北側に大武川、南方には黒沢川が流れ、東西に細長い河岸段丘上に山高氏の本拠があった。

甲斐駒ヶ岳を借景に神代桜や
全国の子桜とラッパ水仙が咲く居館跡

「甲斐国志」に「大津山実相寺、山高村、山高五郎左衛門ノ宅跡ニテ其鎮守稲荷並老木柳桜アリ」と記されている。「山高氏宅址、山高村、今ニ殿屋敷ト云産《うぶすな》神社地内へ入ル峡中紀行山高塁処名擽平トアリ」ともあり、実相寺のほかに産神社の地や山高集落の西端にある幸燈宮《こうとうぐう》周辺に山高氏屋敷が存在していたと考えられる。山高氏は武川衆の祖一条時信の子信方を祖とし、「一蓮寺過去帳」には信方の法名と考えられる「正阿」の名が書かれ、信方の子信武も山高二代、法名「師阿」と記されている。

戦国時代、武田氏に属した山高氏は武川衆の一員として活躍し、武田信虎・信玄・勝頼の時代に信之・親之《ちかゆき》・信親・信直と世襲している。武田氏滅亡後の天正一〇（一五八二）年に起きた天正壬午の乱では、ほかの武川衆とともに山高氏は徳川家康に与して小田原北条氏と戦っている。実相寺北西にある高龍寺《こうりゅうじ》は山高信之が開いた山高氏の菩提寺だ。

国道20号の宮脇または牧原交差点から西方へ曲がり、神代桜の案内板に従って進むと実相寺に着く。実相寺塁は東西一〇〇メートル、南北一五〇メートルの方形居館で、境内南側に土塁の一部、本堂西側に土塁状の盛土が残る。西側は二重の土塁、西・北・南の三辺には水堀が巡っていたと伝えられている。北と西側には農業用水が流れ、堀が巡っていたことが想定できる。

現在、西側の土塁上には最上《さいじょう》稲荷大明神が祀られ、竹林となっている本堂裏側の土塁には樹齢二〇〇年の白モクレンの高木がツバキとともに花を咲かせている。墓地の一画に武田氏に仕えた安山岩で造られた蔦木氏の墓と石廟《せきびょう》群がある。蔦木氏は知見寺氏を称していたが、盛之の時代に蔦木氏を名乗っている。石廟は入り母屋造りで、近世城郭に見られる破風《はふ》や懸魚《げぎょ》などの装飾を屋根に施している。

樹齢200年の白モクレンが咲く本堂裏側の土塁

山高氏《やまたかし》屋敷

山高氏の家紋入りの鬼瓦、幸燈宮の境内に展示

北杜市武川町にある実相寺。毎年四月、日本三大桜で名高い国の天然記念物・神代桜を楽しむ多くの観光客で賑わう。南方に黒沢川、北方には大武川が流れ、その右岸段丘上の実相寺周辺には武川衆一員の山高氏が居館を構えていた。

戦国時代、武田氏の軍編成の中に「衆」または「党」と呼ぶ地域武士団があった。その衆の一つに武河衆や六河衆とも記す「武川衆」が存在していた。「甲斐国志」によると、武川衆は武田氏四代信義から家督を継いだ信光、その子信長が一条忠頼の家督を継ぎ、信経を経てその子時信が甲斐守護に任じられた。時信は武川筋に子を配し、教来石・島原・白須・山高・牧原・青木らの土豪となって在名を名乗り、のちに武川衆を称した。

山高氏は一条時信の子（または孫）の時方を祖とする。

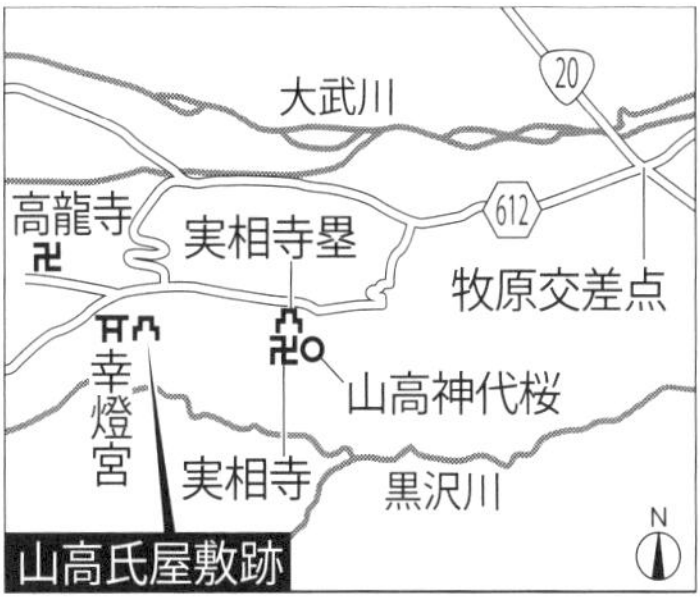

【メモ】北杜市武川町山高。中央道須玉ＩＣ→国道 20 号→牧原交差点→県道 612 号→高龍寺→ 3 分→山高氏屋敷跡（幸燈宮一帯）→ 10 分→実相寺塁（実相寺）

戦国時代には武田氏に属し、武川衆の一員として活躍し、信之・親之・信義・信直と世襲した山高氏だ。武田氏滅亡直後の天正壬午の乱では、ほかの武川衆とともに徳川家康に与して小田原北条氏と戦っている。特に親之は武川衆十二騎の中でも随一と称され、永禄四（一五六一）年の川中島の戦いで戦死した武田信繁の首を敵から奪還し、信繁の兄信玄のもとへ帰還したという。

国道20号の牧原交差点から県道６１２号を西方へ車を走らせ、前方に雄大な甲斐駒ヶ岳、右手には八ヶ岳を見ながら幸燈宮の西北にある高龍寺をめざす。高龍寺は、山高信之が天文元（一五三二）年に開基した山高氏の菩提寺だ。総門から本堂へ続く参道は、静寂な古木のスギ並木道だ。静けさの中で夏の到来を感じるニイニイゼミの小さな鳴き声を耳にしながら、モンシロチョウを追った本堂裏側には樹齢四〇〇年の大きなカヤの巨木がある。

墓地には北杜市文化財に指定されている信之と高龍寺中興開基の信保の墓や山高氏の五輪塔・宝篋印塔《ほうきょういんとう》がある。東京都新宿区弁天町にある宗参寺《そうさんじ》にも山高信直の嫡男親重から山

水路に太鼓橋が架かる幸燈宮

高氏歴代の墓がある。
山高氏屋敷は実相寺の地にあったとする説があるが、確証は得られていないものの、実相寺西側の山高集落西端にある幸燈宮一帯と推定される。幸燈宮前の住宅地は今でも方形の地割りで、遺構がないこともあって詳細な位置は確認できないが、推定地は東方へ緩やかな傾斜地となっている。

高龍寺に残る山高信之と信保の墓

推定地周囲の三方には清流が勢いよく流れている水路がある静かな住宅地だ。幸燈宮の屋根に花菱の山高氏の家紋があり、境内には二つの花菱の家紋が入った鬼瓦が展示され、山高氏の歴史が漂っている。

山高地区には、幸燈宮の神が戦いで深い沼に落ちたところを大ウナギが助けたことから、ウナギを食べると失明するという伝説が残る。今でも高齢者の中にはウナギを食さない人がいるとか。伝説からも山高氏屋敷はウナギが多い急流の天然の濠に囲まれ、周囲は泥地であったと考えられる。

武田《たけだ》信義《のぶよし》館

甲斐源氏の総領の居館、掘立柱建物跡や溝が出土

西方に南アルプスから連なる山々が迫る釜無川右岸の段丘上に、静かな武田の集落がある。その東端に清和天皇の子孫・甲斐源氏、逸見《へんみ》清光《きよみつ》の次男武田信義の居館が存在していた。韮崎市指定文化財にもなっている武田信義館跡には明確な遺構はないが、水田と畑地の中に残る標柱と案内板によってその存在が確認できる。

武田八幡神社（宮）の社前で元服し、武田氏を称した信義は、兄の逸見光長《みつなが》をしのぐ甲斐源氏の総領的地位を占めた。韮崎市役所入口の馬にまたがった信義の騎馬像は、韮崎市、さらには甲斐国の歴史上のヒーローを象徴しているかのようだ。

治承四（一一八〇）年、武田信義は高倉宮以仁王《もちひとおう》の令旨を奉じて信濃の平氏方打倒のために挙兵した。源頼朝は北条時政・義時父子を甲斐に派遣して、信義に救援を

【メモ】韮崎市神山町武田。ＪＲ中央線韮崎駅→20分→鳳凰山願成寺→5分→武田信義館跡→10分→武田八幡神社

要請。信義は頼朝の使者、土屋宗遠《むねとお》による再度の要請もあって、嫡子一条忠頼らとともに駿河へ出陣し、黄瀬《きせ》川で頼朝と相会している。平維盛《これもり》・忠度《ただのり》の軍を敗走させるなど、富士川の合戦で戦功をあげた信義は駿河守護、信義の弟安田義定は遠江守護にそれぞれ任じられている。

だが、甲斐源氏の軍事力の拡大に頼朝は脅威を感じ、その後、甲斐源氏の抑圧工作を講じ始める。鎌倉幕府の初代問注所《もんちゅうじょ》執事の三善康信《みよしやすのぶ》は「武田信義が後白河法皇から源頼朝の追討を命ぜられた」と頼朝に報告した。その結果、元暦元（一一八四）年に一条忠頼、建久五（一一九四）年には安田義定が謀殺されている。

農耕地の中に標柱と説明板が立つ武田信義館跡

第一線を退いていた信義は文治二（一一八六）年、失意のうちに逝去。晩年の信義は富士川の合戦など平氏追討の主力となり、鎌倉幕府創設の功労者であったものの、頼朝から遠ざけられていった悲劇の武将であった。

武田信義館は約二五〇〇平方メートルの規模と伝わる。東側は釜無川によって浸食された急崖、南側は段丘面を浸食してできた甘利沢の谷、北方も堅沢の形成による崖であった。つまり、武田信義館の東・南・北の三方は崖となり、容易には近づけなかった。

現在、武田信義館跡一帯は「武田の里」として武田氏の歴史が感じ取れる甲斐源氏総領、武田氏の発祥の地だ。西南一・三キロに武田信義の詰城と伝わる白山城《はくさん》、その山麓に武田信玄が再建させた本殿（国重要文化財）が残る武田八幡神社、東南五〇〇メートルには信義の菩提寺の鳳凰山願成寺《がんじょうじ》がある。

武田信義館のものとは断定されていないが、居館北辺に相当する地には低い土塁があり、その上に石塔類が並ぶ。周辺には御屋敷、御庭、御旗部屋、御酒部屋、的場、御湟《おほり》、金精水《こんじょうすい》、具足沢など武田信義館にまつわる地名が伝わっている。

平成二〇（二〇〇八）年、個人住宅の建設に伴う韮崎市教育委員会の発掘調査で、掘立柱建物跡や溝が発見された。一二〜一三世紀の青磁・白磁器や水晶なども出土され、武田信義館の存在が確かめられている。

願成寺には、韮崎市文化財に指定された鎌倉時代初期の見事な五輪塔三基がある。中央の高さ一八三センチの巨大な五輪塔が信義、左右は墓景装飾とされているが、向かって左側は夫人、右側は武田信昌の娘・乳母姫のものとも伝わる。墓所の傍らには武田氏累代御霊殿がある。

中央が鎌倉初期の武田信義の五輪塔

白山《はくさん》城

武田信義入郷の地、山頂に土塁、南から東斜面に放射状の竪堀

甲斐源氏、新羅三郎義光の曾孫に当たる信義は韮崎市神山《かみやま》町に居館を置き、武田太郎信義を名乗った。武田氏隆興期の力強さを感じさせる本殿が残る武田八幡《たけだはちまん》神社（武田八幡宮）を氏神とし、その一帯は甲斐武田氏発祥の地と呼ばれ、静けさの中に歴史が蘇る。

白山城は韮崎市内を流れる釜無川の西側に位置し、武田八幡神社南側の城山（鍋山《なべやま》）に築かれた山城だ。中腹に白山権現社が祀られていることから白山城、鍋を伏せた山容から鍋山砦とも呼ぶ。背後には八頭山《はっとうさん》や甘利山《あまりやま》、千頭星山《せんとうぼしやま》の山々が控え、北側の八幡沢川と南側の白沢川《しらさわがわ》は天然の外濠《そとぼり》となっていた。

白山城は南に「ムク台」と呼ぶ南烽火台、北にも北烽火台と呼ぶ急用の通信の場として烽火台を設け、この二

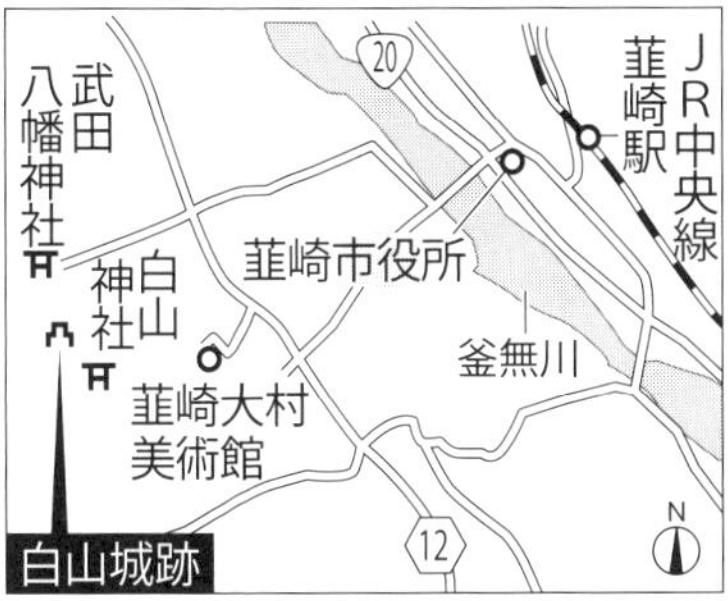

【メモ】韮崎市神山町鍋山。ＪＲ中央線韮崎駅→バス→韮崎大村美術館前停→15分→白山神社→主郭部→20分→為朝神社→武田八幡神社

つの烽火台も含めて平成一三（二〇〇一）年に国史跡に指定された大規模な山城だ。

　白沢川左岸の韮崎大村美術館脇の住宅地を登って行くと、その先にある白山神社参道へつながる獣よけのフェンスの門扉が白山城の登城口。フェンスには「熊出没、注意」の看板がある。熊よけの鈴を持って神社脇の九十九折りの遊歩道を一五分ほど登ると、土塁で四角に囲った城内への出入口の桝形《ますがた》虎口《こぐち》を通って山頂の主郭部へ至る。南面から東斜面を中心とした城山の斜面には、敵兵の横への動きを阻止する浅く短い、幅の狭い放射状の竪堀《たてぼり》で防御を固めた独立した曲輪《くるわ》を設けている。

　主郭部は主曲輪を挟んだ南北の三つの曲輪で構成されている。中央の主曲輪は高さ一〜二メートルの見事な土塁と空堀が囲み、現在、東と北側には細長い帯曲輪が付帯している。南東隅に桝形の大手《おおて》口が明確に残っている。主曲輪の北側は土橋で結ばれた馬出《うまだし》状の北曲輪と連結している。

　敵方の攻撃から虎口を守り、城兵の出入りを確保する虎口前の小さな曲輪を馬出という。南曲輪には一段高い土壇へ続く半円状の土塁が現存している。

主土塁が良好な状態で温存している主曲輪

主曲輪北側に残る土橋と空堀

城山の西方は急な痩せ尾根が続き、主郭部西側を大堀切《ほりきり》で遮断している。さらにもう一条の堀切で細尾根を分断し、堀切の先には見張台があった。北曲輪へ戻り、裏門である北側の搦手《からめて》には為朝《ためとも》神社や武田八幡神社へ通じている搦手道がある。白山城の登城は大手筋から登って搦手筋へ下るといいだろう。

白山城は東北一・二キロの地に存在していた武田信義館の詰城の伝承がある。居館や本城の背後を警護するとともに最後の拠点が詰城であった。武田氏一門の一条氏は白山城を居城とし、その後は武田氏に属した武川衆の青木氏の居城となった。中でも青木信種《のぶたね》は武田勝頼が築いた新府城の支城として白山城を守備している。天正一〇（一五八二）年の武田氏滅亡後、青木氏分派の山寺氏が徳川家康と北条氏政・氏直が戦った天正壬午の乱の際に家康方に属して白山城を守備したことだろう。

白《はく》山《さん》城《じょう》南《みなみ》砦

ムク台とも呼ぶ、景勝が素晴らしい最適な烽火台

甲斐武田氏の祖、新羅三郎義光の曾孫にあたる武田信義、その居館の詰城として鍋山に築かれたと伝わる白山城が武田八幡神社の背後にある。白山城の西側背後に標高八八二メートルの八頭山があり、その南と北の尾根筋は白山城を囲む形で東側に下っている。尾根の両先端の高所には烽火台が築かれ、白山城は両烽火台を採り入れた山城である。

白山城南砦と北烽火台は白山城の南北方面を防御し、武田氏の烽火台群の中でも重要な領国経営の拠点であり、甲府盆地北部の代表的な要塞だ。特に信濃の諏訪や佐久方面と躑躅ヶ崎館をつなぐ情報伝達の中枢拠点であった。烽火台を備えた白山城は武田氏発祥の地の代表的な城郭だ。

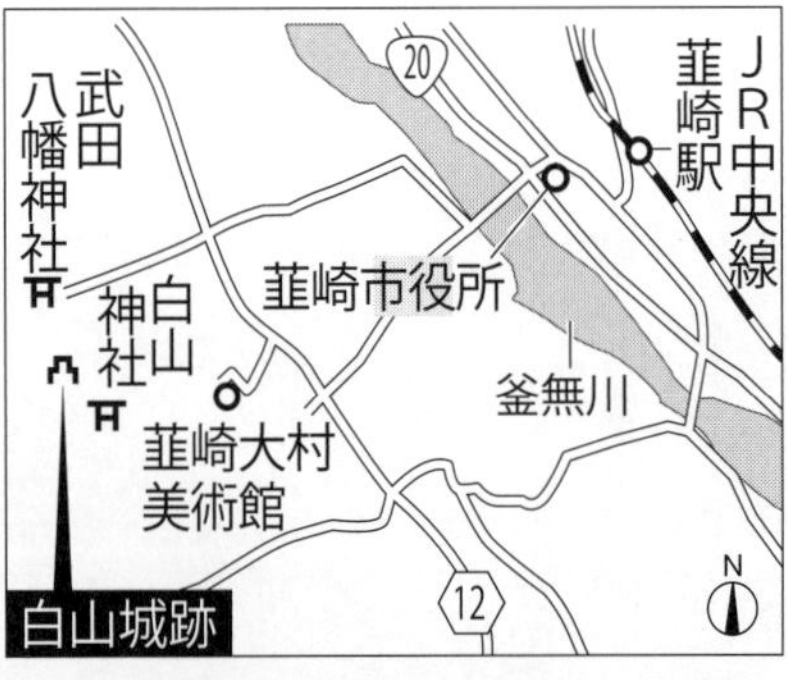

【メモ】韮崎市神山町鍋山。ＪＲ中央線韮崎駅→バス→鍋山上停→10分→登城口→30分→主郭部

白沢川右岸の白山城南西八五〇メートルにある白山城南砦は標高六九二メートルで、白山城（標高五六七メートル）や北烽火台（標高六〇一メートル）よりも高く、白山城を守備する適地に位置している。地元では現在、南砦をムク台という奇妙な呼び方が残り、烽火台から烽火がモクモクと上がる様子からムクムクに転じてムク台となったそうだ。

主曲輪北西斜面に残る大規模な竪堀

烽火は古くは「烽燧《ほうすい》」と呼ばれ、「烽」は昼に上げる煙、「燧」は夜間に上げる火を意味する。八世紀前半の日本書紀には「烽《とぶひ》」の記述があり、「飛脚篝火《ひきゃくかがりび》」とも呼ばれた。オオカミの糞を燃料にすると煙が真っすぐに多く上がることから狼煙《のろし》とも書くが、実際にはヨモギ、スギ、モミ、ワラなどを燃やしていたとされている。

白沢川右岸の土手道を上ると、獣よけのフェンスがある。フェンスの中へ入ったすぐ左手に登城口があり、山頂までは整備された登城道が続き、途中に堀切、その手前には横矢掛《よこやがかり》らしき細長い平場がある。

山頂の主曲輪は東西三〇メートル、南北三五メートルの三角形を呈し、東から南辺に低い土塁が現存している。

北側に烽火場跡と推定される窪地があり、北西斜面には大きな竪堀が現存している。

主曲輪からの眺めは素晴らしく、釜無川と甲斐市街を見下ろせ、遠くは青空に映える八ヶ岳や茅ヶ岳を望むことができ、雄大な景色でおにぎりのおいしさが倍増する景勝地。また、白山城を見下ろし、七里岩台地の新府城や茅ヶ岳山麓には柳平烽火台も望め、烽火台として最適な地だ。

主曲輪の北と南側には堀切と土橋が現存し、細尾根を利用した土橋は強風が吹けば渡るのも躊躇するほどの細さと絶壁で、虎口としての防御を十分に果たしている。

白山城南砦は武田信義が白山城築城の際に北烽火台とともに築いたとされているが、二つの南北の烽火台が必要だったのかは謎だ。一般的に烽火台間の配置距離は二〜三キロ、悪天候の場合は鐘・太鼓・ほら貝などで伝達していた。また、武田勝頼の時代には新府城を防衛し、その後は徳川家康に属した武田氏支族の武川衆の青木氏や山寺氏が守備している。

細尾根を利用して築かれた土橋

白山城北烽火台《はくさんじょうきた》

目もくらむ大手筋に当たる土橋、堅い防御施設

日本武尊の王子・武田王の古墳と伝わる「王仁塚《わに》」。塚の上には一本の見事な枝ぶりで咲く樹齢三〇〇年のエドヒガンザクラがある。開花が神山に春の到来を告げる。

北の青空に雪が残る八ヶ岳が浮かび、西には八頭山を背後に白山城と南砦（ムク台）、北烽火台が築かれた山並みが甲府盆地に迫っている。

一二世紀中ごろ、甲斐源氏の武田信義が居館の詰城として白山城を築いたという伝承がある。標高八八二メートルの八頭山から白山城を取り囲むような形で南北の尾根が東側に下り、南側の尾根に南砦、北側の尾根に白山城北砦とも呼ぶ北烽火台がある。武田氏の領国経営における烽火台網の中、北烽火台は甲府盆地北部の枢要な位置づけであったと考えられる。

現在、北烽火台は武田八幡神社の裏山に当たる西側に

【メモ】韮崎市神山町北宮地。中央道韮崎ＩＣ→国道 20 号→武田橋→県道 602 号→武田八幡神社→ 20 分→主郭部

満開の王仁塚の桜と背後の北烽火台

位置し、南隣に白山城、さらにその南隣に南砦が連続している。そのため、北烽火台は白山城の北方を守備する出城としての存在が考えられる。新府城の南方守備の役割を担い、標高六九二メートルの南砦よりは低いが、五六七メートルの白山城より高い六〇一メートル。白山城の南北に二つの烽火台が隣接して存在する理由は謎だ。

　武田信義が元服し、氏神とした武田八幡神社では、武田信玄が造営した国指定重要文化財の本殿が鎮守の森に守られている。

　北烽火台は八幡神社裏手の獣よけの柵から登城する。「熊に注意」の看板があり、冬の眠りから目覚めた熊に出会わないためにも鈴やラジオのスイッチを入れ、仲間と声をかけながら登りたい。

　明確な城道はないが、ひたすら頂上をめざして登ると、北側に堅沢《かたさわ》がある断崖絶壁に出る。途中の東斜面には段曲輪が残り、単なる烽火台ではないことが感じ取れる。山頂までの距離は短いものの急斜面を登り続ける登城は、白山城や南砦より覚悟が必要だ。

　頂上間近では、高所恐怖症だと見た途端に先へ進むのをためらうような、両側が絶壁になった極端に細い尾根が待ち構えている。この細尾根を利用した土橋は四〇メートル続くコワゴワの道となり、大手筋に当たるようだ。
ちょうど、四つんばいで登ってくる初老を見かけた。怖くて左右を見ることはできなかったと聞く。この細尾根が北烽火台の虎口防御の役割を十分に果たしていたことがわかる。

現在、山頂は雑木林となって眺望は開けていないが、白山城を見下ろすことはできる。主曲輪は東西一〇メートル、南北五〇メートルの長方形で、西方が高い二段の曲輪だ。段差の箇所には窪みがあり、烽火場跡だろうか。主曲輪の西辺に土塁が現存し、その先の細尾根には土橋と幅一〇メートルの堀切が搦手《からめて》を防御している。また、尾根伝いは八頭山へと続いている。

武田信義は鎌倉幕府開府の功労者だったが、勢力の拡大を恐れた源頼朝に遠ざけられたまま、文治二（一一八六）年に逝去した。その後、武田信義館とともに荒廃していった白山城は、武川衆の青木氏、さらに山寺氏が新府城の支城として修築したことが考えられる。現在、北烽火台は南砦とともに白山城を中心として国史跡に指定されている。

主曲輪西側の堀切と土橋

甘利氏《あまりし》館

水が豊富な扇状地、遺構はないが陶磁器や宋銭などが出土

武田信玄が率いた常勝無敵の甲州軍団の中核で、陣頭指揮を執ったことで名高い武田二十四将。その一人、甘利虎泰《あまりとらやす》は武田信虎、晴信（信玄）の二代に仕えた剛の者だった。甘利氏の起源は一二世紀。甲斐武田氏四代信義の嫡男一条忠頼が次男の行忠《ゆきただ》を甘利荘に配し、甘利姓を名乗らせた。行忠は治承四（一一八〇）年の源頼朝の挙兵以来、忠頼とともに源氏方について源平の争乱で活躍した。だが、元暦元（一一八四）年、頼朝は甲斐源氏の勢力を恐れ、忠頼を謀反の疑いで謀殺。行忠も連座して常陸国へ流され、翌年に処断された。

行忠の子行義《ゆきよし》の系統が甘利氏を再興し、室町末期に甘利虎泰が登場している。天文一〇（一五四一）年、晴信の重臣だった虎泰や同じく武田二十四将の一人、板垣信《いたがきのぶ》方《かた》らは晴信を擁立して信虎を追放し、無血クーデターを

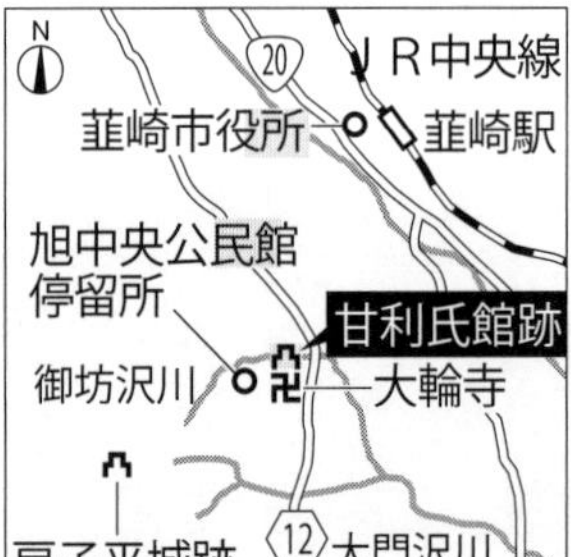

【メモ】韮崎市旭町上條北割。ＪＲ中央線韮崎駅→バス→旭中央公民館停→５分→大輪寺

成功させている。晴信の政権樹立後はともに「両職」と呼ばれる最高職に就き、政治・軍事の両面で支えた。

天文一六年に晴信が志賀城（長野県佐久市）を攻めた際、虎泰は信方らとともに敵の援軍で来た上杉憲政《うえすぎのりまさ》と戦って勝利を得る活躍をしている。だが、翌年、村上義清《むらかみよしきよ》と戦った信濃の上田原の合戦で武運尽き、信方らとともに戦死。

虎泰の死後、甘利姓は嫡男の昌忠《まさただ》が継いだ。軍学書「甲陽軍鑑」で昌忠は「信玄御秘蔵の人」とたたえられており、生涯にわたって信玄に仕えた。昌忠の子慶受院日国が、昌忠を祀るために韮崎市南部の釜無川西岸に日蓮宗甘利山大輪寺《あまりさんだいりんじ》を開いた。

南北に連なる南アルプスの東麓を釜無川が山々に並行して流れ、発達した河岸段丘に甘利沢扇状地が形成されている。甘利荘と呼ばれた甲府盆地を見渡せる扇状地の一画に甘利氏館が築かれ、甘利荘は古くから沢水や湧水に恵まれていた。

現在、甘利氏館は大輪寺の境内や田畑、宅地となり、遺構はほとんどない。大輪寺背後の西方にレンゲツツジが美しい甘利山が聳えている。甘利山の末端の尾根上には、山容が扇

水田に囲まれた甘利氏菩提寺の大輪寺

大輪寺に立つ、左から甘利昌忠と日国聖人の墓碑割

子を開いた形に似ている扇子平《おうぎだいら》城がある。甘利氏館の詰城と伝わる。

「甲斐国志」には甘利氏館は東西一〇〇間、南北二〇〇間あまりの規模と記されている。大輪寺西側から北側にかけて土塁の一部が残っていたと伝わるが、現在は一段高い墓地になっている。境内には明治三九（一九〇六）年に建てられた甘利君遺徳碑、墓地には昌忠と開山日国聖人の墓碑がある。大輪寺の南側に大庭、北側に北門、東側に矢立・的場、西側には大堀の地名が伝わる。躑躅ヶ崎館跡の南、護国神社西側にも虎泰の屋敷があったと伝わるが、本拠は甘利荘に構えていた。

昭和六四（一九八九）年の道路建設に伴って発掘調査が実施され、南側からは礎石建物跡や自然石による溝跡、北側からは掘立柱建物跡や住居跡が見つかった。出土遺物は一六世紀のものが主体であったが、南側からは一二〜一四世紀の中国系磁器を含んだ陶磁器や宋銭、北側からは土師《はじ》質《き》土器・内耳《ないじ》土器や瀬戸・美濃系の灰釉《かいゆう》も出土している。確証は得られていないが、一二〜一六世紀に甘利荘を統治した甘利氏の歴史と合致する。

扇子平《おうぎだいら》城

戦国時代の様相、隠れた山城に残る堀切と土塁

武田信虎の重臣甘利虎泰の嫡男昌忠を祀る大輪寺の西方、甘利山・旭山から派生する尾根先端部に扇子平城は築かれた。東の御坊沢川と西の大門沢川に挟まれた扇子平城は、大輪寺の地に存在していた甘利氏館の詰城とされているが、文献史料も少なく、甘利氏が築いたのかは不確か。しかし、扇子平城は東方に存在する国指定史跡の白山城にも匹敵する貴重な遺構が残る山城だ。

ＪＲ韮崎駅からバスで旭中央公民館停留所で下車し、南側にある扇子平の看板に従って西方へ行くと、北方に青空を背景に山容が美しい八ヶ岳の眺めを楽しみながら獣よけの柵へ入る。扇子平の看板から御坊沢川沿いの林道を登っていき、三つ目の石堤を過ぎたところから沢状の御坊沢川を渡る。倒木も多く、わかり難い山道だが、登りきると扇子平城の主要部が良好な状態で残る北側の

【メモ】韮崎市旭町上條中割。ＪＲ中央線韮崎駅→バス→旭中央公民館停→15分→防獣柵→15分→扇子平城跡

主曲輪西側の竪堀に続く大きな堀切

堀切に着く。登った道は御坊沢川の水を汲み上げるためのものとも考えられる。

　堀切から南側へ進むと、尾根上に土塁が残る曲輪に続く三の曲輪に相当する扇状の曲輪がある。スギ林となっている三の曲輪は規模が一番大きく、南東へ傾斜しながら扇形を形成している。城郭名もこの点が注目されたのだろうか。また、山容が扇子を開いた形に似ていることからとも伝えられている。

　現在、三の曲輪からは雑木林を通して東方の田園風景や家並みが望め、眺望の良さがうかがえる。三の曲輪の西上方に二の曲輪、そして竪堀に続く堀切を経た最高所に主曲輪がある。主曲輪は南西から北辺にかけて土塁が現存し、特に西辺の土塁は高く重厚となっている。

　その西側の竪堀に続く深い堀切は、西方に続く痩せ尾根を遮断し、今でも下へおりることをためらう堅固な普請だ。東南隅には虎口と考えられる一段低い平場がある。また、北辺の土塁の外側と南側に帯曲輪が付帯している。

登り切った堀切に戻った北側に甲斐国の山城特有の細尾根があり、先端に物見台または烽火台として使われた小規模な平場がある。この平場は主曲輪より五〇メートル低いものの眺望が開け、物見として最適な場所だ。物見台の先には急峻な大手道が通じ、甘利氏館とつながっていたことだろう。

現在、扇子平城はスギやアカマツ、雑木林が茂っているが、主曲輪の城跡碑をはじめとして中枢部に案内板がある。堀切や土塁などの遺構が良好な状態で現存していることからも文化財指定に向けて一層の整備保存を望みたいところだ。ただ、登城する際にはしっかりとクマ対策を講じるか、冬眠する冬季の登城をお勧めする。

扇子平城の創築については不詳だが、甲斐武田氏四代信義の嫡男一条忠頼が次男行忠を甘利庄に配して甘利姓を名乗らせ、行忠は甘利氏館とともに扇子平城を築いたのか。その後の室町時代後期に甘利虎泰が武田信虎に属して多くの戦功をあげた時代に築いたのか不明だ。扇子平城は戦国時代の様相を残す遺構が現存していることから天正壬午の乱の際に徳川方が修築したことも考えられる。

曲輪の南西から北辺に現存する土塁

新《しん》府《ぷ》城

武田流三日月堀が残る、勝頼が築き、その後は家康の本陣

武田信玄の跡目を継いだ武田勝頼は、天正二（一五七四）年に信玄も落とせなかった遠江の高天神《たかてんじん》城（静岡県掛川市）を奪って手腕を発揮した。だが、翌年の長篠の戦いで大敗。その後、甲斐国境を守る戦いが続き、織田信長や徳川家康、甲相《こうそう》同盟を破棄して家康と結んだ北条氏政が甲斐侵攻を図った。そのため、勝頼は天正九（一五八一）年に躑躅ヶ崎館を放棄して新府城を築くこととなる。

新府城の築城を提案したのは、穴山信君《あなやまのぶきみ（ただ）》（梅雪《ばいせつ》）と「甲陽軍鑑」に記されている。天正九年に真田昌幸と原《はら》貞胤《さだたね》が普請奉行となり、昼夜兼行で築いた突貫工事であった。その間に徳川家康が高天神城を奪い、天正一〇（一五八二）年には織田信長が甲斐に攻め入った。親族衆の木曽義昌《きそよしまさ》は信長に通じ、穴山信君も江尻《えじり》城を信長に明け渡した。さらに勝頼の弟仁科盛信《にしなもりのぶ》が籠る高遠《たかとお》城が落

【メモ】韮崎市中田町中條。ＪＲ中央線新府駅→ 15 分▼中央道韮崎ＩＣ→県道 17 号（七里岩ライン）→新府公園駐車場

城し、武田勢の形勢は不利となった。

勝頼はわずか在城六八日で自ら新府城に火を放ち、家臣小山田信茂《おやまだのぶしげ》の岩殿《いわどの》城をめざして落ち延びた。だが信茂に離反され、勝頼は天目山をめざす途中、日川《ひかわ》沿いの田野《たの》で一族とともに自刃した。その後、信長が本能寺の変で倒れると、甲斐国は家康と北条氏直の争奪の場となった。その際、家康は新府城を修築して本陣とした。

本丸で咲く満開のソメイヨシノの下でスケッチを楽しむ人たち

釜無川と塩川に挟まれ、八ヶ岳の岩屑流《がんせつりゅう》によって形成された七里岩台地に新府城は築かれた。流れ山の城山を利用し、東側は高さはないが、西側は釜無川に浸食された絶壁となっている。築城は近世だが、石垣をあまり利用せず、ローム層を基盤に切土や盛り土で築かれた。未完成の城といわれている新府城は、城内への車道や七里岩ラインが造られて一部が破壊されているものの、城跡はわかりやすく整備されている。

山頂の本丸を中心に西側に二の丸、南側に三の丸、山腹には帯曲輪をめぐらせた大規模な城である。鳳凰三山を望む駐車場から新府城を見ると、北方へ突き出た鉄砲陣地とも伝わる東西の二つの出構がまず目に入る。首洗池《くびあらいいけ》と伝わる場所から七里岩ラインを渡って城山を登り始めると、右手が帯曲輪、左手が大手となり、大手桝形と武田氏特有の丸馬出・三日月堀が残る。

道沿いの右手には、南北に走る土塁が三の丸を東西に区分している。さらに進むと、南側に馬出と虎口がある土塁に囲まれた二の丸があり、西辺は釜無川に面した急崖となっている。

山頂の本丸は周囲を土塁が囲み、北の土塁からは八ヶ岳や茅ヶ岳が望め、四月は桃源郷の景勝地だ。桜の季節には静かにスケッチを楽しむ人が多い。現在は藤武《ふじたけ》神社や武田勝頼公霊社・武田十四将霊碑がある。南西隅には「蔀《しとみ》の構え」と呼ばれる城内を見透かされないように植物などの遮断物があった。本丸の下方には稲荷曲輪と呼ばれる腰曲輪など東から北に腰曲輪を設けている。

北方に位置する搦手へ下って行く途中に、大きな擂鉢状の井戸跡や空堀・土橋が残る。北の帯曲輪の外側には現在でも水をたたえる西堀・中堀・東堀があり、その北側は湿地帯と考えられる。北方に残る能見《のうけん》城防塁は家康が築いたとする説があるが、新府城の外郭として勝頼が築いたことも考えられる防御設備だ。

平成25年に保存整備工事が終了した東出構、奥は西出構

能見城《のうけん》

断崖の七里岩に築かれた山城、新府城の支城か

八ヶ岳の火山泥流が押し出されてできた釜無川と塩川に挟まれた断崖「七里岩」。国内有数の山岳地帯を走るJR中央線が、この七里岩台地を通る。かつては急勾配のためスイッチバックの駅だった旧穴山駅《あなやま》は「穴山さくら公園」に変わっている。現在の穴山駅の改札を出ると、能見城山麓のコンクリート防御壁に「能見城跡」の大きな看板が目に入る。

独立丘の能見城山に築かれた山城の能見城は、穴山氏の詰城とする説がある。だが、通説では同じく七里岩上の南方二キロに築かれた新府城の外郭で、信濃方面に対する防御の中心だった新府城の支城とされている。

天正九（一五八一）年、武田勝頼が織田信長の甲斐侵攻に備えて新府城を築いた同時期に能見城を修築し、城下町

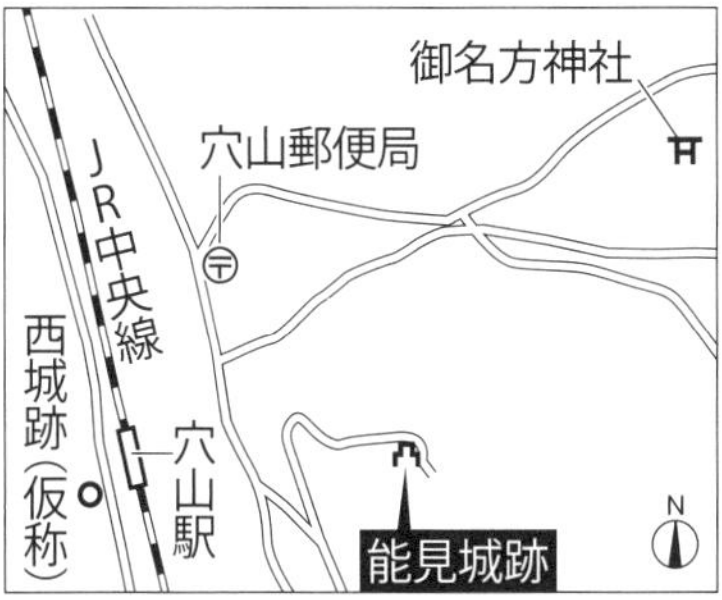

【メモ】韮崎市穴山町。ＪＲ中央線穴山駅→10分

も形成しようとしたと考えられる。だが、実際には勝頼と一部の家臣団が移住したにすぎず、町屋や寺社の移転は実現されなかったようだ。

武田氏一〇代信武《のぶたけ》の五男義武《よしたけ》が武田氏親族筆頭衆の穴山氏の祖となり、穴山町は穴山氏発祥の地となっている。二代満春《みつはる》は穴山に居館を置いて峡北一帯を領したが、三代信介からは河内（南巨摩郡）に移り、その後、身延町の下山城を本拠としている。穴山氏は再びこの地には戻らなかった。

穴山氏は四代信懸《のぶとう》、五代信綱と続き、六代信友は武田信玄の姉、七代信君（梅雪）は信玄の娘を正妻に迎えて武田氏との姻戚関係を強めた。信君は信玄の駿河制圧後、河内領とともに駿河国の安倍・庵原《いはら》二郡も治め、江尻城（静岡市清水区）を修築して城主となっている。

現在、能見城は上水施設の建設や土地造成によって破壊され、長靖《ちょうせい》寺が建つ。また、この地を発祥とする武田信玄の家臣守屋氏の石碑が立ち、そこには守屋定知の名が記されている。能見城の遺構と断定はできないが、登城口から

穴山さくら公園から望む能見城山

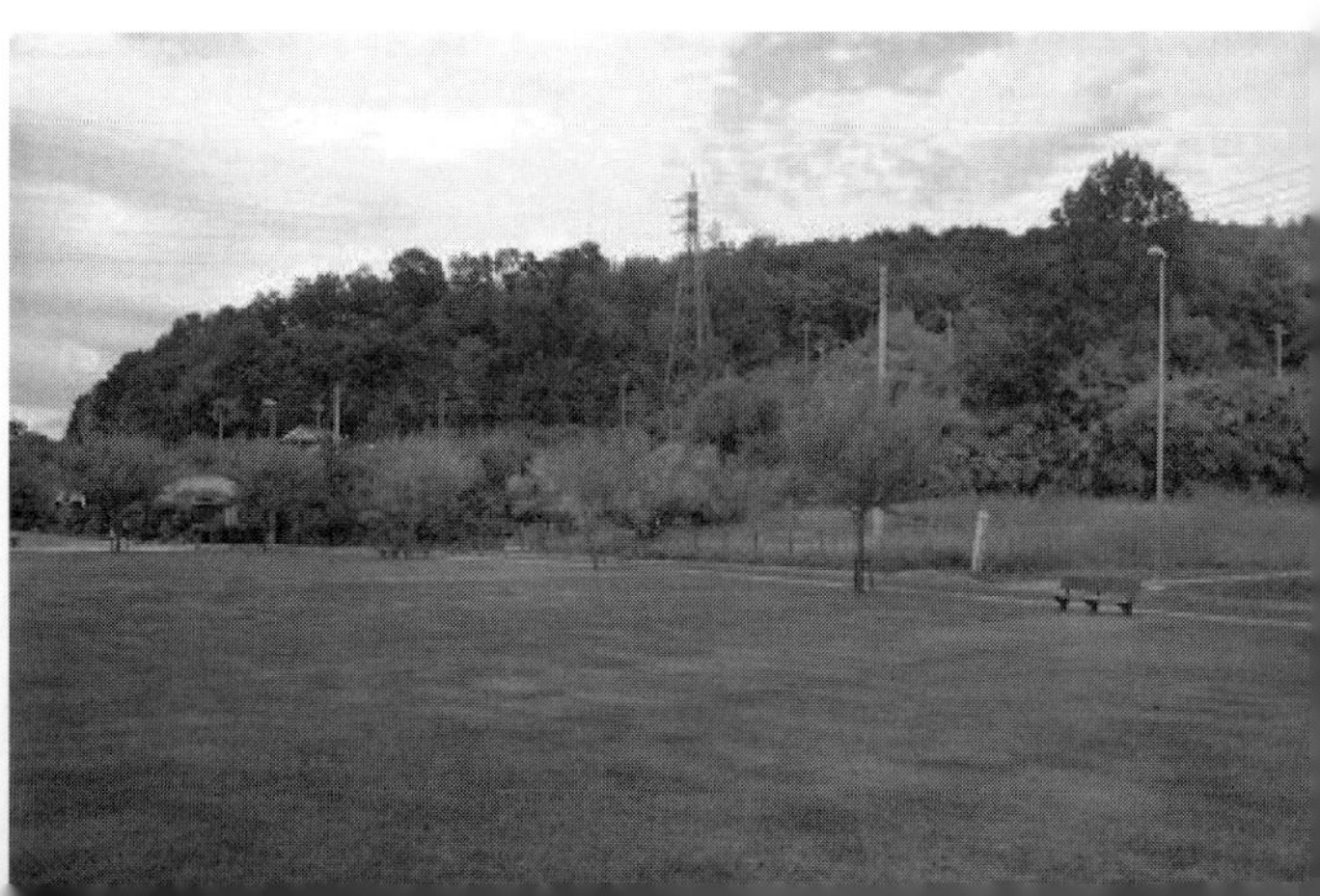

城跡の標柱と守屋氏の石碑が立つ山頂

登っていく途中の竹藪の中と山頂近くに土塁や空堀がある。

　能見城の西と北側は、道路や鉄道、住宅の開発で途切れているが、「能見城防塁」と呼ばれる長大な土塁が一・五キロに渡って七里岩を横断している。穴山駅の西側には西城と仮称される大きな平場がある。城の西面は七里岩の断崖絶壁となり、兵が駐屯したような曲輪がある。東方三〇〇メートルの御名方《みなかた》神社には空堀と竪堀や帯曲輪が残っている。

　武田氏が滅び、織田信長が本能寺の変で倒れた天正一〇（一五八二）年、徳川家康と北条氏直が旧武田領を奪い合った。この天正壬午の乱で、北条軍は若神子城、家康は新府城にそれぞれ布陣した。その際、家康は能見城防塁の東端部分に堂ヶ坂《どうがさか》砦を設け、武田勝頼が築いた能見城防塁を修築したとする説もある。だが、北方の若神子城方面に対する防御策として考えれば、家康が新たに築いたとする方が妥当のようだ。

能見城《のうけんじょう》防塁

勝頼？　家康？　築城説には諸説

ＪＲ中央線穴山駅の改札口を出ると、山城の能見城が築かれた能見城山が正面に迫る。北方に八ヶ岳、西方には甲斐駒ヶ岳や鳳凰三山など南アルプスが望める。青空の下、駅の東隣にある穴山さくら公園から見る山並みは、日を浴びた残雪が輝き、見る人の心を和ませる。

釜無川と塩川に挟まれた七里岩の断崖上にかつて能見城があったが、城を中心として七里岩台地を東西に横断する長塁が築かれていた。能見城長塁や能見城防塁と呼ぶ。穴山町夏目にある七里岩の崖淵から穴山町伊藤窪《いとうくぼ》へかけ、今でも断続的に残されている。

穴山駅西側は防塁の西端だ。そこから東方に延びる防塁は、能見城山にぶつかると北に向かう。再び東に方向を変え、御名方《みなかた》神社の北側を通り、伊藤窪の堂ヶ

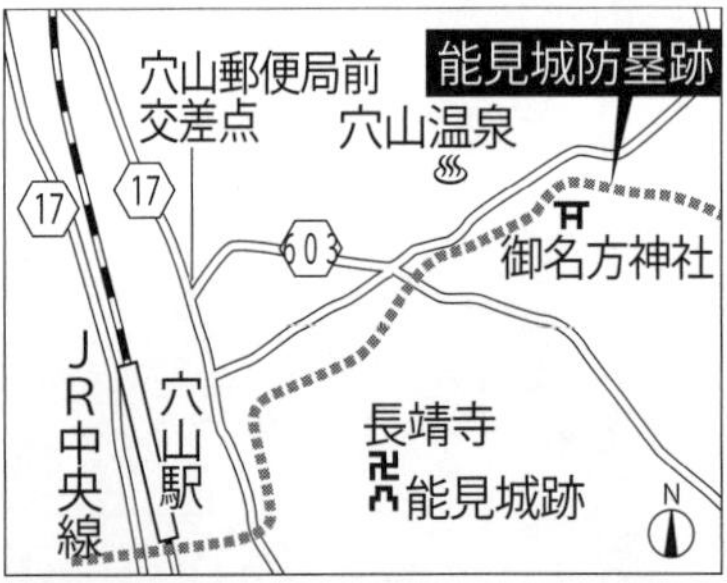

【メモ】韮崎市穴山町。ＪＲ中央線穴山駅→１分→穴山さくら公園→３分→西城→５分→西桝形虎口→10分→北桝形曲輪→２分→邪曲輪（墓地）→１分→黒駒砦（御名方神社）→３分→堂ヶ坂砦案内板

坂砦に至っていたと推定される。全長約一・五キロの防塁は、規模こそ違うものの、万里の長城や元寇防塁を思い起こす。

防塁は天正九〜一〇（一五八一〜八二）年に築かれたとされているが、だれが築城したのか判明していない。「武田勝頼が新府城築城と同時に築いた」「徳川家康が天正壬午の乱の際に築いた」「勝頼が築いた防塁を家康が修築した」などと諸説がある。

穴山氏伝領の地に築かれた能見城は約二キロ南にあった新府城の支城（外郭）と伝わる。信濃方面からの攻撃に備えた防衛の中心的役割を担っていた。

能見城防塁を新府城の総構と考えると勝頼の築城となりそうだが、勝頼と家臣団の新府城在城期間はわずか六八日間。その期間で大規模な城下町の形成は不可能だろう。

武田氏滅亡後の天正壬午の乱で、若神子城に布陣した北条氏直に対し、徳川家康は新府城に布陣した。その際、家康は能見城防塁の東端部分に堂ヶ坂砦を設けている。能見城防塁も家康が築いたか、修築したとする説の方が妥当と思われる。

黒駒砦に残っている竪土塁と竪堀

穴山駅西側に見える雑木林には西城と呼ばれる砦があった。現在、曲輪の南北両端に土塁と空堀が残っている。西側は釜無川が流れ、東側は県道17号（新道）とＪＲ中央線が通って、曲輪の一部は破壊されている。

穴山駅東側に出ると、県道17号（旧道）を挟む住宅地の中に桝形の土塁が残り、西側の土塁は櫓台《やぐらだい》状になっている喰違い虎口だ。東側の土塁は能見城山へ突き当たる。防塁は折れて北側斜面へ続いていたことが想定される。城山の北斜面と北東部分には桝形虎口の土塁や空堀が残る。

県道６０３号に出て下ると、墓地となっている邪曲輪と黒《くろ》駒砦《こまとりで》と呼ばれた曲輪がある。今では御名方神社が立つ黒駒砦跡が能見城防塁の一番の見どころだ。二重の空堀と土塁が現存し、杉林に覆われた東側斜面は竪堀と竪土塁がセットとなって続いている。

御名方神社の東方に堂ヶ坂砦の案内板がある。ここが防塁の東端。家康が築いたこの砦があった高台からは茅ヶ岳、八ヶ岳、南アルプスを眺めることができる景勝地だ。菜の花が咲き誇る南側はウグイスがさえずり、アゲハチョウが舞い、かつて戦いがあったことを忘れさせる。

住宅地の中に残る桝形虎口の土塁

須沢《すざわ》城

井戸が残る湧き水豊富な山城、髙師冬が籠城

戦国時代の御勅使《みだい》川は現在の信玄橋から芦安《あしやす》へ走る県道20号が川筋に相当し、地元では前《まえ》御勅使川と呼ばれ、暴れ川であった。再三の水害のため、武田信玄は前御勅使川や釜無川の治水事業に着手し、中でも信玄堤は名高い。

平成二一（二〇〇九）年度から進められた南アルプス市教育委員会の発掘調査では、将棋頭《しょうぎがしら》状石積みの桝形堤防が良好な状態で現れた。その西方に御勅使川の水勢をやわらげた国指定史跡の石積出《いしつみだし》と一〜三番堤があるが、御勅使川を挟んだ一番堤西北に独立峰のように見える三角形の山に須沢城が築かれていた。

現在、須沢城に明確な遺構は残っていないが、南北朝時代に起こった室町幕府の内部抗争「観応《かんのう》の擾乱《じょうらん》」で歴

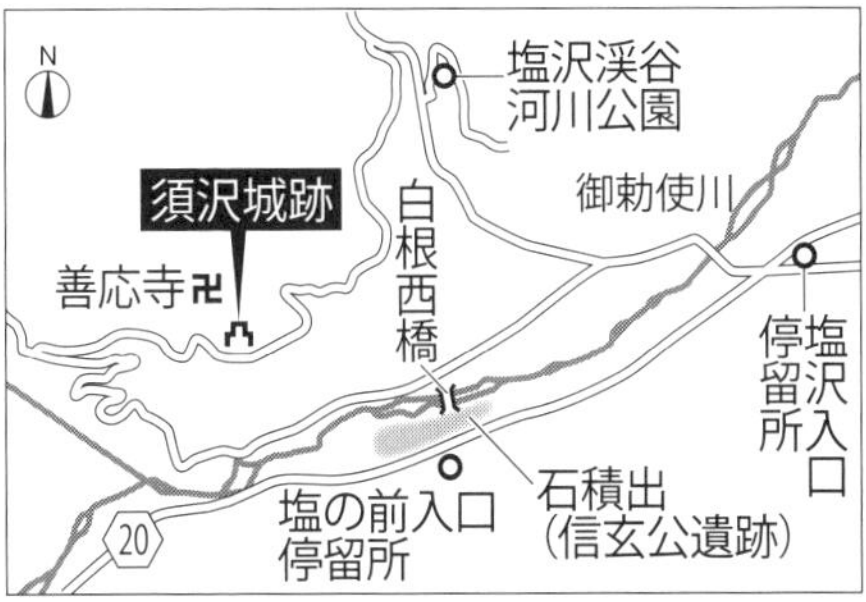

【メモ】南アルプス市大嵐。ＪＲ中央線甲府駅→バス→塩の前入口停→１分→信玄公遺跡（石積出）→50分→善応寺→２分→須沢城跡

史上その名が登場する。「甲斐国志」には御勅使十郎と塩谷三郎が拠ったと記され、鎌倉時代にはすでに須沢城が存在していたことも考えられる。

観応の擾乱は足利尊氏《たかうじ》の執事高師直《こうのもろなお》と尊氏の弟直義の確執から始まった。師直の養子師冬《もろふゆ》は直義派の上杉憲顕《のりあき》に敗れ、武田氏一族の逸見《へんみ》孫六《まごろく》入道《にゅうどう》を頼って須沢城に立て籠った。だが、憲顕の子能憲《よしのり》と諏訪下社の祝部《ほうり》の六千余の軍勢に包囲され、観応二(正平六・一三五一)年に師冬は須沢城の落城とともに最期を遂げている。

須沢城は御勅使川が山間部を抜けて扇状地の平野部に出た左岸に築かれた山城だ。北側は深い谷となり、南側の急斜面の麓に御勅使川が流れ、西側は深い山へと続いている。

登城は石積出の信玄公遺跡から白根西橋を渡ってT字路を左折。御勅使川沿いに二・六キロほど車道を森林浴気分で歩く。須沢城・善応寺の案内看板を右折した七〇〇メートル先に善応寺への入口がある。

眺望が一望の高所にある名刹・善応寺は、木造千手観音像が安置されている観音堂、境内には最後の城主の供養塔とも伝わる風格のある宝篋印塔と樹齢五〇〇年のビャクシンの

御勅使川が流れる西南側の信玄公遺跡から見る全貌

遺構とは断定できない宝篋印塔や
五輪塔がある土塁状の塚

大木がある。観音堂背後の山林から平安時代の経塚が出土していることからも、善応寺が隆盛していたことが想像される。

須沢城はその善応寺の下方に位置する。現在、獣害防護柵が張り巡らされた中にはモモ、スモモ、サクランボ、ブルーベリー、プルーンなどの「南アルプス山の果樹園」と呼ぶ果樹園が広がる。モモやスモモの開花期は見事だろう。かつて果樹園には大嵐《おおあらし》集落が存在し、大きなヒノキの下に集落の生活用水であった見事な石組みの井戸がある。

山城には欠かせないのが飲料水の確保。この一帯は湧き水が豊富で、現存の井戸のほかにいくつかの井戸があったとのこと。果樹園からは今も水が湧き出し、畑は渇水したことはないと果樹園の所有者はいう。

果樹園は西から東へ緩斜面となり、東南隅に元禄一三（一七〇〇）年の銘が刻まれている石祠と室町時代初期のものと推定される宝篋印塔や五輪塔の火輪が置かれた土塁状の遺構がある。しかし、この遺構は周辺の土を土盛りした中近世の塚の可能性があるようだ。

中野城《なかの》

秋山氏館の詰城、細尾根を利用した天然の要害

中野城は、甲府盆地を取り囲む山並みの中の櫛形山《くしがたやま》東側に位置する標高一〇二〇メートルの城山に築かれた山城だ。熊野神社（南アルプス市秋山）が建立されている地に本拠を置いた秋山光朝《あきやまみつとも》は、有事の際に籠城の策として中野城、さらに城山東南の尾根伝いに雨鳴《あまなり》城を築いた。中野城が築かれた城山は南北に延びる細尾根を利用し、甲府盆地に面した城山東面は山肌が露出した急崖となり、まさしく天然の要害である。

南アルプス市県民の森を目指して県道108号を車で走行。その途中の林道伊奈ケ湖《いながこ》大久保平《おおくぼだいら》線へ入り、少し走った左手にある「命を育む水源の森・歴史ゾーン」の隣にある駐車場へ。

その先の林道の公園沿いを歩いたところに案内板が立つところが中野城への登城口だ。現在、植林のヒノキ林

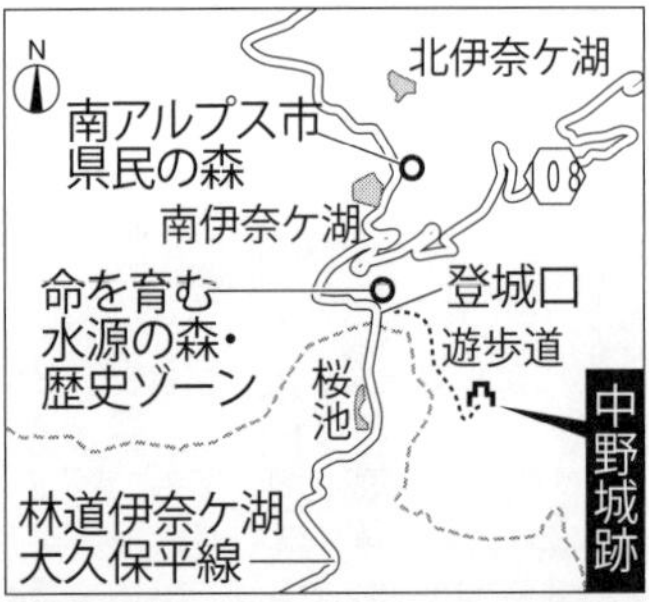

【メモ】南アルプス市中野。中部横断道南アルプスIC→県道12号→県道108号→林道伊奈ヶ湖大久保平線→駐車場→3分→登城口→25分→中野城跡

主曲輪の大手虎口

の中に遊歩道が整備され、森林浴を楽しむのにも最適。六月には自生するコアジサイ（ヤマアジサイ）の白い花が登城を迎えてくれる。

中野城は秋山氏館の詰城として尾根伝いの雨鳴城とともに存在し、城山と雨鳴山は尾根続きとなっている。縄張は南北に細長い山頂部南端に主曲輪、その南下方に南曲輪、北側尾根上には土橋でつないだ南北に細長い北曲輪がある。

主曲輪は三角形の形状で、北から西・南側に帯状の曲輪が囲み、そのまま南東側に腰曲輪が付帯している。腰曲輪は山上の曲輪に付帯した曲輪で、腰の位置にあることからその名がある。出入り口の虎口は南北両側にあり、南側の虎口が大手、東と西南には土塁が張り出す形で現存している。

北曲輪へ続く細尾根は、土塁や展望台がある東面が断崖となり、北曲輪の東面は崩壊しているが、下方からは攻め難い地形だ。北曲輪へ入る土橋の西斜面には竪堀が穿《うが》たれている。また、北曲輪の北面には二段の段曲輪と搦手虎口がある。

甲斐源氏の秋山氏祖である秋山光朝は、武田氏四代武田信義の弟である加賀美遠光の嫡男、小笠原長清や南部《なんぶ》光行《みつゆき》の兄でもある。

武田信義・安田義定・一条忠頼らとともに甲斐源氏として活躍した光朝は、平清盛の嫡子重盛の娘を娶《めと》ったことや木曽義仲と通じていたことから、甲斐源氏の勢力が強大になることを恐れた源頼朝に謀反の疑いをかけられた。

文治元（一一八五）年、鎌倉勢の攻撃を受けた光朝は、中野城または雨鳴城で最期を遂げたと伝えられている悲劇の武将であった。

尾根筋の土塁と見張台

雨鳴城《あまなり》

悲劇の武将、秋山光朝の慟哭、今も響くか

櫛形山の東方の標高一〇二〇メートルの城山に築かれた中野城から、南東の尾根でつながる標高七二二メートルの雨鳴山に築かれた山城の雨鳴城。湯沢《ゆざわ》から峠を越えて平林《ひらばやし》に通じる交通の要衝地にあり、北側に位置する甲斐源氏の秋山光朝が築いた中野城の支城と伝えられている。光朝は甲斐源氏加賀美遠光の嫡子で、秋山の熊野神社が建立された地に居館を構えて権勢を振るった。

富士川町を流れる利根川沿いの県道４１３号を西北に走り、隆運寺《りゅううんじ》を過ぎたところで林道甲西《こうさい》線に入ると天満宮の鳥居がある。鳥居から登城を始め、沢のせせらぎや山肌から流れ出る水の音を聞きながら天満宮へ。訪れた九月二五日、天満宮ではちょうど、毎年行われる祭りの最中。柏手を打ち、菅原道真公からの励ましを得て、天

【メモ】南アルプス市秋山。中部横断道増穂 IC →県道 413 号→隆運寺→林道→天満宮鳥居→ 15 分→天満宮→ 10 分→雨鳴城跡

良好な状態で残る主曲輪の土塁

満宮裏山の雨鳴山の急斜面を登る。途中、ツクツクボウシの最後の鳴き声が静けさの中に響いていた。

現在、植林が進んでいる雨鳴城には、戦国期の曲輪・空堀・土塁・虎口・土橋が現存しているが、中野城とは縄張や遺構に違いがある。雨鳴城は現存する遺構から戦国期の普請と思われ、武田信虎時代以降の築城または修築も考えられる。

主曲輪は山頂のほぼ三角形の曲輪、その北西に堀切を挟んで長方形の二の曲輪、さらに峰続きを遮断した堀切を経て三の曲輪と四の曲輪が直線上に続き、西方からの敵の侵攻を意識した縄張だ。小規模ながらも雨鳴城は良好な状態で遺構が現存し、南アルプス市文化財課が中野城とつながる散策路を計画しており、楽しみだ。

東端の主曲輪は南辺が崩壊しているが、土塁が囲み、北隅に虎口、東南隅には細い尾根の土橋でつながる物見台がある。主曲輪と二の曲輪の間の空堀《からぼり》は浅いが、西斜面はそのまま竪堀となって防御を固めている。二の曲輪と三の曲輪の間には湯沢と平林を結ぶ古道が通り、曲輪からは横矢が掛けられている。四の曲輪は三の曲輪より一段高く、境辺の南側に低い土塁が残っている。四の曲輪西側には中野城に続く尾根を利用した湾曲の長い土橋もあり、見ごたえがある。

秋山光朝は平重盛の娘を妻に迎え、さらには木曽義仲と通じているという疑いから源頼朝に不信を抱かせ、文治元（一一八五）年に光朝は鎌倉勢に攻められて自刃。雨鳴山には悲劇の武将光朝をしのぶ伝承がある。雨が降る直前に雨鳴山が鳴り、特に夏の山鳴りは光朝の霊魂が慟哭となって響くと伝わる。訪れた当日は爽やかな秋晴れ。残念ながら山鳴りは聞こえなかった。

雨鳴山東中腹の天満宮

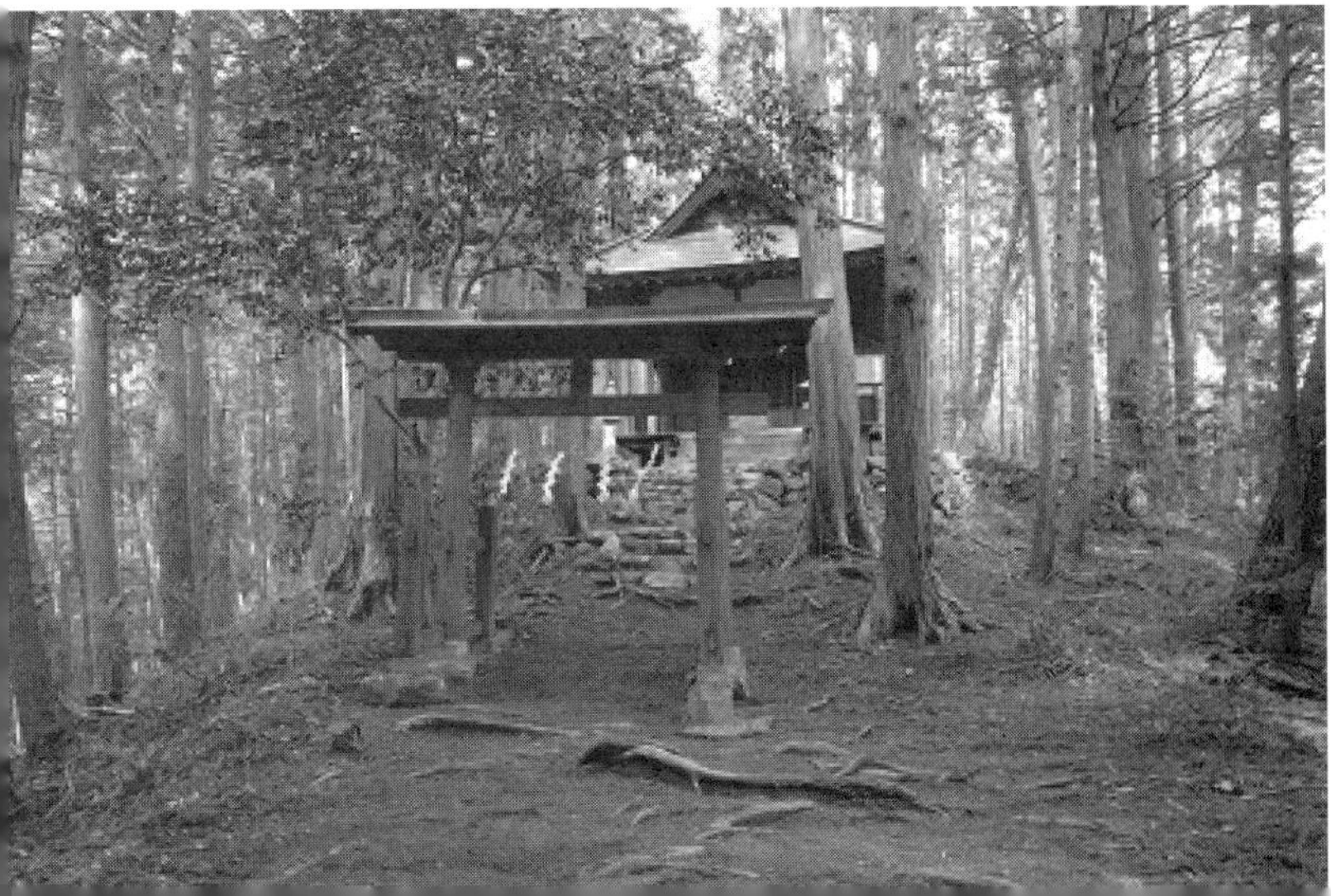

上野《うえの》城

武田信玄の母、大井夫人一族の城

甲府盆地の西側に連なる南アルプス。その山塊《さんかい》の一つ、櫛形山が名前の通りの山容で聳える。櫛形山の東側、標高一一二〇メートルの城山が南北に尾根を延ばし、東山麓の市之瀬台地へと続く。北方の坪川《つぼかわ》（市之瀬川）と南方の堰野川《せきのがわ》に挟まれた丘陵には上野集落があり、その一角に本堂の屋根が朱色に光る本重寺《ほんじゅうじ》が眼に入る。

本重寺一帯に上野城が存在していた。南に御前山《ごぜんやま》烽火台と秋山氏館、西南に中野城と雨鳴城、西北に笹砦、北東に小笠原氏館、東方に加賀美氏館など甲斐源氏ゆかりの城館が集中していた地区だ。東方には前方後円墳の物《もの》見塚《みづか》古墳をはじめとする古墳群があり、景観にも恵まれた歴史豊かな丘だ。

上野城一帯にはサザンカが多い。サザンカはヒメツバ

【メモ】南アルプス市上野。中部横断道南アルプス IC→国道 52 号→下町交差点→県道 108 号→上野城跡（本重寺）

キとも呼ばれることから、上野城は椿《つばき》城の別称もあり、今でもその美しい城郭名で親しまれている。また、上野城には地下の抜け道があったという神秘的な伝えがあったが、昭和五四（一九七九）年の発掘調査で用途が不明の地下式土坑と確認された。

本重寺に残る大井信達と大井一族の墓

上野城の創築は甲斐国志に「古伝ニ上野六郎盛長ト云フ者ノ築ク所ナリ」と記され、小笠原長清の孫上野盛長《もりなが》が築いたとされる。その後は秋山氏、大井氏と城主が入れ替わったと伝わる。南北朝時代の観応年間（一三五〇～五二）に武田氏一〇代信武の子信明が大井荘を統治し、武田大井氏として隆盛した。その六代目の信達《のぶさと》が上野城をよりどころにした。ただ、大井氏館は南アルプス市役所甲西支所と古長禅寺《こちょうぜんじ》との間に存在していたとする説もある。

永正四（一五〇七）年に一四歳で家督を継いだ武田信虎は、甲斐国統一にあたって郡内の小山田氏や武田氏一族の抵抗を受けている。その一つが大井信達・信業《のぶなり》父子の反抗だ。永正一二年、大井父子は今川氏親の援助を受けて武田信虎と戦って勝利を得た。だが、同一五年、信虎と氏親が和睦したため、父子は信虎に降伏している。

永正一六年に信虎は躑躅ヶ崎館を築き、川田館から本拠を移した。城下に有力家臣を集住させて権力の集中を図った信虎に大井氏は再び反抗したが、翌年に再び降伏している。

大井信達の娘は、武田信虎の正室の大井夫人だ。信玄や信繁・信廉《のぶかど》（信綱）・今川義元夫人の生母である。大井夫人は、上野城の東方にある古長禅寺へ幼少の信玄を連れて行き、住持岐秀元伯《ぎしゅうげんぱく》のもとで参禅研学させたと伝わる。寺には心字池《しんじいけ》や庭園、樹齢七〇〇年のビャクシンなどが、静寂の中にそっと歴史を残している。

本重寺近くの県道１０８号沿いに「武田信玄公母堂大井夫人誕生の椿城跡」と書かれた案内板がある。現在、上野城はモモ・スモモ・キウイなどの果樹園や住宅地となり、遺構はない。だが、「甲斐国志」に「本重寺ノ境内ニモ古塁アリテ子城ノ如シ」と記されている。二〇〇～三〇〇メートル四方の規模で、複郭式の城であったことが想像できる。本重寺北側の畑の中に五輪塔群がある。そこが上野城の主曲輪と考えられている。

モモなどの果樹園になっている
主曲輪の北側に並ぶ五輪塔群

秋山氏館《あきやまし》

頼朝の嫌疑受けた加賀見遠光の長男光朝の居館

本格的な春の訪れを告げるスモモの花が、一面に広がる南アルプス市。その中で淡いピンクのソメイヨシノが負けじと咲き誇る小高い丘に秋山氏館がある。現在、秋山氏館は熊野神社の社地となり、周辺のスモモ畑や住宅地から見ると一段と高い地形になっている。

遅い春の暖かさに誘われたある日、熊野神社境内にウグイスの鳴き声が響く。ソメイヨシノやスモモの花を愛でながら、さえずりを聞くひと時はまさに「春爛漫」だ。

境内の案内看板には、南アルプス市教育委員会が設けた「文化財Mなび」がある。看板に付けられたQRコードをスマホで読み取れば、館の歴史や周辺にある史跡の情報が得られる。身近な歴史を学びながら歩

【メモ】南アルプス市秋山。中部横断道南アルプスIC→国道52号→荊沢（ばらざわ）交差点→秋山川すももの郷公園→6分→秋山氏館跡（熊野神社）→1分→光昌寺（秋山光朝廟）

西上方の法光寺から見下ろした秋山氏館跡

く、楽しい歴史散歩になることだろう。

櫛形山東麓に位置する秋山氏館。北の秋山川と南の塩沢川に挟まれた小高い丘に築かれ、東方の釜無川の水田地帯など周囲を一望できる要害の地だ。

西方の高台にある法光寺《ほうこうじ》の境内からは秋山氏館の全容が望める。さらに熊野神社境内のサクラとマツ、周囲のスモモ畑、遠くには山々を見渡せる。光朝時代の遺構はすでにないが、西方に秋山氏館の詰城と伝わる中野城が築かれた城山と雨鳴城のある雨鳴山が聳えている。

甲斐源氏清光の三男加賀美遠光の長男である光朝が、秋山の地に拠《よ》って秋山太郎光朝を名乗った。光朝は京で弟の小笠原長清とともに平清盛の四男知盛に仕え、清盛の長男重盛の娘を妻に迎えて平氏政権の一翼を担っていたとされる。

しかし、治承四（一一八〇）年の源頼朝挙兵の際、長清が京を離れて頼朝と合流したのに対し、光朝は京に長くとどまったため遅参して頼朝に不信をかった。木曽義仲に通じていたことも疑われた光朝は文治元（一一八五）年、鎌倉勢に攻められて雨鳴城または中野城で自刃している。

　秋山氏館は東西に二つの曲輪で縄張されていた。熊野神社背後の一段高いところが主曲輪と考えられる。曲輪は内堀で囲まれ、南側はさらに中堀と外堀で防御を固めていた。現在、堀は道路やスモモ畑となっている。唯一、遺構として東側に虎口、北側には袖曲輪の痕跡が残る。

　秋山氏館で円筒埴輪の一部が発見されていることから、古墳を利用して築かれたともいわれている。慶安年間（一六四八～五二）には、秋山氏館跡から建久八（一一九七）年銘の銅製の経筒《きょうづつ》が発見され、この経筒は光朝の弟加賀美光《みつ》経《つね》が光朝の一三回忌の供養として埋経したものと伝えられている。

　南側に隣接する秋山氏菩提寺の光昌寺。参道沿いに血の池跡があり、墓地の南側には秋山光朝の廟所《びょうしょ》がある。廟所には光朝と遠光の坐像が安置され、廟脇に三基の五輪塔がある。中央が鎌倉時代初期の様式の加賀美遠光、左側が光朝、右側は光朝の妻のものと伝わる室町時代の石塔だ。

加賀美遠光と秋山光朝夫妻の五輪塔

加賀美氏《かがみし》館

往時は土塁と堀が囲繞、釜無川と滝沢川は天然の外濠

釜無川西岸の南アルプス市内を流れる御勅使川《みだい》。その扇状地の扇端《せんたん》に中世居館の加賀美氏館があった。

一帯は「加賀美荘」と呼ばれ、御勅使川の伏流水に恵まれた水田地帯だった。信濃と駿河を結ぶ結節点に「十日市」が開かれ、御勅使川扇状地に「八田牧《はったのまき》」が設けられるなど交通・経済・軍馬供給の要衝地でもあった。

新羅三郎義光の曾孫で、逸見清光の三男加賀美遠光は高倉天皇が召した鳴弦《めいげん》の儀で名高い。治承四（一一八〇）年の源頼朝の挙兵以来、甲斐源氏一族として多くの功績を挙げた。それにより、遠光は文治元（一一八五）年に信濃守、弟安田義定の嫡男義資《よしすけ》は越後守にそれぞれ任じられた。

だが、甲斐源氏の台頭は権力確立をめざす頼朝にとっ

【メモ】南アルプス市加賀美。中部横断道南アルプスIC→県道12号→法善寺

てやがて脅威となってゆく。元暦元（一一八四）年、武田信義の子一条忠頼が鎌倉で謀殺され、建久四（一一九三）年に安田義資、翌年には義定も勢力排除のため頼朝に殺された。さらに、遠光の嫡男秋山光朝も謀殺された。頼朝の平氏追討や鎌倉開府に功績を挙げたにもかかわらず、一族が攻め滅ぼされた遠光の心境は計り知れない。

法善寺境内の南辺に残る土塁跡

それでも遠光は源頼朝から信頼を得て長寿をまっとうした。四男光経が加賀美氏を継ぎ、次男長清は弓道や作法の小笠原流の祖、三男光行は南部氏の祖、五男光俊は於曽氏、娘は頼朝の子頼家・実朝の養育係を務めた大弐局《だいにのつぼね》である。

加賀美氏館は東に釜無川、西は支流の滝沢川を天然の外濠として築かれ、現在の法善寺の寺域を城域としていた。居館は方形をした土塁と堀で囲まれ、北側がやや高くなっている。

明確な遺構はないが、法善寺の西と南側に水を引き込む用水路があり、水堀の存在をうかがわせる。南側の塀の内側には明らかな土塁の痕跡があり、往時は周囲に巡っていたと想定できる。境内中央にも南北に長い堀があったという。

遠光の孫遠経《とおつね》が承元二（一二〇八）年に法善寺の前身の

寺を加賀美氏館へ移して再興したという。訪れた八月、庫裏《くり》の東にはサルスベリの赤い花が見事に咲き誇っていた。境内には二月にコウバイ、四月にサクラ、五月にキササゲとアヤメ、六月にボダイジュ、七月にアジサイ、八月にハス、秋にはカエデと、年間を通して花や紅葉が楽しめる。庫裏前には、漢字を当てはめると四季の文字が入る椿《つばき》・榎《えのき》・楸《きささげ》・柊《ひいらぎ》の木が一堂にそろう。

法善寺には室町時代の形式を残す鐘楼に中世甲斐国八梵鐘《ぼんしょう》の一つと伝わる鐘がある。ほかにも本堂・庫裏・稲荷大明神・地蔵堂・二天門・勅使門などの建物が今も歴史を伝え、島池の中島には「龍神水《りゅうじんすい》」と呼ぶ南アルプスの伏流水の井戸が残る。

法善寺南方四〇〇メートルにある遠光公廟所では、毎年八月一六日に遠光の祭典が催される。提灯を富士山型に灯し、甲州遠光太鼓が奉納されて賑わう。

甲府市伊勢二丁目の遠光寺《おんこうじ》と南アルプス市秋山の光昌寺《こうしょうじ》には、遠光の五輪塔がある。秋山光朝の墓も光昌寺に残っている。

加賀美氏館跡に向かって立つ遠光公の廟所

一条《いちじょう》氏《し》館

一条忠頼を祖とする、甲斐源氏の名族一条氏の居館跡

武田氏四代信義の嫡男一条忠頼を祖とする甲斐源氏の名族一条氏。忠頼は一条小山と呼ぶ現在の甲府城跡（舞鶴城《まいづるじょう》公園）の地に居館を設けていた。

平安時代末期の元暦元（一一八四）年、屋島の合戦や木曽義仲討伐などで活躍した忠頼は、源頼朝に忌み嫌われ、鎌倉で謀殺された。それ以来、断絶していた一条氏を忠頼の甥である信長が再興。その後、信長の孫時信が甲斐守護職となり、その子孫は武川筋の武士団の武川衆として活躍した。

再び、断絶していた一条氏の名跡を武田氏一九代の信玄が惜しみ、異母弟の信龍《のぶたつ》に継がせた。信龍は信玄の騎馬一〇〇騎を預かって旧一条の荘（甲府市東南部）を治め、武田二十四将の一人として信玄を補佐して活躍した。軍学書「甲陽軍鑑」は、信龍について「伊達者にして花

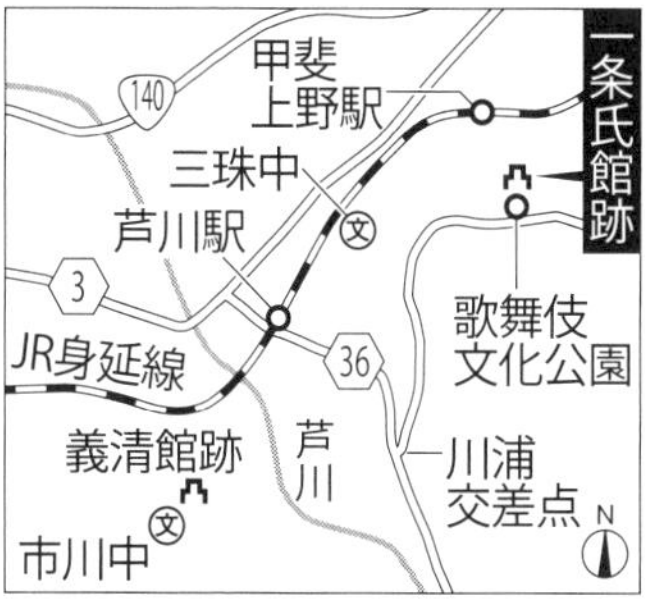

【メモ】市川三郷町上野。ＪＲ身延線甲斐上野駅→ 10 分→一条氏館

麗を好む性格なり」と記している。

　武田氏滅亡直前の天正一〇（一五八二）年、信龍は富士川に沿って来襲した徳川家康軍との戦いに敗れ、嫡子信就《のぶなり》とともに戦死したと一般的に言われている。だが、「甲斐国志」では戦いの頃には信龍はすでに病死しており、討死したのは信就と記されている。

　甲府盆地の南に広がる曽根《そね》丘陵《きゅうりょう》の西端の台地に一条信龍の居館があったと伝わる。JR身延線甲斐上野駅から南に三〇〇メートルほどの蹴裂《けさき》神社一帯にある一条（城）林と呼ばれる地だ。

　独立した小丘《しょうきゅう》の地形で、小丘からは釜無川・笛吹川・芦川など甲府盆地の富士川支流を見渡せる。西方に白根三山、鳳凰三山などの南アルプス連峰、北方には八ヶ岳、金峰山など秩父の峰々を望める景勝の地でもある。

　周辺に堀越や矢作の地名が残る。甲斐国志には馬場・門前・物見塚などの地名も記され、一条氏館の存在を裏付けている。この地は、縄文・弥生時代から人々が居を構え、狐塚・大塚・伊勢塚・エモン塚など古墳時代の史跡も残る。

新押出川橋からの遠望。中央に見える模擬天守の右側の森にかつて一条氏館があった

甲斐上野駅から初代市川團十郎ゆかりの地、歌舞伎文化公園をめざす。初代團十郎の曽祖父堀越家宣《ほりこしいえのぶ》は、一条信龍の家臣だった。家宣は小田原北条氏との戦いの武功で、この地「ほっこし」を賜った。現在、公園のボタン園の中に「市川團十郎発祥之地」と勘亭流《かんていりゅう》で刻まれた石碑が建てられ、文化資料館では歴代團十郎や歌舞伎の歴史を紹介している。天守を模した展望台からは甲府盆地も一望できる。

一条氏館があったと伝わる蹴裂神社は、公園のすぐ北にある。大木のカシとスギ林に囲まれ、別称である上野城跡の石碑がその存在を示している。境内には信龍の祠のほか、大正天皇が皇太子の時代に植えた御手植えの松がある。神社を取り巻く道路は堀跡と考えられるものの、一条氏館は破壊されて明確な遺構はない。だが、「甲斐国志」には外壁は自然地形で、南方は山に寄って民家が点在し、北は絶壁、西はゆるやかな丘陵に続くと記されている。

ちなみに、市川家の家紋「三升」は、信玄枡とも呼ばれる大きな枡のなかに中・小二つの枡を入れ、上から見た姿を表している。「枡桝半升（ますます繁盛）」という願掛け説や家宣が武功を立てた永禄一二（一五六九）年の三増峠の戦いにあやかったとも伝えられている。

蹴裂神社境内にある一条信龍の祠

義清館《よしきよ》

櫛形山や八ヶ岳を望む、甲斐源氏の旧跡

遅い春の暖かさと咲き始めのソメイヨシノを求めて、市川三郷町にある巨刹《きょさつ》の白雲山平塩寺跡《はくうんざんへいえんじ》へ。奈良時代に法相宗《ほっそう》の寺として建立され、別名「平塩山白雲寺」とも呼ばれた平塩寺は、平安時代に天台宗に改宗。天台百坊と呼ばれて隆盛した。

ＪＲ身延線市川本町駅から平塩寺跡へ向かう途中の金剛院坂に天台百坊の支院にあった石神の延命石が残る。立ち止まって、無病息災と延命長寿を願う。さらに坂を上ると、天正一〇（一五八二）年の天正壬午の乱の際に全山焼失したと伝わる平塩寺境内跡。正木社奥の竹藪からウグイスの鳴き声が聞こえ、サクラの観賞とともにその姿を探し求めて心を和ます。

平塩寺前の道路を挟んだ北側に義清館跡と伝わる地

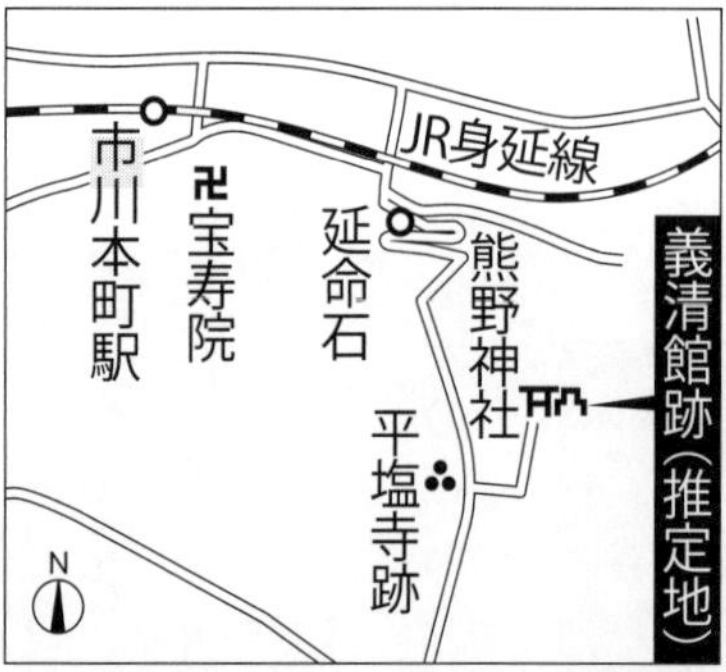

【メモ】市川三郷町市川大門。ＪＲ身延線市川本町駅→５分→延命石→３分→平塩寺跡→１分→義清館跡推定地（熊野神社）

がある。源義清は、寛治元（一〇八七）年に奥州に下って兄の源八幡太郎義家の軍に加わり、後三年の役で軍功をあげた新羅三郎義光の三男。常陸那珂郡武田郷（現・茨城県ひたちなか市）の支配を任された義清は武田冠者を名乗り、その子孫が甲府盆地の各地に土着した甲斐源氏だ。

大治五（一一三〇）年、義清の嫡男清光の常陸での乱行が原因で、義清・清光父子は甲斐の市河荘へ配流となった。義清館の所在地と伝わる地は現在、山梨県西八代郡市川三郷町と中巨摩郡昭和町西条の二ヵ所にあり、ともに甲斐源氏発祥の地といわれている。はじめに市川三郷町の平塩岡の地に土着し、晩年に昭和町にある義清神社の地に移ったという折衷説もある。

義清は平塩寺の源行房（市川別当）を頼って市河荘の下司となり、現在の熊野神社の地に居館を構えたとされ、その跡地は甲斐源氏旧跡として市川三郷町史跡に指定されている。その義清が居館の守護神として祀ったことから始まる熊野神社。見事な彫刻的装飾が施されているその本殿は、市川三郷町の文化財だ。

館跡の伝承地には三条実美が揮毫した甲斐源氏旧跡碑が立つ

熊野神社本殿の見事な彫刻的装飾

市川本町駅から東南へ歩くと、伝承の義清館は台地に築かれていたことが実感できる。芦川の扇状地に築かれていた義清館は、塩沢川と鳴沢川の開析谷に挟まれ、台地の中でも周囲より一段と高くなっている。

義清館の南に烽火台や砦が築かれた古城山が迫り、西に大きく櫛形山、西北には雪が残る美しい八ヶ岳などの山々が望める景勝地だ。西から北方眼下には市川三郷の街並みを見渡すことができる。

義清館の遺構は現存していないが、東西に長く、西側から中央へ、東側から中央へ、そして北側から南側へ緩やかに傾斜している。現在は中央に熊野神社が鎮座し、西側は金剛院の墓地、東側には三条実美《さねとみ》が揮毫《きごう》した甲斐源氏旧跡碑や市川三郷町文化財の大クヌギが南と西へ枝を張っている。

市川三郷町は伝統工芸の和紙と花火が名高い。和紙は義清が市河荘へ入った際に家臣の紙工「甚左衛門」が紙漉《かみすき》技術を伝えたという。武田氏の烽火打ち上げから始まったと伝わる甲斐市川の花火は、江戸時代には常陸水戸や三河吉田の花火と並んで日本三大花火に数えられた。毎年、八月七日には神明の花火大会が開催される。

古城山《こじょうやま》砦

雑木林の中に堀切や土塁などの山城遺構が現存

新羅三郎義光の三男義清が根づき、甲斐源氏発祥の地として伝わる市川三郷町の義清館跡。その南方には標高八六八メートルの古城山が聳えている。この古城山の北側中腹、標高七二〇メートルの尾根の先端部に古城山砦が築かれ、山頂には烽火台が置かれていた。古城山砦は甲府盆地と旧中富《なかとみ》町や旧六郷《ろくごう》町以南の富士川流域の河内領との境に築かれた重要な城砦だ。西方には甲斐と駿河をつなぐ駿州往還が通る交通の要衝地でもあった。

古城山には市川から身延、尾根伝いに古関《ふるせき》・精進《しょうじ》・本《もと》栖《す》へ通じる山岳路が通る。現在は大門《だいもん》碑林《ひりん》公園や「ひらしお源氏の館」からカルデラ湖の四尾連湖《しびれこ》と山梨百名山の蛾《ひる》ケ《が》岳《たけ》へ通じるトレッキングコースとなっている。ひらしお源氏の館で古城山の地図を確認後、登城口へ。

【メモ】市川三郷町市川大門。ＪＲ身延線市川本町駅→10分→登城口→60分→一本松（入城口）→2分→主曲輪→20分→古城山烽火台跡

熊よけの鈴を鳴らしながらも、初夏の森林浴を楽しめる登山だ。一時間ほど登り続けると、左手に大きな枯れ木の一本松がある。そこから直角に曲がる登山道を左手に入ると、古城山砦の南側から主郭部へ入城することとなる。すぐに尾根を遮断する堀切があり、そこを通過すると、やや藪化しているものの西辺にわずかに土塁が残る三角形の曲輪がある。

　主曲輪は御浅間林《おせんげんりん》と呼ぶ松林の中に一段高くある。南辺が高く、東・南・西の三辺を土塁がコの字状に囲むほぼ長方形の主曲輪が現存している。主曲輪西側の急斜面には二条の竪堀を設けて防御を固めている。現在、主曲輪には浅間神社の小祠と石碑、周囲にはいくつかの大我講《たいがこう》の石碑がある。

　主曲輪の周囲には南側の三角形状の曲輪のほか、北と東側にも曲輪を配している。東北に位置する曲輪には井戸または水溜《みずだめ》と考えられる直径一メートル余りの窪地がある。さらに、北と東側の曲輪群の外側には帯曲輪が付帯し、北側は三段になっている。

　登山道に戻り再び登ると右手に古城山、左手に城山の頂がある。古城山頂からは南方に富士川、北方には甲府盆地を見渡せ、烽火台としては最適な地だ。城山には四阿《あずまや》や復元さ

主曲輪南側の大きな堀切

れた烽火台があり、南アルプス・八ヶ岳・金峰山が望める。時間が許せばそのまま登山道を進み、四尾連湖や蛾ヶ岳をめざすのもいいだろう。

義清館跡から見る古城山全貌《ぜんぼう》

昭和六三（一九八八）年の試掘調査で、主曲輪から掘立柱《ほったてばしら》建物の柱穴群《ちゅうけつぐん》や石鉢片、土師質土器が検出された。遺構が良好な状態の古城山砦は単なる砦ではなく、小規模ではあるものの立派な城郭だ。今後、さらなる遺構の整備・保存を望みたい。

古城山砦の歴史は謎めいている。源義清が義清館の詰城として築いたことや平塩寺《へいえんじ》の存在が伝えられているが、立地や遺構には戦国時代の色が強く、武田時代に整備されたことが考えられる。

駿河方面の有事の際、急報を躑躅ヶ崎館へ告げる最終の烽火台を取り込んだ古城山砦は、武田氏家臣の跡部蔵人が守備したと「甲斐国志」に記されている。武田氏滅亡後の天正壬午の乱の際には、徳川軍の先鋒として市川に駐屯していた大須賀康高《おおすがやすたか》の陣営から守兵が出て、古城山砦を守備している。

菅沼《すがぬま》城

富士川の水運と河内路を守備する後堅固の山城

統廃合により、平成二八（二〇一六）年三月に閉校になった中富中学校跡の城山は、春はサクラ、梅雨の時期にはアジサイが咲き誇る。日本三大急流の一つ、富士川の西岸にある急崖上の城山に菅沼城が築かれていた。中世から近世への移行期に築かれた山城だ。

城址からは富士川を一望でき、身延や鰍沢《かじかざわ》方面を見渡せる要衝の地だ。東方先端部の急崖下には甲斐と駿河を結んでいた河内路が通っていた。現在、大手の坂道や腰曲輪をしのばせる痕跡があるだけだが、身延町の史跡に指定されている。

天正一〇（一五八二）年三月に武田勝頼が天目山で自刃し、武田氏は滅亡。勝頼の従兄弟にあたる穴山信君（梅雪）は、勝頼の生前から織田信長と徳川家康に恭順していた。信君は勝頼に代わって甲斐源氏の正統を守ることを考えていたのだろうか。

信長は信君を武田氏の後継者として認め、武田領で

【メモ】身延町寺沢。ＪＲ身延線身延駅→バス→役場前→３分→登城口→５分→主曲輪（旧中富中学校）→５分→甲南スポーツ広場

あった駿河は家康、甲斐と信濃諏訪郡を河尻秀隆に与えたが、信君は旧領の河内地方が安堵《あんど》された。

天正一〇年六月に起きた本能寺の変で信長が死亡。その際、家康と大坂・堺を見物していた信君は、堺で家康と別れて帰途についたが、その途の山城国宇治田原《うじたわら》で何者かに襲われて命を落としている。

本能寺の変直後の混乱の中、家康は武田氏旧臣だった岡部次郎右衛門正綱《まさつな》に菅沼城の築城を命じた。いち早くこの地を支配するために急造されたのだ。信君が押さえていた下部《しもべ》の湯の奥金山や早川の保《ほ》金山などが、家康にとって魅力的だったのだろうか。

家康は本能寺の変の翌月に甲斐国に入り、甲斐と信濃へ版図拡大を図ろうとしていた北条氏に対処するため、菅沼定政《さだまさ》を菅沼城に入れた。定政はこの城で富士川筋の守備にあたり、城名へと結びついている。

天正一五年、信君の嫡子信治の早世で穴山家は断絶し、穴山氏旧領の河内地方は菅沼氏の所領となった。だが、定政は天正一八年に下総相馬《しもうさそうま》へ転封となり、菅沼城は慶長七（一六〇二）

富士川橋から望む城山

旧校舎の前に立つ望月幸明・元山梨県知事による城址碑

年に廃城となっている。

　富士川の両岸に山肌が迫り、川幅が狭くなった地に菅沼城は築かれ、富士川と河内路を守備するのに適した地に存在していた。主曲輪は旧中富中学校の建設で完全に消滅したが、規模は東西一〇〇間（一八二メートル）、南北八〇間（一四五メートル）だったと「甲斐国志」は記す。木曽川河畔に築かれた犬山城に似た自然地形を利用して防御を固めた後堅固の山城だ。

　現在、旧中富中学校の校舎前には「菅沼城址　温故知新」と刻まれた城址碑がある。「ゆかりも深き城山の　菅沼城のあとどころ　おおここに　温故知新の風冴《さ》えて　文化のとりでそびえ建つ」と、城の存在が校歌の中にも歌い継がれていた。

　大手は一部改変されているが、南側の国道52号沿いの白山権現堂前から数度折れながら登る道が残る。ここが登城口。途中に墓地があり、そこにかつて何らかの施設があったと考えられる。

　大手に沿った南斜面の竹林が伐採されて、腰曲輪や帯曲輪があったことが明確にわかる。城山から富士川の支流・手打沢川《てうちざわがわ》へ至る河内路に沿って町屋林・下町屋・町屋の地名が残り、この一帯に城下集落があったと考えられる。

穴山氏館《あなやまし》

穴山信君の繁栄を偲ばせる、黄金色に輝く大銀杏

下山《しもやま》城とも呼ぶ穴山氏館は、富士川西岸の粟倉山《あわくらやま》東麓に広がる下山集落内に存在していた。下山光基《しもやまみつもと》が開いた本国寺《ほんごくじ》境内には「下山城趾」の石碑が立ち、本国寺を中心に下山立正保育園や廃校になった身延北小学校跡地が穴山氏館跡だ。

この地を支配した下山氏は甲斐源氏の流れをくみ、加賀美遠光の子秋山光朝の子孫下山小太郎光重を祖とする。光重の子兵庫介光基は日蓮に帰依して屋敷を本国寺とした。駿河と甲斐を結ぶ交通の要であり、北・西・南の三方は山で囲まれ、東方には日本三大急流の一つ、富士川が流れる好適地に居館が存在していた。

本国寺北側の南沢川《みなみざわがわ》と南側の矢沢川《やざわがわ》が形成する浸食谷を南北の境とし、西から東へ傾斜する地形に居館が築か

【メモ】身延町下山。ＪＲ身延線波高島駅→バス→矢沢橋停→２分→穴山氏館跡（本国寺）→５分→南松院

オハツキイチョウが黄金色に輝く本国寺境内

れた。西背後には標高七〇四メートルの粟倉山や身延山奥之院が控える。粟倉山は「城山」と呼ばれ、標高一一五三メートルの身延山の一支峰である。粟倉山には穴山氏館の詰城説があるが、富士川沿いの烽火台網の一つだろう。

武田氏一〇代信武の五男義武が、現在の韮崎市穴山町に封を受けて穴山氏を名乗った。その後、穴山氏は奥州へ移った南部氏の旧領、富士川流域の河内地方へ進出し、下山城を拡張させて居館とした。

穴山義武の跡を武田氏一二代信春の子満春が継ぎ、さらに武田氏一四代信重の次男信介が穴山氏を継承したようだ。その後、子孫の穴山信友が武田信虎の娘を娶り、武田宗家との結びつきを強めて河内領の支配を軌道に乗せた。その際、居館を南部から下山へ移したと推定される。その子信君（梅雪）は武田信玄の娘を妻として武田氏とは重縁となり、武田親族衆の中でも重きをなした。

武田氏の駿河進攻の後に穴山信君は駿河の庵原郡も任された。天正三（一五七五）年に江尻城主（静岡市清水区）となり、穴山氏館は留守所となっている。西方の南松院《なんしょういん》は、信君が亡母の南松院殿葵庵理誠尼《きあんりせいに》のために建てた寺院だ。

天正一〇年六月の本能寺の変の直後、穴山信君は山城国宇治田原で不慮の死を遂げた。同一五年、その子信治（勝千代）が早世すると穴山家は絶え、穴山氏の所領は徳川家康のものとなった。本国寺には穴山信君像と伝わる武士像を安置する穴山八幡宮が祀られている。

穴山氏館の規模は明らかではないが、本国寺境内を中心に築かれ、多数の社寺を中心に城下町ができていた。現在、居館の遺構として、保育園東側の竹林に堀が唯一存在し、身延町史跡に指定されている。

本国寺境内には国指定天然記念物オハツキイチョウの巨木が立ち、秋には黄金色に輝く。葉の上に銀杏が実を結ぶ珍しい大木で、まるで金山経営で黄金を産出した穴山信君の繁栄を蘇らせているかのようだ。弘安五（一二八二）年、日蓮が身延から池上《いけがみ》へ向かう途中で本国寺に一泊した際に植えたと伝えられている。

穴山八幡宮に安置されている穴山信君像

波木井城《はきい》

富士川の急流、深沢川や虹川とともに天然の大外濠

波木井の峯《みね》の城とも呼ぶ波木井城は、身延山東麓の標高三四六メートルの城山に築かれている。東眼下に北から南へ流れているのは日本三大急流の一つ富士川。さらに、北に深《ふか》沢川《ざわがわ》、南には虹川《にじがわ》が流れ、天然の大規模な外濠となっていた。富士川沿いの烽火《のろし》網《もう》の一つとして利用されたことも考えられる。

現在、波木井城は茶畑・柿などの農耕地や宅地となり、山頂は杉林や墓地になっている。かつてあった桑畑の耕作や道路の開通、さらに水害や崖崩れなどで明確な遺構はないが、「波木井城趾顕彰之碑」と刻まれた石碑が建てられ、身延町史跡に指定されている。

城の東下方には富士川に沿って国道52号が通っている。往時は城下に駿州往還が通る交通の要衝であった。この往還は甲斐の武田氏と駿河の今川氏にとって重要な軍用

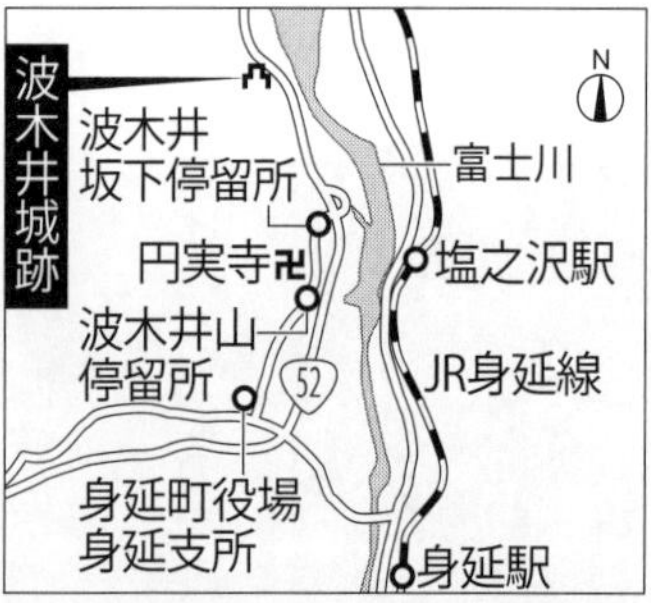

【メモ】身延町波木井。ＪＲ身延線身延駅→バス→波木井坂下停→ 20 分→波木井城→ 15 分→円実寺

波木井城跡に立つ顕彰石碑

道路であり、日蓮宗の聖地、身延山久遠寺《くおんじ》への信仰の道でもあった。

城跡に立つと、まず築城のポイントである選地が適格だったことがわかる。帯曲輪状に段になっている東斜面は、富士川の流れと毛無山《けなしやま》・雪見岳《ゆきみだけ》・五宗山《ごそうやま》・三石山《みついしやま》など山梨と静岡の県境の山並みを望む景勝地だ。主曲輪の西方には奥之院思親閣がある身延山《みのぶさん》や鷹取山《たかとりやま》が聳えている。

城の全体像の掌握は難しいが、鉄塔が立っている斜めの平場が主曲輪と考えられる。唯一の遺構として南西側の山に面したところに喰違いの土門《つちもん》が現存し、わずかに城の様子を感じ取れる。土門の東南を兵衛門といい、その東には城口の屋号や見張台と思われる敵見の地名も残っている。東下方の古屋敷は馬の調練場跡で、その中にほぼ一直線状の灯篭坂が存在していた。

新羅三郎義光の孫清光は甲斐国内に子を配し、その中で加賀美遠光の三男光行が南部氏の祖となって発展した。光行が奥州へ移った後、光行の三男実長《さねなが》が甲斐に残って波木井氏を称して波木井城を築いたと伝わる。波木井城南方の梅平《うめだいら》地区の鏡円坊《きょうえんぼう》裏手に波木井氏屋敷が存在したと伝わり、昭和五八（一九八三）年に身延町教育委員会が発掘調査を実施している。

波木井実長は文永一一（一二七四）年、流罪を解かれて佐渡から鎌倉に戻った日蓮聖人を身延に招いて身延山を寄進し、草庵を建てて保護した。弘安四（一二八一）年には日蓮に深く帰依して「法寂院日円」を号し、草庵を改築して久遠寺と命名した。

波木井城南方の波木井山円実寺《えんじつじ》は実長と日円の各一文字から名付けられた波木井氏の菩提寺だ。山門入口に実長の銅像が日蓮聖人とともに迎える。実長の銅像は久遠寺の二八七段の石段「菩提梯《ぼだいてい》」脇にもある。

大永元（一五二一）年、今川氏親の将福島正成《くしままさしげ》が率いた駿河勢が甲斐への乱入の際、武田信虎は苦戦の末に勝利している。この戦いで微妙な立場であった波木井実長の子孫の義実は、今川氏に通じていたかどで信虎に城を攻められ、波木井氏は滅びている。

南西に残る唯一の遺構の土門

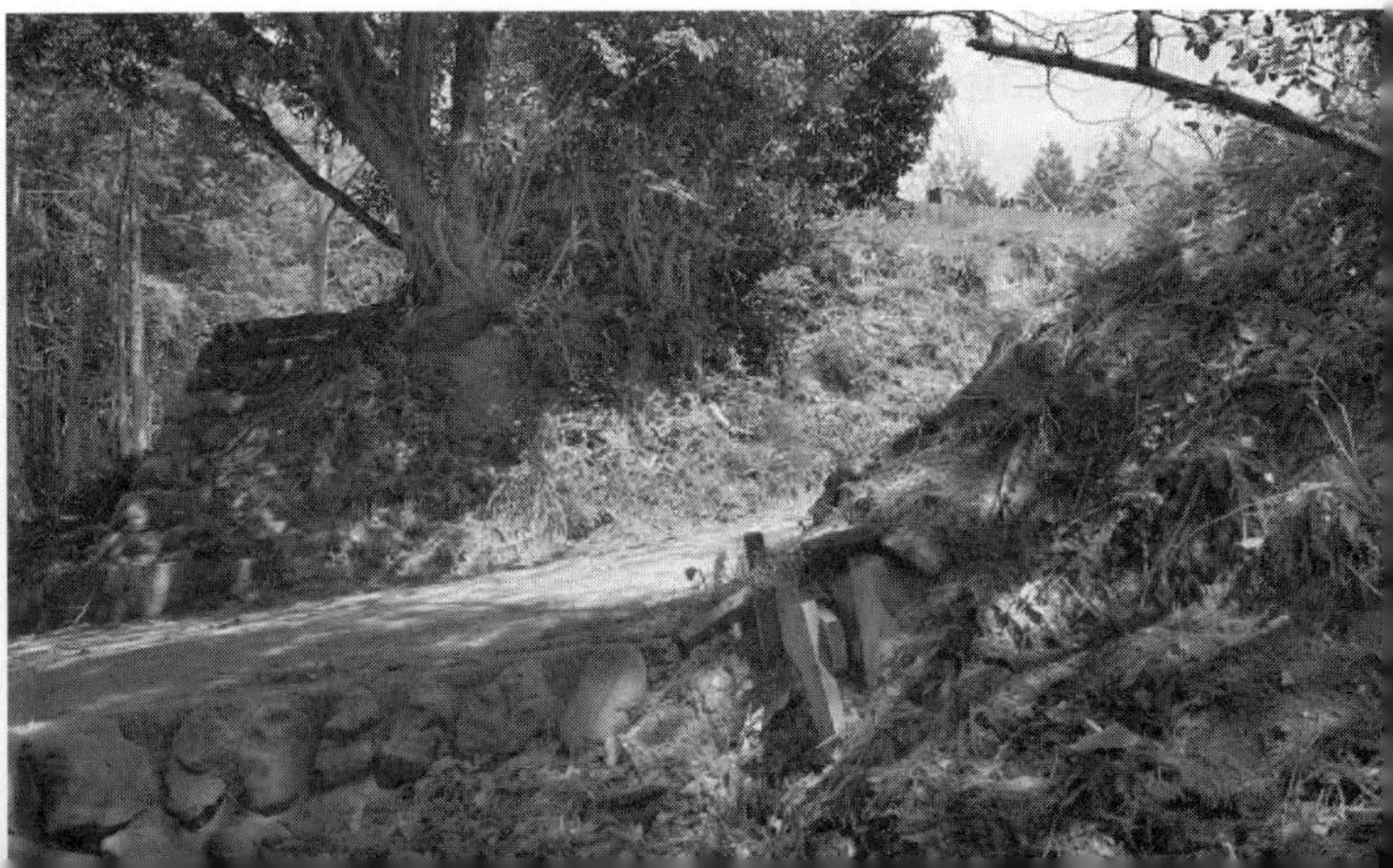

波《は》木《き》井《い》氏《し》館

日蓮を招聘、出家して日円を名乗る波木井実長の居館

身延町の国道52号沿いにある身延山久遠寺の支院「鏡円坊」。山梨県天然記念物である淡紅色のイトザクラをはじめ、春には境内に多くの桜が咲き乱れる。山門の柱には「宗門史蹟南部實長公館跡」と記され、裏山に南部氏館とも呼ばれる波木井氏館が存在していた。

南部氏祖の光行《みつゆき》は、奥州藤原氏を倒した功績として源頼朝から奥州の糠部《ぬかのぶ》五郡を与えられ、建久二（一一九一）年に奥州へ下向した。光行は男子六人に恵まれ、一戸《いちのへ》に長男行朝《ゆきとも》、三戸《さんのへ》に次男実光《さねみつ》、七戸《しちのへ》に四男朝清《ともきよ》、四戸《しのへ》に五男宗清《むねきよ》、九戸《くのへ》に六男行連《ゆきつら》を置き、三男実長《さねなが》だけが甲斐に残った。

実長は身延・南部の地を領し、身延町梅平の地に居館を構えて波木井氏を名乗った。鏡円坊は、実長の孫長氏の次男の日台上人が屋敷を寺院に改めたと伝わる。

実長は日蓮を身延に招き、久遠寺をおこした。宗派や幕

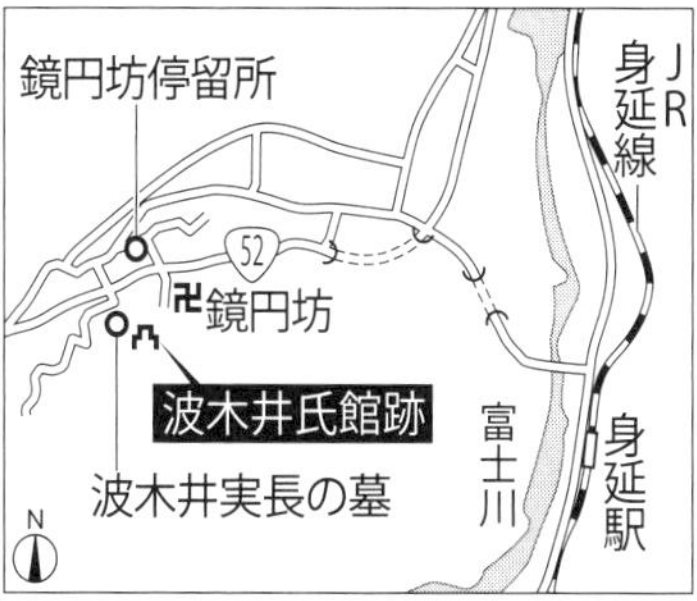

【メモ】身延町梅平。ＪＲ身延線身延駅→バス→鏡円坊停→５分→鏡円坊→10分→主曲輪→２分→波木井実長の墓→３分→鏡円坊

府を批判し、伊豆や佐渡へ流罪となっていた日蓮が赦免され、鎌倉に戻った文永一一（一二七四）年のことだった。日蓮と同じ貞応元（一二二二）年生まれの実長も出家し、法寂院日円を名乗っている。

波木井氏館は地元では「御屋敷」と呼ぶ。富士川支流の波木井川右岸にある梅平集落を北側に望む小高い山裾にあった。波木井川と富士川の合流地点付近にできた河岸段丘で、波木井川に向かって半島状に突き出した尾根の先端部だ。波木井川沿いに河内路が通り、往来の監視に適していた。現在、主曲輪は小祠が祀られた平場だが、大正時代は周辺一帯が畑地として開墾されたという。

鏡円坊の西側に波木井氏館への登城口がある。そこから杉と竹林の茂る山道を登り始める。三差路を右へ進み、鉄塔をめざして道を外れ、近くの竹林を抜けて西側に下る。そこには二段の帯状の曲輪があり、下方が主曲輪だ。

主曲輪は東から西へ傾斜した平場になっている。中央に小祠、奥には貯水池のように水が溜まる大きな方形の窪地。北西隅には「おかまど跡」と伝わる窪地があり、石が散在し

中央に小祠が立つ主曲輪

身延山久遠寺の支院の鏡円坊

ている。

波木井氏館は明確な遺構はないが、身延町指定史跡となって歴史を伝えている。おかまど跡では昭和五八（一九八三）年に発掘調査が実施され、かまどや炉跡の掘立柱建物跡一棟が検出された。建物の規模は東西約六・六メートル、南北約八・八メートル、柱間二二〇〜二三〇センチ、柱穴は直径三〇センチ、深さも三〇センチだった。北東部の東西一メートル、南北八〇センチのスペースには焼土・土器片・炭化物・小礫が集中して堆積していたという。また、土坑や溝状の遺構も検出されている。

主曲輪西面に切岸が残る。一段下方の北・西・南面は急斜面で防御を固め、西と南側へ傾斜した腰曲輪があり、現在、腰曲輪には杉と竹がまっすぐに伸びている。主曲輪から北側の九十九折りを下ると実長（日円）の墓がある。

南《なん》部《ぶ》氏《し》館

町名につながる南部氏発祥の地

平安時代末期、甲斐源氏の一族加賀美遠光の三男光行は、遠光とともに鎌倉幕府の創設に尽くした。治承四（一一八〇）年の石橋山の戦いなどで源頼朝の旗揚げに力を貸し、その功により、現在の南部町と身延町の地域を領した。光行は、馬の産地の「南部御牧《みまき》」と呼ぶ私牧の経営を中心に勢力を強め、南部氏を称して日本三大急流の一つ富士川の西岸に居館を築いた。

現在、山梨県内には南部氏館跡と呼ばれる伝承地が南部、身延の両町にある。その一つである奥州南部氏発祥の地、南部町に存在していた南部氏館跡へ。

ＪＲ身延線内船《うつぶな》駅から富士川を渡った西北一・二キロに位置する。現在は周囲よりもやや高くなっている富士川右岸の住宅地だ。市街化され、南部氏館の遺構はほと

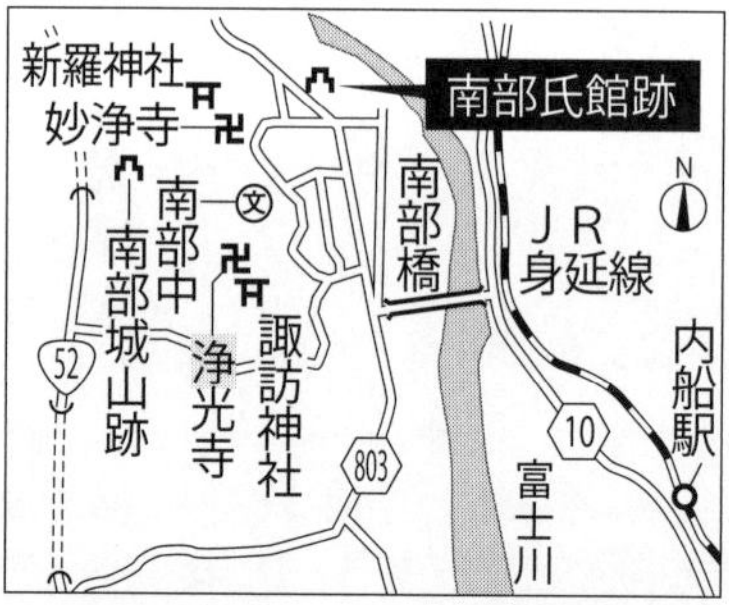

【メモ】南部町南部。ＪＲ身延線内船駅→ 20 分→南部氏館跡→ 4 分→妙浄寺→ 2 分→新羅神社→ 7 分→浄光寺・諏訪神社

んどない。

北から東、そして南へ流れる富士川は、天然の防御線を築いていたことだろう。だが、暴れ川で名高い富士川。防衛には適しているが、水害の危険性も高い。

南部氏館跡の南西四〇〇メートルの妙浄寺《みょうじょうじ》裏山には南部氏の詰城と伝わる南部城山がある。富士川が氾濫した際の避難場としての要素も推測される。その後の武田氏時代には烽火台として利用されたと考えられ、焔硝蔵《えんしょうぐら》跡と伝わる窪地もある。

文治五（一一八九）年に源頼朝が奥州藤原氏を攻めた際、南部光行は再び功を立てて、奥州糠部五郡を与えられた。建久二（一一九一）年、光行は三男実長を甲斐に残して奥州に向かい、奥州南部氏の祖となった。その子孫は世襲して南部藩を成立させ、明治に至っている。

甲斐に残った実長は身延町梅平に居館を構え、波木井氏を名乗った。その後も勢力を維持し、日蓮を招聘《しょうへい》して久遠寺を興している。南北朝時代の波木井南部氏は南朝方に属して活躍。元中九（明徳三・一三九二）年に南北朝が統一されると、八代政光は翌年奥州八戸へ移り、その後は遠野を領した。

南部橋から望む南部氏館跡。
中央の住宅地周辺が館跡にあたる

浄光寺にある南部氏供養塔。
背後には一族の墓石群がある

享保年間（一七一六〜三六）の記録には、南部氏館は東西一町余、南北四〇間の規模で、土塁・泉水・堀が存在していたが、埋められて窪地になっていると記されている。北方には差し渡し七尺の掘り抜き井戸が残っていたとも記され、現在はこれが唯一の遺構だ。記録から、南部氏館は享保年間にはすでに痕跡をとどめていただけだと推測される。付近には木戸・堀・御蔵など館に関連する地名が伝えられている。

波木井氏が奥州へ去った明徳年間（一三九二〜九四）以後に入部した穴山氏は当初、南部氏館周辺を利用したと考えられる。穴山氏はその後に下山城（身延町下山）を本拠としたが、南部氏館も拠点として利用していたようだ。

南部氏館跡や南部城山跡を中心とする一帯は、「南部氏の郷」としてゆかりの史跡が多く、静かに歩く歴史文化ゾーンだ。新羅《しんら》神社は建久年間（一一九〇〜九九）に建立された新羅三郎義光の霊廟がある南部氏一族の守護神。南部氏の菩提寺であった妙浄寺、義光が勧請した諏訪神社、そして浄光寺には本堂裏山から移した南部氏一族の墓石群と供養塔がある。

南部城山《なんぶしろやま》

南部氏の故地、単なる烽火台ではなく小規模な山城

南部氏発祥の地である南部町には、甲斐源氏の祖新羅三郎義光や南部氏に纏《まつ》わる史跡が多い。義光の霊廟《れいびょう》の新羅神社や義光が勧請《かんじょう》した諏訪神社、南部氏の祖光行が構えた南部氏館跡、南部氏菩提寺の妙浄寺、南部氏の供養塔と墓石群が残る浄光寺などだ。

新羅神社と妙浄寺の背後に標高二三〇メートル余りの城山が、東方一〇〇メートル下を流れる富士川に沿って北西から南東へ八〇〇メートルに渡って横たわっている。南部城山と呼ばれ、地元では烽火台があった山として親しまれている。山頂から北西の尾根伝いは国道52号の南部トンネル上となり、そこには古城山城がある。

義光の子孫で加賀美遠光の三男光行は、南部の地を領して南部氏を名乗った。光行は源頼朝に仕え、文治五

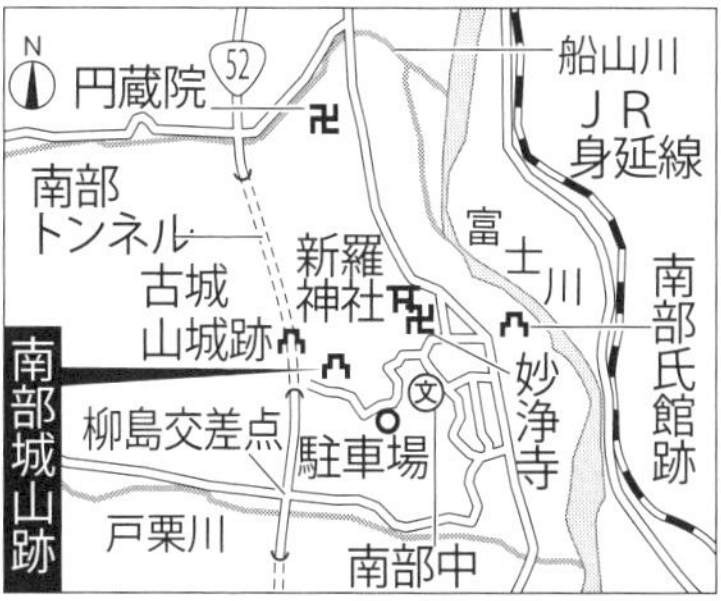

【メモ】南部町南部。ＪＲ身延線内船駅→15分→妙浄寺・南部中学校→南部城山ふるさと公園駐車場→１分→登城口→５分→山頂→南部城山跡・古城山城跡

富士川に架かる南部橋から望む南部城山

（一一八九）年の奥州合戦で戦功をあげ、陸奥国糠部を与えられた。その子孫は南部藩を成立させるなど明治まで隆盛を誇った。

　南部城山の創築について詳しいことはわかっていない。南部氏館とは指呼《しこ》の位置であることから、南部城山は有事の際に籠る詰城と伝えている。また、南部氏に代わってこの地を治めた武田氏一族の穴山氏が築城したとも言われ、城山北麓には、穴山信友が天文年間（一五三二～五五）に建てた円蔵《えんぞう》院《いん》がある。

　南部城山は決して要害といえる山ではない。だが、城山と古城山の東には富士川、南北には支流の戸栗川《とぐりがわ》と船山川《ふなやまがわ》が流れ、富士川沿いの烽火台として適した地である。良好な状態の遺構からも単なる烽火台ではなく、立派な城郭としての構えだ。小規模ながらも、土塁・土壇・竪堀・土橋をはじめとして見どころが多く、草木が成長していない冬場に訪れるのがふさわしい。

　妙浄寺と南部中学校の間にある坂道を進むと、南部城山ふるさと公園の駐車場がある。その先に切通《きりどおし》があり、右手の石段が登城口だ。登ってまもなく、山城の雰囲気が漂う切岸が現れ、山頂近くに馬頭観音がある。

楕円形の平場となっている山頂は、明確な遺構がないことから主曲輪とは考えにくい。山頂から北に延びる尾根上に曲輪が連続して縄張され、最も高い地点にある五角形の曲輪が主曲輪だろう。北側には櫓台《やぐらだい》と考えられる方形の土壇、南側に土塁、東辺には南下方の腰曲輪から入る虎口がある。

山頂と主郭部の間の沢と堀切に挟まれた部分には、南部城山の中では一番大きな曲輪がある。また、鞍部を利用して二本の土橋が架けられた煙硝蔵《えんしょうぐら》跡と伝えられている穴蔵形式の曲輪も興味深い。

主曲輪の北下方に二の曲輪に当たる平場があり、主曲輪とともに主郭部をなしている。主郭部の西斜面には帯状の腰曲輪が数段あり、南北には竪堀を普請して防御を固めている。

二の曲輪の下に配水池、その北側に烽火台と呼ばれる曲輪がある。北斜面には腰曲輪、さらに富士川に突き出した尾根の先端部に細長い曲輪があり、その先端部は塚状に高くなり、物見台の存在が考えられる。

穴蔵形式の曲輪を囲む二本の土橋のうちの一本

真篠城《まじの》

曲輪に続く貴重な畝状竪堀群、見どころ満載の山城

真篠城は富士川西岸の真篠集落北西に位置する城山に築城された。東山麓の駿河へつながる富士川の水運や南山麓の駿州往還の監視とともに烽火台として築かれ、その後に山城として修築された。

国道52号の富栄橋《とみえいばし》西から県道801号に入って東海自然歩道を登ると、反りのある石垣が残る居館跡がある。その先の三差路を右折した集会所の隣に駿州往還入口があり、さらに登って行くと案内板の指示で大手口に着く。ちょうど、大手口では南部町名産の茶畑を手入れしていた元気な男性に笑顔で迎えられた。山頂の古木や埋蔵金など地元ならではの話をうかがい、若さとロマンをもらって城山に入った。ただ、ヤマヒルの季節に入る五～六月は晴れ続きの日を選び、草むら

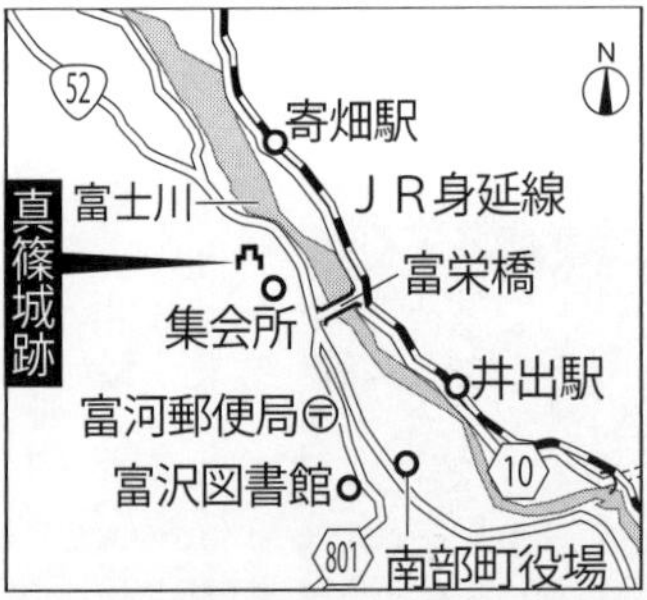

【メモ】南部町福士。ＪＲ身延線井出駅→10分→東海自然歩道→20分→居館跡→２分→三差路→２分→駿州往還入口→３分→大手口→真篠城跡

茶畑に囲まれた城山の全貌

などには入らないことだと忠告を受ける。

大手口から登り始めるとヒノキ林の中に段曲輪、竪土塁状の道を登ると西辺に堅固な土塁がある二の曲輪がある。二の曲輪の西斜面に竪堀、その南側の鞍部を利用した堀切を挟んだ曲輪の南斜面に、真篠城の代表的遺構である九条の畝状竪堀《うねじょうたてぼり》群がはっきりと残っている。

山城の場合、法面《のりめん》が緩く、敵兵が容易に斜面を移動できる場合に竪堀を普請するが、連続した竪堀の存在は圧巻だ。中でも六条の竪堀は曲輪の内部まで延長され、全国に残された城郭の中でも稀な遺構である。

畝状竪堀群の下方には駿州往還が通り、畝状竪堀群は往還からの攻撃に備えていたことがわかる。また、往還を挟んだ南側には城中から張り出して築かれた出城を配して、より一層の防御を固めている。

畝状竪堀群を十二分に堪能した後、二の曲輪に戻って短い竪土塁状の道を登ると、塁で囲まれた桝形の大手口から土塁が周囲を取り囲んでいる主曲輪に入る。虎口は東南隅の大手口以外に西南隅に土塁が喰違いの桝形虎口と北辺の平虎口がある。

主曲輪の西北に三の曲輪があり、さらに西北に延びる尾根上に数段の段曲輪が連続している。段曲輪の先には竪堀とつながっている堀切、その先には三角形の馬出状《うまだしじょう》の小さな曲輪がある。また、三の曲輪の西斜面にも段曲輪と大きな竪堀が残るなど、山梨県指定史跡の見どころが多い見事な城跡だ。

真篠城の創築は不明な点が多いが、川中島の戦いで武田信玄と上杉謙信の一騎討ちの際に信玄を守ったという逸話がある原胤歳《はらたねとし》が警固している。その後、武田氏の親族衆筆頭の穴山氏が修築したと考えられる。だが、天正一〇（一五八二）年の武田氏滅亡に伴って真篠城は廃城となっている。

曲輪内部まで続く畝状竪堀群

福士《ふくし》の城山

福士川の自然地形を生かした甲斐と駿河の国境警固

国道52号の富栄橋西交差点から県道801号へ入って南下すると、道は福士川に沿うように続く。川が大きく蛇行する場所に穴山信君（梅雪）の嫡子である信治（勝千代）の菩提寺の最恩寺《さいおんじ》がある。信治の母は武田信玄の娘見性院《けんしょういん》。一六歳で早世した信治を偲んで見性院が描かせた信治の画像は、最恩寺に保管され、山梨県文化財に指定されている。

最恩寺は武田氏や穴山氏の保護を受けて栄えた。貞享二（一六八五）年に火災に遭い、唯一焼失を免れた二階堂とも呼ぶ典型的な唐様式《からようしき》の仏殿が、国の重要文化財に指定されて現存している。その背後の山が福士の城山だ。

この一帯は戦国時代から近世初頭にかけ、甲斐と駿河

【メモ】南部町福士。ＪＲ身延線内船駅または十島駅→バス→東市停→３分→最恩寺→10分→主曲輪（金比羅神社）

との国境警固のための要衝であった。創築は不明だが、福士川沿いの福士の城山は穴山氏の支配下にあった佐野氏が所管していた烽火台で、徳間や万沢方面からの古道を守っていたと考えられる。その後は山城として使われたと思われる縄張だ。

南部町は南部氏の発祥の地。福士氏も南部氏や武田氏と同様に甲斐源氏だ。南部氏の重臣として仕えた福士氏。南部町役場の場所が福士氏発祥の地とされ、南部氏の奥州下向の際には同行している。

福士氏はかつて「富士氏」といった。霊峰富士に由来する。富士山本宮浅間大社《ふじさんほんぐうせんげんたいしゃ》（静岡県富士宮市）の大宮司富士氏の一族が分かれて武士化となり、「富」の「うかんむり」を「しめすへん」にして「福」としたという伝承がある。真偽は定かでないが、興味深い。

富士川の支流福士川が北・西・南の三方を馬蹄形に蛇行し、半島状になった先端部の比高約四五メートルの山に福士の城山は築かれた。福士川の自然地形で防御を固めた後堅固の城だ。

中皐月橋から望む福士の城山と福士川

登城口は最恩寺の南側にある。山頂の主曲輪は金比羅《こんぴら》神社の境内となり、主曲輪までは

さほど時間がかからず登ることができる。石造物が並ぶ石垣で補強された切通の古道を通過すると、福士川に沿って県道８０１号の火打石《ひうちいし》トンネルに出る。

南部町福士の東市組地区から火打石地区に抜ける切通の古道

切通から山頂をめざすと、左手に細長い曲輪が続き、岩場の堀切を普請して防御を固めている。さらに、土橋から少し登ると台形状の二の曲輪があり、北東隅に主曲輪へ、北西隅には三の曲輪へ通じる道が存在していたようだ。

長方形を呈した山頂の主曲輪の北側奥に金比羅神社が祀られている。東斜面に二〜三段の帯曲輪、北側に大きな三の曲輪、さらにその北側には一段下がって四の曲輪がある。これらの曲輪は今ではスギ林となり、数え切れないほどのスギが青空に向かって一直線に伸びている。福士川に沿った三の曲輪の西側は笹が生い茂り、北西隅に堀状の遺構があり、福士川の流れを望める。

北には竪堀が連なる真篠城、南東には規模が小さな福士の烽火台がある。いずれも福士の城山と同じ名称で呼ばれることがあるようだ。

白鳥山《しらとりやま》城

今川氏と武田氏が戦った戦国遠く、今は恋人の聖地に

富士川沿いの国道52号とほぼ一致する駿州往還（甲州往還・河内路）が南北に走り、その往還が甲斐と駿河の国境にまたがるところに白鳥山が堂々と聳える。標高五六八メートルの白鳥山は、山梨百名山の中で一番低い山だが、山頂からの富士山の眺めは関東富士見百景にも選ばれた壮大な眺望を誇っている。

一帯は白鳥山森林公園として整備され、山頂の展望台からは蛇行して流れている富士川や富士山麓が一望できる景勝地だ。富士川沿いには福士の城山・真篠城や山が削られている葛谷《くずや》城などの烽火台がある。白鳥山は城取山とも記され、甲斐国最南端の烽火台として最適な地であったことがうかがえる。

現在、白鳥山は愛の鐘が響く恋人の聖地。若いカップルだけではなく、熟年夫婦も鐘を鳴らす平和な風景が見

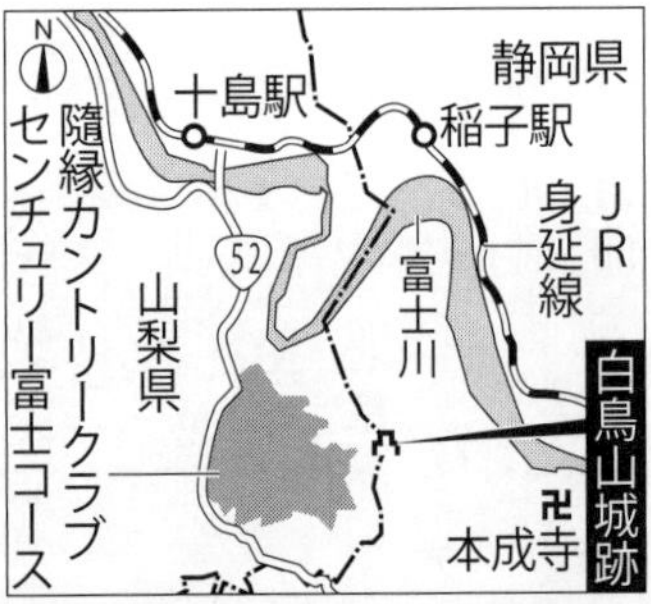

【メモ】南部町万沢・静岡県富士宮市内房。中部横断道富沢 IC または新東名新清水 IC →国道 52 号→白鳥山森林公園駐車場→ 5 分→白鳥城跡

受けられ、武田氏と今川氏が戦った戦国の歴史を忘れさせる。

白鳥山と富士川とは比高が大きいが、現在は車で山頂付近まで行ける。国道52号の万沢トンネル東側のゴルフ場「随縁《ずいえん》カントリークラブセンチュリー富士コース」の脇を進むと正面から富士山の出迎えを受ける。

駐車場入り口付近に二カ所の登城口、どちらからでもすぐに頂上へ辿り着く。体力に自信があれば、白鳥山南東麓の日蓮宗名刹の本成寺《ほんじょうじ》（富士宮市）から九〇分ほどの白鳥山登山道がある。

駿河側の東から南にかけた南東尾根筋を固めた白鳥山城は、明確な城郭遺構は少ないが、山頂に自然地形の主曲輪を置き、南東と北尾根筋に城郭遺構がある。主曲輪は北東面が防御のため地山《じやま》を断崖上に掘削して急斜面とした切岸、南西面は緩やかな斜面となっている。

主曲輪南東尾根筋の急斜面を下ると幅広い鞍部《あんぶ》の堀切、その南下方に段曲輪が連続している。土橋状の尾根を少し登ると物見台的な小丘、その下方に鞍部と空堀状の遺構があり、その先には大手口と考えられる虎

恋人の聖地、主曲輪から望む富士山

主曲輪眼下の南部町の山間部を流れる富士川

口がある。

一方、主曲輪の北下方には土橋状の細尾根があり、曲輪とは断定できないが二つの小さな平場や堀状の遺構がある。また、白鳥山城関連の遺構とは断定できない西側の池代跡では、収穫が終わると植林をする間農林業《かんのうりんぎょう》が営まれていた。

白鳥山城の創築時期は明確ではないが、永正一二（一五一五）年に今川氏親、または天文年間（一五三二～五五）に今川氏輝が武田氏の南下の備えとして築いたとされている。今川氏衰退後に武田氏が白鳥山を領し、永禄一二（一五六九）年の武田信玄の駿河侵攻の際には躑躅ヶ崎館へ伝達する烽火台の一つとして白鳥山城が存在していた。

また、白鳥山城には武田軍が今川軍を欺いた白米伝説が残り、この伝説からも武田信虎が今川氏輝と戦った天文四（一五三五）年の万沢の戦いの頃には、武田氏が白鳥山城を手にしていたことが考えられる。

江戸時代、白鳥山は伊豆の韮山代官の支配下に置かれ、一般の人々は入山禁止の「御留山《おとめやま》」であった。

小菅城《こすげ》

串団子状の連郭式、南斜面に残る大規模な竪土塁

麓にツツジが咲く小菅村役場の裏山に小規模ではあるが、峰続きを遮断する堀切や敵兵の山の斜面の動きを阻止する竪《たて》土塁が良好な状態で残る小菅城跡がある。この裏山は天神《てんじん》山《やま》と呼ばれ、武田信玄・勝頼の時代に足軽大将であった小菅遠江守信景《こすげとおとうみのかみのぶかげ》が小菅城を築いた。同時に天神・地神・八幡を相殿《あいどの》とした小祠《しょうし》を祀ったことが山の名称に由来している。役場裏側の小菅小学校を中心とした高台に居館を構え、天神山は非常時の際の詰城となることから小菅城は平山城の分類に入る。また、小菅城東南の宝生寺《ほうしょうじ》は信景が開基、小菅城南門に位置していた前線の防御施設でもあった。

　小菅城は登山時間が短く、城内にはわかりやすい案内看板も設置され、家族連れでも気軽に歴史散歩ができる。役場の西隣に小菅村保育所、その西側に小菅城

【メモ】小菅村川久保。中央道大月IC→国道20号→国道139号→小菅村保育所→10分→主郭部→5分→箭弓神社

良好な状態で現存する堀切

の登城口がある。登り始めるとまもなく、桝形形式の虎口が残る。虎口は城内、曲輪への出入口であるが、本来は小さく口を開けることを原則として「小口」と記し、その後に虎口と記されるようになった。敵がいったん、虎口に入ったならば、虎の口に例えて外には出られない構えだ。
その先には後世に造られた主曲輪への石段と左右には周囲を巡っている幅が細い帯曲輪がある。主曲輪への石段を登ると、正面に小祠、その裏側の北から西辺に土塁が残っている平場の主曲輪だ。
小菅城は串団子状に曲輪が連続している連郭式の縄張で、主曲輪の西側には堀切を挟んで細長く、小規模な二の曲輪と三の曲輪が続いている。主曲輪と二の曲輪、二の曲輪と三の曲輪の間の堀切は竪堀につながり、二の曲輪の南斜面には大規模な竪土塁を設けて防御を固めている。三の曲輪の北端には鹿倉山《ししくらやま》への登山道が続いているが、その分岐点から戻るように北面の細い道を進んで帯曲輪を一周してみたい。竪堀・堀切や竪土塁が再認識できる。下山は小菅信景が再興した箭弓《やぎゅう》神社への道を下ると、間近にその竪土塁を見ることができるのは嬉しい。

小菅信景は丹波《たば》と小菅を領し、武蔵との国境警備や丹波黒川の金山を支配した。その後も小菅氏は歴代にわたって小菅城主として武田氏に仕え、中でも信景の嫡子忠元《ただもと》は永禄一二（一五六九）年の北条氏と戦った三増峠《みますとうげ》の合戦や天正三（一五七五）年の長篠の戦いで戦功を挙げている。武田氏滅亡後、小菅信有《のぶあり》・信久《のぶひさ》・九兵衛らは徳川家康方に属し、甲斐へ攻め込んで来た北条氏を撃退させ、その戦功で家康の旗本になっている。

南斜面の大規模な竪土塁

大倉《おおくら》砦

忘れられぬ山容、美しい円錐形の国境を守る山城

上野原市の城砦群の中で一番北方に位置する大倉砦。規模が大きく甲斐と武蔵や相模国との国境を守備した最前線の立派な山城と言える。大倉砦が築かれた標高五三六メートルの要害山（城山）は、一度見れば忘れることができない独立した円錐形の山だ。大倉砦の東に鶴川《つるかわ》、南に仲間川《なかまがわ》、北には深いトッケ沢があり、天然の外濠の役割を担っていた。

登城口は現在、上野原市街の国道20号から県道33号に入って鶴川沿いに進み、鏡渡《きょうど》橋を渡って小倉集落を通過すると、山神社から搦手口《からめてぐち》までの登城道がある。また、鏡渡橋を直進して独特な要害山の全貌が望めるトッケ沢に架かる棡原《ゆずりはら》大橋を渡って左折、登下《とっけ》集落から大手口までの登城道もあり、この道は石灯籠がある大倉集落からの登城道と権現山への峠の分岐点につながっている。

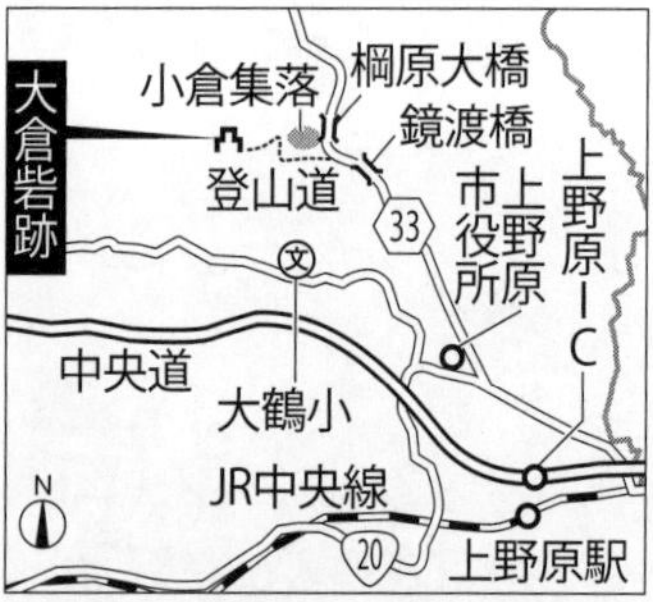

【メモ】上野原市大倉。ＪＲ中央線上野原駅→バス→鏡渡橋停→20分→登城口→25分→大倉砦跡

どの道もハイキング気分で気軽に登ることができ、赤く染まりはじめたモミジが見られる山頂からは真下に上野原市街が見下せ、南方に牧野砦と四方津御前山《しおつごぜんやま》、南東に上野原城、南西には富士山や中央道談合坂《だんごうざか》サービスエリアが望める。

大倉砦の縄張は東西に続く尾根上に曲輪を配置し、最高所の東端に主曲輪、西側に二の曲輪・三の曲輪などの曲輪群が続く。主曲輪を中心に一方向に曲輪が連続する、まさに串団子状の連郭式の縄張だ。秋葉権現堂が祀られている主曲輪の南辺に高さ一メートルの土塁がコの字状に現存し、緩やかな南斜面を防御している。

主曲輪の西と東側に桝形《ますがた》虎口と堀切、北斜面には竪堀が残っている。主曲輪の東下方の腰曲輪は、南側の幅四メートルの帯曲輪と連結し、眺望が良い曲輪だ。そこで弁当を開く憩いのひととき、赤トンボが置いた帽子にとまって一緒に休む。

二の曲輪は四段の段曲輪、南辺に土塁の痕跡、西辺には喰違い虎口がある。三の曲輪は二段の曲輪で、西辺に土塁と大手口の平虎口がある。その西下方にも堀切と小

土塁が現存する主曲輪

トッケ沢と要害山の全貌

さな曲輪が普請されている。

「甲斐国志」に「山ノ中腹ニアリ、平坦ニシテ四方石垣ノ跡アリ、土人城山ト称ス、何人ノ居跡タル事ヲ不知、或ハ云陣鐘ヲ置キシ地ナリト、然モアルベキカ」と記され、大倉砦の成立年代は不明。

武蔵七党の一つ、横山党の一族の忠重が康治年間（一一四二～四四）に上野原に入って古郡《ふるごうり》氏を称している。上野原市文化財保護審議会長の長谷川孟氏は、古郡氏の時代に既に大倉砦は存在していたと話す。古郡氏は建暦三（一二一三）年の和田合戦で、保忠が横山党とともに和田義盛《わだよしもり》に属して戦ったが、義盛は敗れ、古郡氏も滅亡。

その後、加藤兵衛尉（景長か）が上野原に入り、加藤駿河守虎景は武田信虎・信玄に仕え、その子丹後守景忠《かげただ》も勇壮な武将であったが、天正一〇年（一五八二）年の織田信長の甲斐侵攻の際、武蔵箱根ヶ崎（東京都瑞穂町）で討死している。

牧野《まきの》砦

細尾根に堀切が連続、巨岩を切り抜いた大きな堀切

甲斐国最東端に位置する上野原市、相模・武蔵との国境の城砦群の一つに牧野砦がある。牧野砦は東西に延びる細尾根の急峻な山に築かれ、南東で鶴川と桂川《かつらがわ》が合流している。西方の尾根伝いには牧野砦の死角を補う四方津御前山《しおつごぜんやま》が設けられ、桂川南岸には栃穴御《とちあなご》前山《ぜんやま》砦と鶴島御前山《つるしまごぜんやま》、北方の仲間川右岸に長峰砦《ながみねとりで》、大倉には大倉砦が築かれて国境を固めていた。上野原から大月へ至るには桂川と仲間川沿いの道と八ツ沢をさかのぼる道があり、牧野砦は牧野と八ツ沢を結ぶ道の監視に適していた。

ＪＲ四方津駅からバスに乗って牧野停留所で降り、国道20号を東方へ歩くと八ツ沢水槽巡視路の看板が立っているところが登城口だ。枯れ葉が敷き詰められた道を登り始めると、尾根をＶ字状に断ち切って通路とし

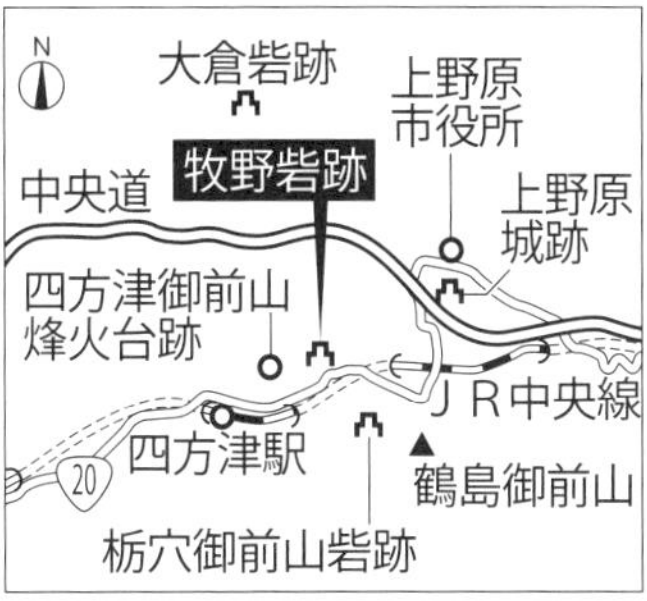

【メモ】上野原市四方津。ＪＲ中央線四方津駅→バス→牧野停→８分→登城口→８分→鉄塔→10分→牧野砦跡

西側の尾根から見た牧野砦

た牧野と八ツ沢を結ぶ峠の切通がある。そこから西の尾根を小鳥のさえずりを聞きながら少し登ると、南東に甲州街道や桂川を挟んで栃穴御前山砦と鶴島御前山、北西に大倉砦、北東には上野原城（内城館）跡を望める送電線の鉄塔へ辿り着く。登り始めてまもないが、自然と休憩の場となる。

　牧野砦は東西に続く細尾根に竪堀につながる六条の堀切と中枢部の東西の二つの曲輪が現存している。二つの曲輪は尾根の最高地点に位置し、西側が主曲輪、東側は二の曲輪と考えられる。

　鉄塔の東側の浅い堀切と横矢掛を通り過ぎた東端に土塁が残る細長い曲輪がある。その東端の北には一段低く、小さな三角形の腰曲輪が付帯している。東端の曲輪から数えて二条目の堀切西側には、牧野砦では最も規模が大きな二段の二の曲輪。現在、二段の段差の南西隅に石塁、東辺には横矢掛の虎口跡が残っている。また、二の曲輪西側は堀切を挟んで小曲輪を配置して主曲輪へ続いている。

　主曲輪も東側が一段高い二段の曲輪。二段の境には石塁、南側には小さな腰曲輪を設けている。主曲輪西側にある岩盤を切り抜いた大きな堀切は、牧野砦の見どころの一つ。良好な状態で堀切が残る牧野砦は、ぜひとも保存整備を望みたいところだ。

城域西端の堀切から尾根伝いに行くと、大きな岩壁の尾根道を経て四方津御前山に続いている。しかし、その尾根伝いには天気が悪い日は滑りやすい馬の背状の危険な岩場や急斜面が待ち構え、高所恐怖症の人や子供は避けたい。それでも、四方津御前山を目指す場合は本格的な登山スタイルと体力の準備が必要だ。

牧野砦の創築は不明な点があるが、上野原市文化財保護審議会長の長谷川孟氏によると、上野原城主加藤氏の将牧野氏が守備したことが考えられるとのことだ。加藤氏は建暦三（一二一三）年の和田合戦に功のあった景長が、都留郡古郡《ふるごうり》郷を賜っている。

また、戦国時代には虎景（別名、光貞・信邦・昌頼）・景忠・信景の時代は加藤氏の全盛期を迎え、富田・安藤・野崎・中島・上条・石井・市川氏の上野原七騎と称する武士団を率いて上野原一帯を支配した。だが、天正一〇（一五八二）年の武田氏滅亡とともに景忠と信景は討死。地元では牧野砦はその後、北条氏の砦になったとする説がある。

主曲輪西側の巨岩を利用した堀切

四方津御前山《しおつごぜんやま》

国境の烽火台網の一つ、城砦構えの縄張

武蔵と相模や駿河の国と隣り合う郡内地方は、国境を挟んで争いが繰り返され、その備えとして城砦群が形づくられていった。郡内に残る烽火台には、鐘撞堂《かねつきどう》・鐘山・城山や御前山とも呼ばれるものがある。

「御前」の名を持つ山は甲斐国志の中でも烽火台と推測される。だが、桂川流域にある御前の名称がつく山は集落が近接し、共通して山頂か山腹に祠が祀られている。そのため、集落の神が祀られて尊称された御前山に烽火台が築かれたとする説もある。

四方津の桂川沿いに甲州街道（国道20号）が通る。その北に、今は通信施設の電波塔がある標高四六〇メートルの四方津御前山が聳えている。「甲斐国志」には「御前

【メモ】上野原市四方津。ＪＲ中央線四方津駅→15分→登城口→20分→四方津御前山跡

栃穴集落から見る四方津御前山

山ト云フ、是レ又人工ヲ用イテ切リ平ゲシ山ナリ。烽火台ノ跡ニヤ」とある。

上野原市中央部に位置する四方津御前山は桂川と八ツ沢に挟まれ、東方の尾根伝いにある牧野砦の西側の死角を補うために築かれた烽火台とされている。

三角点がある山頂を主曲輪とし、主曲輪東側に腰曲輪と堀切、西側には二の曲輪に相当する二段の帯状の腰曲輪、北側斜面にも五段の腰曲輪がある。電波塔がある東端部は小山状に突き出て、牧野砦を眼下に望む。四方津御前山は単なる烽火台ではなく、城砦として整備されていたとも考えられる縄張だ。

JR四方津駅から国道20号に出て、東へ向かって歩く。国道沿いに樹勢が旺盛なウラジロガシがある鼓楽《こらく》神社を過ぎ、「コモアしおつ入口」交差点を上る。四方津トンネルを抜けた先にある大きなヘアピンカーブでは、山肌に巨岩が剥き出している四方津御前山が眼の前に迫る。カーブを曲がった右手に烽火台への登城口があり、緑色の鉄製階段を上ると整備された登城道が続く。枯れ葉の絨毯で埋め尽くされた道を登ると冬でも額から汗、滑りかけては冷や汗も出る登城だ。

城道を登り続けると山頂西側に、四方津御前山の中では一番大きな平場の二の曲輪が現れる。北辺には桝形状の虎口があるようだが、竹藪でわかりにくい。

主曲輪は東西一二メートル、南北八メートルの楕円形の平場。北と南面は急斜面となり、東側は小さな曲輪を経て、堀切で尾根を遮断している。堀切には土橋が架けられ、その先は通路になった細尾根が続き、東側には岩場を利用した虎口が残る。

現在、電波塔が独占している物見台からはパノラマ状に景色が楽しめ、かつての甲斐と相模の国境を見渡せる。山々に囲まれ、北方に大倉砦、東方眼下に牧野砦、桂川対岸の栃穴御前山砦や鶴島御前山を眺めながら、国境の戦いを想像する。相模湖へ向かって流れる桂川と上野原市街を眺めながらの昼食も、気分がいいものだ。

主曲輪東側に残る堀切

物見台の北東隅に追い出されたような小さな石祠があり、東斜面はロープを頼って下らなければならない急斜面だ。その先にもスリリングな岩尾根が待ち構える尾根伝いは、牧野砦へと続いている。

栃《とち》穴《あな》御《ご》前《ぜん》山《やま》砦

桂川右岸、三角形の御前山に築かれた城砦

上野原から大月にかけてＪＲ中央線の南側を流れる桂川沿いには、鶴島御前山や四方津御前山、西方の綱之上《つなのうえ》御前山や斧窪《おのくぼ》御前山・駒橋御前山など「御前山」と名付けられた山が集中している。

御前山は、国境警備や情報伝達のための烽火台跡とされている。栃穴御前山砦と鶴島御前山の距離は五〇〇メートル。同じ年代の烽火台としては近すぎて不自然だ。「鶴島御前山は烽火台として考えるが、栃穴御前山砦は御前山の名称を削除して栃穴城山または栃穴砦と呼ぶべきだ」と上野原市文化財保護審議会長の長谷川孟氏は話す。

栃穴御前山砦は桂川を挟んで牧野砦や四方津御前山と対峙し、桂川右岸に三角形に近い標高四三一メートルの

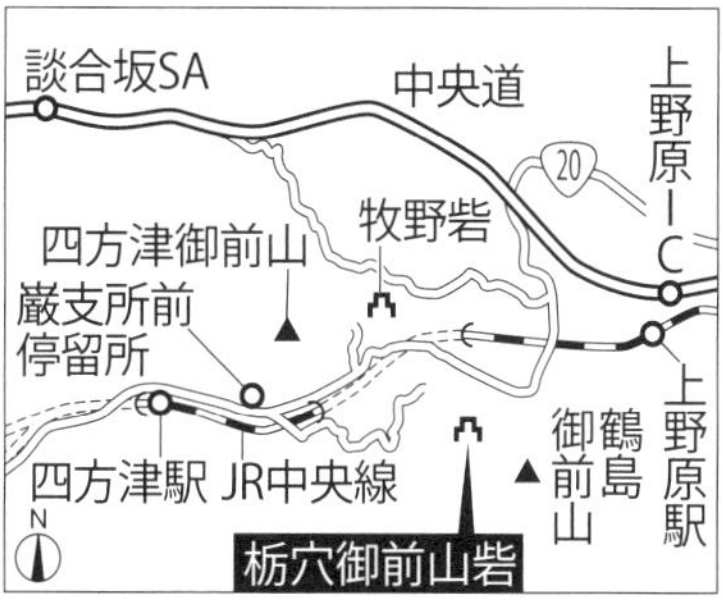

【メモ】上野原市四方津。ＪＲ中央線四方津駅または上野原駅→バス→巌支所前停→ 25 分→登城口→ 10 分→分岐点→ 10 分→物見台→ 5 分→主郭部

桂川に架かる杖突橋から眺める山容

急峻な独立峰に築かれた城砦だ。相模との国境を守り、多くの桂川沿いの烽火台とともに甲斐への異変を知らせる烽火台の一つであったと考える。しかし、それ以上に牧野砦とともに郡内方面への要路を守っていた城砦だろう。

国道20号の久保入口交差点から南に入り、中央線沿いを上野原駅方面に向かって栃穴集落をめざす。四方津御前山や牧野砦の山容を眺めながら進むと、山梨百名山の一つで、周辺の山の中でも一段と高い高柄《たかつか》山（標高七三三・二メートル）を正面に望む栃穴集落の中に三筋の登城道がある。

栃穴集落には白馬伝説が残る勝善大権現宮がある。その前の道路を挟んだ畑地の中の墓地脇から登り始めると、三筋が合流する地点に着く。ここからは厳しい急斜面をひたすら登り続ける山登り。山頂を前にして小さな石祠が祀られている自然岩の物見台が現れる。この物見台は、敵兵を迎え撃つ横矢をかけるのに好都合な位置にある。東に細尾根を利用した土橋と堀切があり、それを過ぎると栃穴御前山砦の主郭部だ。

栃穴御前山砦の縄張は山頂に主曲輪、その東下方に二段の腰曲輪、登ってきた北西に延びる尾根上に四段の曲輪、さらに幅五メートルの堀切を隔てて土塁が残る三段の曲輪がある。良好に残る戦国時代の遺構を見ると、栃穴御前山砦は単なる烽火台ではなく、小規模ながらも見事な城砦であったことが納得できる。

現在、山頂はコナラの木とクマザサに覆われている。コナラには手書きで「栃穴御前四三一m」と書かれた看板が巻かれ、山頂を示している。南の尾根続きは五〇〇メートル先に見える鶴島御前山（標高四八四メートル）へとつながり、トラロープに頼らなければ滑り落ちるほどの急斜面の下りだ。

主曲輪は東西に長い段差のある二段の曲輪となり、段差に石積みが残っている。東と東南に突出部があり、東の突出部には二メートル四方、深さ五〇センチの桝形状の石積みの窪地、東南の突出部には小山状の土壇が残っている。

東の二段の腰曲輪は下段の腰曲輪縁辺部に石塁が残り、下段の腰曲輪は栃穴御前山砦の中では最もきれいな平場だ。斜面は雑木林が覆い、眺望が遮られているが、雑木林の隙間から桂川を見下ろすことができる。

栃穴御前山砦の築城者や築城年代は不詳だが、戦国時代の遺構が残っていることから、烽火台として利用された後に城砦として整備されたことが考えられる。

主郭部西側の大きな堀切

鶴島御前山《つるしまごぜんやま》

物見台や烽火台に最適の山頂、西端にV字形の奇岩

ＪＲ中央線上野原駅のホームから南西方向に二つの御前山が並び立っているのが見える。東側が標高四八四メートルの鶴島御前山、西側の三角形の山が標高四三一メートルの栃穴御前山だ。

上野原から大月にかけての桂川沿いには、御前山と名づけられた山がいくつかある。戦国時代の烽火台跡と伝わる。鶴島を東端として、栃穴・四方津・綱之上《つなのうえ》・斧窪《おのくぼ》・駒橋《こまはし》の御前山が西方へ点々と続く。

郡内地方にあった烽火台は城山や鐘撞堂などの名称で伝わるものがあるが、「甲斐国志」では御前山と名のつく山も烽火台と推測している。

桂川流域に存在する御前山には、集落に面した山頂や山腹に祠が祀られているという共通点がある。集落の神が祀られているため、御前山と尊称されて

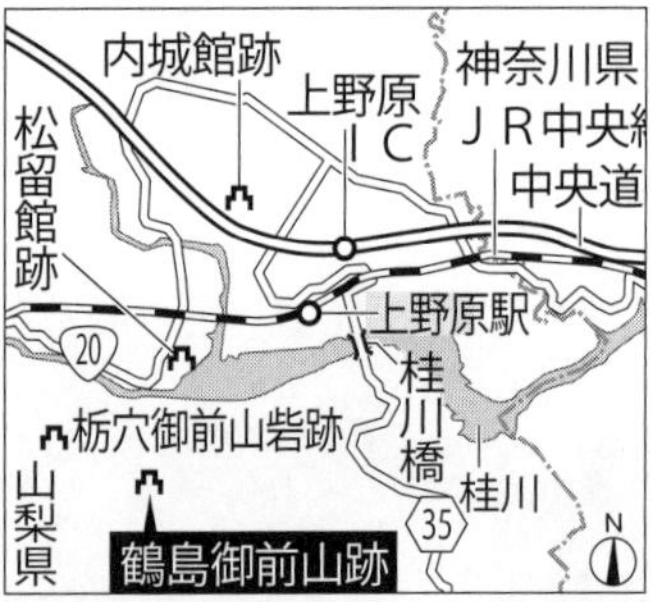

【メモ】上野原市鶴島。ＪＲ中央線上野原駅→３分→桂川橋→20分→登城口→35分→主曲輪→３分→Ｖ字形の奇岩→５分→鞍部→15分→栃穴御前山砦跡→15分→栃穴集落→10分→吊り橋→40分→四方津駅

いる。鶴島御前山や栃穴御前山にも石祠が祀られている。
峰続きの鶴島御前山と栃穴御前山は、あまりにも近すぎるため、烽火台としての実態には謎が残る。「甲斐国志」に「本村（鶴島村）ノ西ニアリ　栩穴《とちあな》御前ト相並ベリ故ニ此ヲバ鶴島御前ト称ス　山頂平坦ノ地日向屋敷ト云　土人相伝テ小俣日向守ト云者居館ナリトゾ　其辺ニ門前・駒門・馬飼ナド云地アリ」と記され、鶴島御前山の山頂に居館があったと伝えている。

上野原駅南口から桂川に架かる桂川橋へ向かう。橋から望む鶴島御前山と栃穴御前山の眺めは、天然の外濠だった桂川とマッチして素晴らしく、思わず足を止めてしまう眺めである。橋を渡ったらすぐに右折し、駒門集落を通って鶴島御前山麓へ近づく。集落の奥に墓地があり、その先が登城口だ。

登城道は岩場が多い急斜面が続くため、トラロープを頼りに登ることとなる。東西に延びる尾根上に細長い平場があり、東端に稲荷社が祀られている。そこまで辿り着けば、山頂は目の前だ。山頂は三角点や石祠がある小さな平場となっている。「甲斐国志」は居館があったと伝

桂川橋から二つの御前山
（左：鶴島、右：栃穴）を望む

ウサギの耳やカニのはさみの形に似たＶ字形の奇岩

えるが、地形や遺構からは考えにくい。北方は開けていて、生《しょう》藤山《とうさん》や陣馬山《じんばさん》が望め、内城《うちじょう》館（上野原城）や松留《まつどめ》館、鶴川上流には大倉砦も確認できる。上野原市街も見下ろせ、物見として烽火をあげるには最適だ。かつては烽火台で、桂川流域や甲州街道を守る物見や周辺の城砦群と連携していたのだろう。

山頂の西側は雑木林となっているが、細長い曲輪が東西に続いている。細尾根を西方へ進むと、ウサギの耳やカニのはさみの形に似たＶ字に並ぶ二つの奇岩が堀切の先にある。その先は急崖となり、栃穴御前山や四方津御前山、山梨百名山の高柄山《たかつかやま》などの山々が望める。この場所も物見に適している。

帰路は奇岩から登ってきた道を戻ることになるが、体力と時間があれば急斜面の栃穴御前山を登り、四方津駅へ向かうコースをお勧めする。

距離は短いものの、厳しい山道が待ち構えている。奇岩の手前北側からいきなりロープを頼って下る急斜面がある。桂川の流れが望める鞍部に着くと、今度はロープを頼りに登る岩場の急斜面。その先の栃穴御前山の山頂には曲輪などの遺構がある。こちらは烽火台というより、砦と呼ぶのがふさわしいようだ。

花咲鐘撞堂《はなさきかねつきどう》

舌状台地先端の天狗山、合図の鐘を撞いた伝えの城

大月市の下花咲と上花咲地区は江戸時代、甲州街道の宿駅として繁栄した。下花咲地区には一里塚跡や本陣として問屋、名主だった豪農の星野家住宅がある。現在、国重要文化財の主屋や籾・味噌・文庫蔵の建物と家相図が残る。

一方、上花咲地区には標高四一七メートル、比高三〇メートルの天狗山《てんぐやま》がある。桂川と笹子川が合流する中央自動車道大月インターチェンジに近く、突き出した舌状台地の先端に位置する。笹子川左岸の西方寺《さいほうじ》や住宅地北側に向け、北西から南東に延びる尾根の先端だ。山頂には中央道の開通で社地を失った金比羅・諏訪・弁財天などの諸社が移されている。

戦国時代、広域の領土を統《す》べるには、いかに的確に迅速に情報を伝えるかが重要だった。本城や支城へ情報を

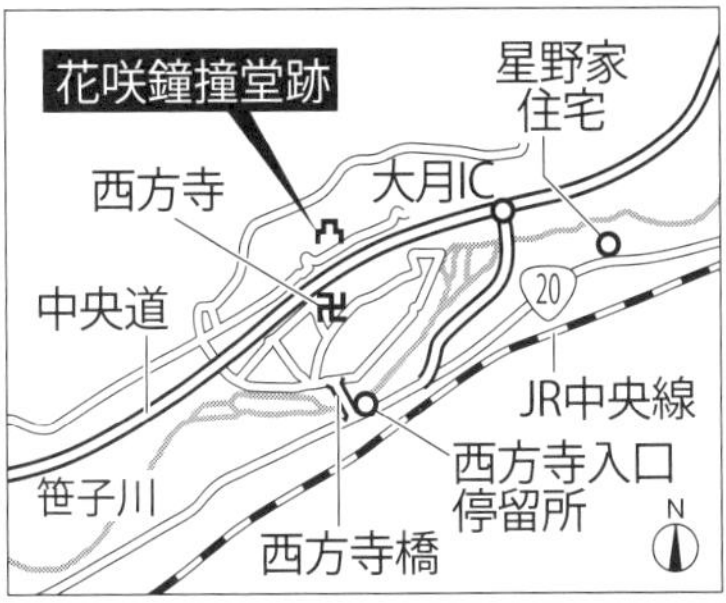

【メモ】大月市大月町花咲。ＪＲ中央線大月駅→バス→西方寺入口停→３分→西方寺→３分→登城口→５分→主郭部

伝達するための「伝えの城」は、見晴らしが良い山や舌状丘陵部の先端に築かれた。伝えの城では緊急時に烽火をあげ、雨天や濃霧の際には鐘・ホラ貝・太鼓で合図を送っていた。その伝達手法から呼称がつけられている。

天狗山には花咲鐘撞堂と呼ぶ伝えの城が存在していた。鐘を打って岩殿城へ伝達したのだろうか。山梨県内には、ほかに船津鐘撞堂・大石鐘撞戸（いずれも富士河口湖町）・鐘撞堂山烽火台（市川三郷町）・鐘撞（推）堂山（甲府市）・道志《どうし》鐘撞山《かねつきやま》（道志村）・忍野《おしの》鐘山《かねやま》（忍野村）など、鐘を設けた伝えの城があった。

「甲斐国志」に「本村ノ北、山ノ中腹ニアリ。上平坦ニシテ広シ。崖下ニ堀ヲメグラシ、山腹ニ差出シ地ナリ。土人唯屋敷趾トノミ伝ヘテ居人ノ姓名ヲ失ヘリ。思ニ是戦国ノ時相図ノ鐘擣シ跡ナルベシ」と記されていることから、花咲鐘撞堂という名前になった。都留市史では、屋敷跡の伝承もあるため、花咲城と記している。

ＪＲ中央線大月駅からバスに乗り、西方寺入口停留所で降りる。笹子川が流れ、遊歩道

諸社が祀られている主曲輪に残る土塁

の手すりが付いた天狗山が望める。東方三キロの露出した岩肌が特徴的な岩殿城を眺めながら、西方寺橋を渡って西方寺をめざす。一三歳の法然上人像に南無阿弥陀仏を唱え、西方寺裏側の中央道を潜るトンネルを抜けて右手に上って登城口へ。短い九十九折りの遊歩道を上り切ると主曲輪だ。

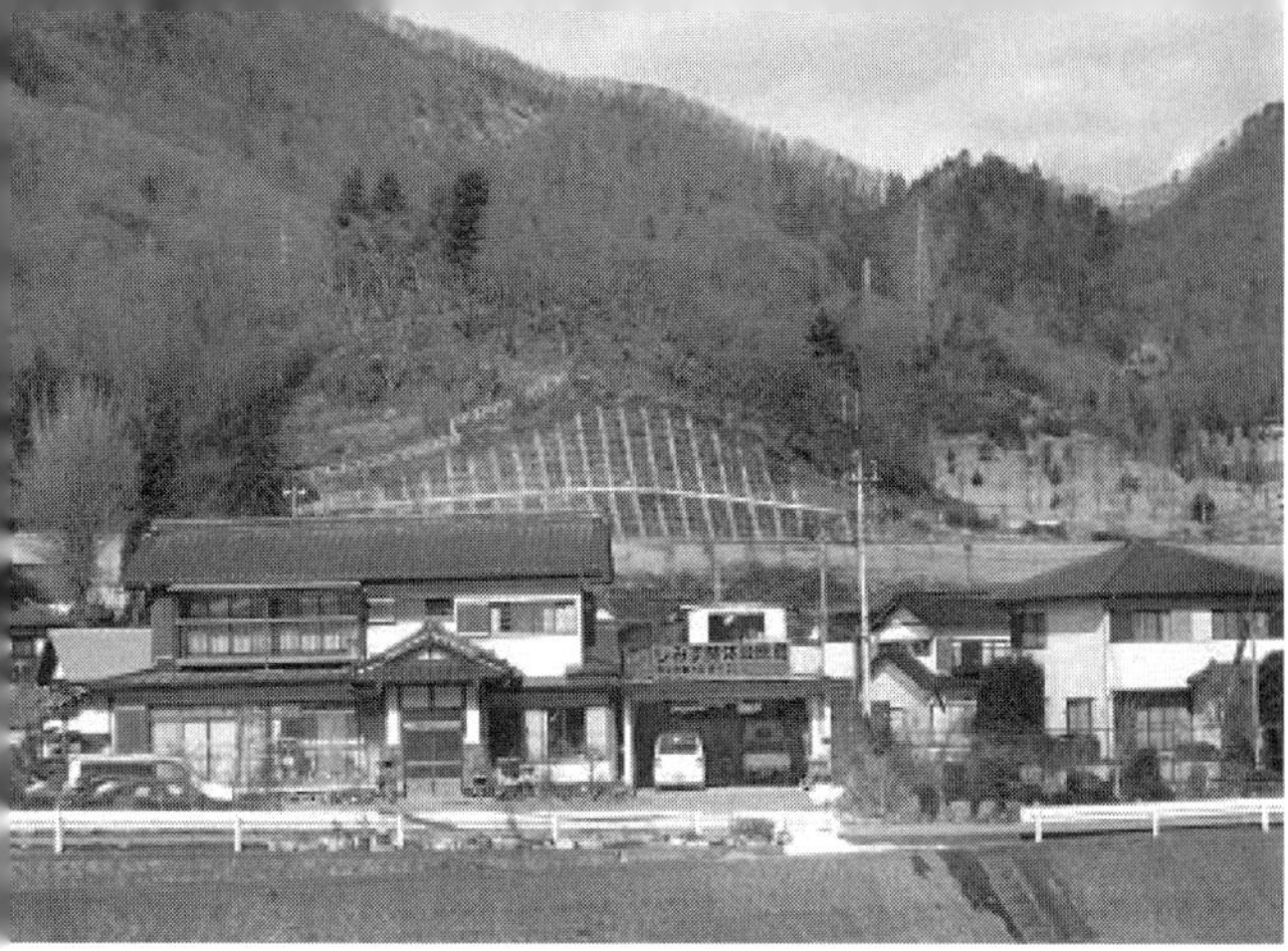

南側の笹子川右岸から望む天狗山（中央の小山）

花咲撞鐘堂の東西は山脚《さんきゃく》が迫る。山頂からは南眼下に中央道・笹子川・中央線や花咲地区を見下ろせ、北側にはゴルフ場がある。

主曲輪は南東と南西端がやや突き出した長方形で、東西二三メートル、南北三四メートルの規模だ。北辺に高さ一メートル、幅四メートルの土塁が残り、諸社が祀られている。主曲輪の南と東下方に帯曲輪が付設されている。北西は幅九メートル、深さ一・五メートルの堀切で尾根を遮っていたが、現在は道路建設でなくなり、斜面にはその延長線上の竪堀が残っている。

西側に二の曲輪がある複郭式の縄張だったと考えられるが、現在は主曲輪への道がつくられて壊され、主曲輪だけの単郭式となっている。

駒橋御前山《こまはしごぜんやま》

山頂の絶壁の岩場、御前岩からの眺望は抜群

ＪＲ中央線大月駅の約二キロ南東に岩峰《がんほう》の御前山が聳えている。郡内地方に集中している御前山の一つだ。桂川流域に存在する御前山は集落に近く、山頂や山腹に祠があることから、集落の神を祀る山の尊称だという説もあるが、「甲斐国志」では「御前」の名を有する山は烽火台と推定している。

大月市大月町駒橋にある御前山には「駒橋御前山」と呼ぶ烽火台が存在していた。「甲斐国志」に「駅ノ南ニ当ル山ヲ云　此峯岩石高ク峙《そばだ》チ南ノ山足ハ小沢村ナリ　頂上少シ平地アリ　旁ニ小祠アリ　土人御前山ト称ス　按ルニ御前ト称スル山処々ニアリ　恐ラクハ烽火台ノ跡ナルベシ」と記されている。北方の桂川の先に岩殿城、東方の桂川の支流・小沢川の先には猿橋の城山がある。

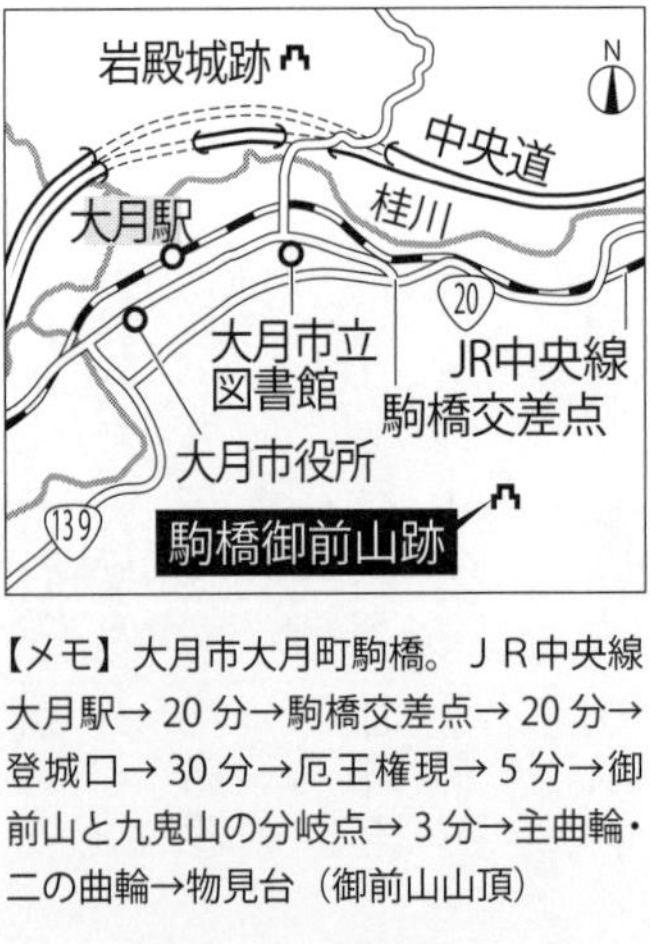

【メモ】大月市大月町駒橋。ＪＲ中央線大月駅→ 20 分→駒橋交差点→ 20 分→登城口→ 30 分→厄王権現→ 5 分→御前山と九鬼山の分岐点→ 3 分→主曲輪・二の曲輪→物見台（御前山山頂）

スリリングな御前岩から壮大な眺望を楽しむ

大月駅から国道20号を東へ歩くと、駒橋交差点に「厄王山道《やくおうさんどう》」と刻まれた石碑があり、そこから御前山の山頂をめざす。まず、石碑の隣にある案内板の「御前山・厄王山奥の院」と書かれた方向に歩を進める。

しばらく歩くと、厄王山四合目の石標と鳥居がある地点に着く。ここが登城口だ。あふれる新緑と紫色の大きなフジの木が迎えてくれる。五月のそよ風が汗ばんだ肌に当たり、心地よい。風が止まると一斉に聞こえる小鳥のさえずりが、背中を押してくれる。

厄王山十合目の石碑がある厄王山の山頂には巨岩に抱かれた堂に厄王権現が祀られている。堂の前は視界が開け、北西に滝子山《たきごやま》や雁ヶ《がんが》腹摺山《はらすりやま》などの山並みが望める。景色に見惚れていると、八ヶ岳登山の足慣らしに来ていた熟年夫婦が山並みの説明をしてくれた。

再び、登り始める。岩場や急傾斜の難関が待ち構え、それを越えると案内板が目に入った。ここが御前山と九鬼山《くきさん》の分岐点だ。九鬼山の案内の方向には堀切と物見のような岩場がある。反対の御前山の案内に従って進むと、すぐに笹が群生している曲輪があり、南東の隅には竪堀が残る。その先が神楽山・猿橋からの登城道との合流点となり、その一帯が主曲輪だ。

主曲輪は南北に長く、現在は草地や雑木林になっている。「この先崖、行き止まり」と注意書きの看板が見える。注意しながら草をかき分けて入ると、中央西辺に穴蔵《あなぐら》形式の土塁で囲まれた窪地、その北に櫓台らしき土壇がある。主曲輪の北下方に鉤《かぎ》形《がた》状の土塁が残る二の曲輪がある。主曲輪と二の曲輪との間には堀切があってもおかしくないが、切岸だけで防御を固めている。二の曲輪の北側は細尾根が急落し、大きな岩峰へと続く。

主曲輪南側の高いところは御前岩と呼ぶ御前山の山頂だ。狭い岩場だが、物見台として利用されたと考えられる。足がすくむほどの絶壁になっている岩場からの眺望は抜群。富士山をはじめ扇山《おうぎやま》・陣馬山・高尾山・倉岳山《くらたけやま》・高畑山《たかはたやま》・九鬼山など多くの山々を望め、山間には猿橋の集落が見える。岩場に腰かけた女性がじっと山を眺め、二人連れの女性が岩場で弁当を広げ、景色を楽しみながら会話をはずませていた。

駒橋御前山はどこに烽火台が置かれたかは不明だが、単なる烽火台ではなく、砦として機能していたのだろう。

御前山と九鬼山の分岐点に残る堀切

岩殿《いわどの》城

鏡岩が露出の峻険な山城、関東三名城の一つ

ＪＲ中央線の車窓から大月駅の北側に目をやると、迫力がある異常に大きな岩壁の山肌に驚く。岩殿山である。南と北面は絶壁、東西面は厳しい尾根道、山頂南側直下には鏡岩《かがみいわ》と呼ぶ礫岩《れきがん》が露出した峻険かつ奇怪な山容の山だ。標高は東京スカイツリーの高さと同じ、ムサシ（六三四メートル）。春にはサクラと富士山がマッチングする眺望が楽しめる。

岩殿山には武蔵と相模の国境を固める重要な拠点として岩殿城が存在し、駿河の久能山《くのうざん》城や上野《こうづけ》の岩櫃《いわびつ》城（吾妻城）とともに関東三名城の一つとして、武田軍学書の甲陽軍鑑に記されている東国屈指の堅固な山城であった。山麓の南側に桂川（相模川）、北東側には葛野《かずの》川《がわ》が流れて岩殿山を迂回し、両川が天然の外濠の役を担っている傑出した山城である。

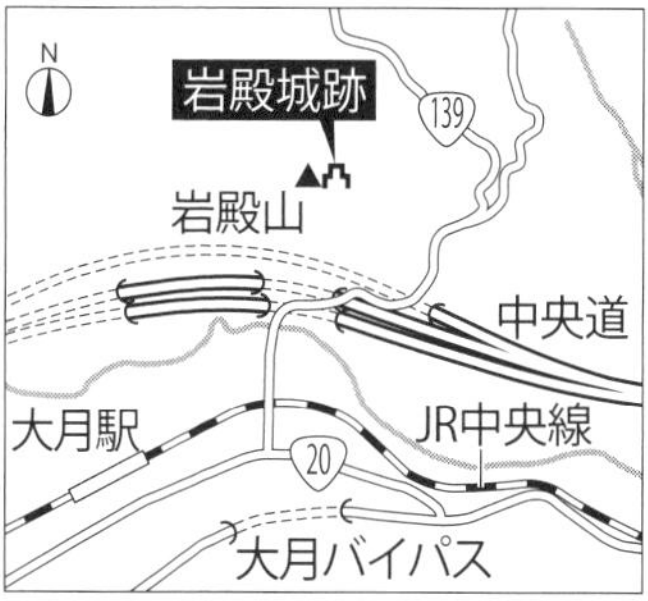

【メモ】大月市賑岡町。ＪＲ中央線大月駅→ 50 分→大手口→ 10 分→揚城戸・番所跡・西物見台跡・馬場・南物見台→２分→用水池→５分→段曲輪・主曲輪→ 10 分→七社権現洞窟

飲用水の亀ヶ池と馬洗い池

　現在、岩殿山ふれあいの館へ向かう整備された登城口ができているが、足腰に自信があれば大手筋の道を登ってみたい。国道１３９号沿いの高月橋《たかつきばし》駐車場を西側に曲がり、中央自動車道を潜った先に登城口がある。途中、滑りやすく、崩れかけた道を注意しながら登ると、堀切が残る大手口に辿り着く。大手口から西側を登ると兜岩《かぶといわ》と稚児《ちご》落としの大岩壁、東側は岩殿城の主郭部への大手道が続く。

　息をはずませながら大手道を登ると岩殿山ふれあいの館を経由して登る石段と合流。そのまま頂上を目指すと天然の巨岩を切り開いた揚城戸《あげきど》と呼ぶ城門跡がある。誰もが記憶に残る往時のヒトの智恵による作事だ。巨岩裏側には番所《ばんしょ》跡が南に突き出している。その先に西物見台跡や馬術の練習の場と考えられる馬場《ばば》と呼ぶ帯曲輪、乃木大将の石碑があるところは鏡岩を利用した南物見台跡で、現在も甲州街道の国道20号や桂川を眼前に大月市街を見下ろせ、山梨百名山、新富嶽百景、秀麗富嶽十二景に選ばれている景勝地だ。

馬場の南下方には今も水が湧き出ている亀ヶ池と馬洗い池と呼ぶ石組みの井戸が良好な状態で現存している。馬場東側の電波塔が建っている最高所が主曲輪だ。馬場との間に蔵屋敷跡や段曲輪、主曲輪の東斜面には二つの堀切と東物見台が残っている。また、主曲輪の東南面に搦手道があり、中腹には城兵の詰所としても利用された七社権現洞窟がある。

岩殿山は九世紀末頃に天台宗の円通寺として開創され、戦国時代に相模・武蔵方面からの侵攻に備えた武田氏が岩殿山に烽火台を築いた。その後、北条氏との間で軍事的緊張が高まると大月市一帯の領主であった小山田氏が本格的な山城を築いた。

鏡岩など岩盤が露出している岩殿山

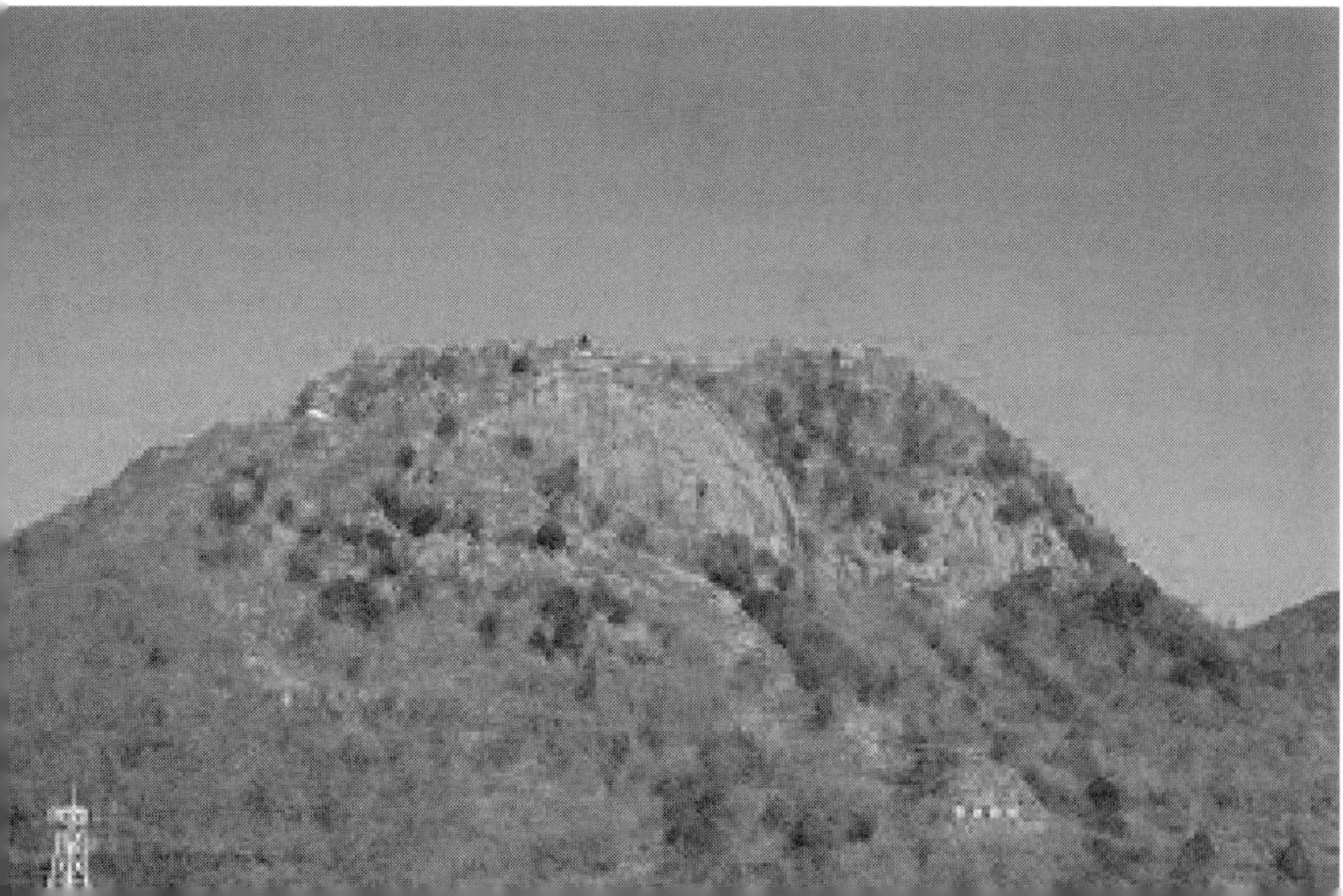

駒宮《こまみや》砦

今も明確に現存する尾根の東西に四条の堀切

大月市七保《ななほ》町葛野《かずの》と七保町駒宮集落の裏山は、地元では天神山として親しまれ、麻生山《あそうさん》へ続くハイキングコースにもなっている。北側から葛野川、東側からは浅川川《あさかわがわ》が流れ、合流点の北側にある標高四九六メートル、比高一五〇メートルの天神山に駒宮砦が築かれた。

駒宮砦は御前平の烽火台とも呼ばれ、立地から南方の岩殿城と小菅・丹波山地域を結ぶ烽火台的な役割を担い、岩殿城北方の防御として築かれたと推測される。

国道１３９号から駒宮集落に入って春日神社を目指し、神社の先にある天神峠の案内板に従って登っていく。集落を通り過ぎたところから、麻生山へ向かう本格的な山道に入る。季節はずれのキチョウが舞っていたのに驚きながら登ると、すぐに天神峠の看板が見えてきた。そこから、遊歩道をはずれて西方のヒノキ林

【メモ】大月市七保町駒宮・浅川・葛野。ＪＲ中央線猿橋駅→バス→富岡停→ 10 分→駒宮春日神社→ 1 分→登城口→ 5 分→天神峠→ 5 分→駒宮砦跡

の尾根伝いへ行くと、ひと目でわかる駒宮砦東端の堀切が現れる。

駒宮砦は単なる砦や烽火台としてではなく、東西の尾根に現在も見事に残る四条の堀切を設け、東西に並ぶ三つの曲輪が連郭式に縄張された小規模ながらも立派な山城形式だ。三つの曲輪は中央の曲輪が最高所に位置することや構造からも主曲輪だろう。

東端の堀切の西側にある東曲輪は三角形の小さい曲輪、東端の堀切に面して土塁が現存している。北側の一段下がったところには、細い帯曲輪が付設されている。

最高所に位置する中央の主曲輪は、北辺を除く三辺に土塁が良好な状態で現存。特に東辺は高く、そこには礫石《つぶていし》のような拳大《こぶしだい》の石が散在している。南辺には土塁を切った虎口があり、下方の帯曲輪へ通じている。虎口近くには崩壊している祠、安政年間（一八五四〜六〇）に建てられた阿弥陀仏と刻まれた墓碑がある。下城は帯曲輪から急な南斜面を下り、墓

良好な状態で残る西端の堀切

主曲輪南下方の帯曲輪

地を通って県道511号に出る。

主曲輪西側の西曲輪は一番大きな曲輪で、不定形な三段の曲輪となっている。主曲輪に面する辺と中央部に土塁、南側には屈曲したL字状の曲輪と帯状の小曲輪が現存している。L字状の曲輪の堀には畝が存在しているようだが、土砂が埋まって表面上では確認できない。また、西端の堀切のさらに西側は少し傾斜したナラやマツ林の平場となっている。

駒宮砦の歴史は謎だ。地元には平将門や相馬《そうま》氏の子孫の拠点であったという伝承があり、そのためか上和田集落には相馬の姓が多い。周辺には常門塚（将門の五輪塔）と呼ばれる五輪塚、将門の霊と相馬氏を祀《まつ》った相馬（常門・御嶽）神社などがある。山間に囲まれた風景は、まるで平家の落人の終着地のような雰囲気。歴史のロマンを感じさせるエリアだ。

駒宮集落には養蚕業が盛んであった時代をしのぶ、甲《かぶと》造りの大きな家屋が多く、のどかな地でもある。

猿橋《さるはし》の城山

桃太郎伝説が残る岩殿城への伝達網の烽火台

甲州街道の桂川に架かっていた猿橋は、安藤広重や葛飾北斎が描いた浮世絵に登場する。両岸から太い刎木《はねぎ》が四層に重なる反り橋で、日本三奇橋の一つに数えられる。山中湖《やまなかこ》や忍野八海《おしのはっかい》を水源とする桂川が富士山の溶岩流上を流れ、深い渓谷を形成している。六月下旬～七月中旬には三千株のアジサイが咲き誇り、秋には紅葉などの自然の美しさに見惚れる。猿橋の形状がよく調和し、素晴らしい景観をみせるこの渓谷は、国の名勝に指定されている。

猿橋の北方には、モモにまつわる百蔵山《ももくらさん》が聳えている。周辺に犬目《いぬめ》・鳥沢《とりさわ》・猿橋集落の地名があり、九鬼山から岩殿山に逃げた鬼を退治したという桃太郎伝説も残る地区だ。

ともに山梨百名山の百蔵山と扇山の山容がひときわ目

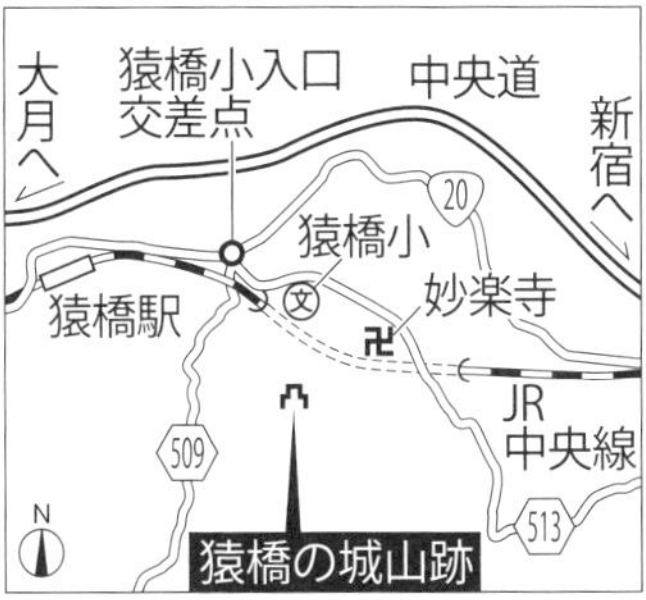

【メモ】大月市猿橋町藤崎。中央道大月IC→国道20号→猿橋小入口交差点→県道513号→妙楽寺→5分→獣よけ柵→20分→猿橋の城山跡

北側から望む猿橋の城山

立つ中、猿橋の南方三キロに標高五四四メートルの猿橋の城山がある。猿橋小学校の南側、妙楽寺《みょうらくじ》背後の山だ。

郡内地方は河内地方と同様に山々が居並ぶ烽火台が多い地区。猿橋の城山も岩殿城へと結ぶ烽火台の一つと考えられ、岩殿城から東へ、駒橋御前山・猿橋の城山・斧窪御前山・綱之上御前山・四方津御前山が、ほぼ二〜三キロの間隔で連携している。さらに、牧野砦・栃穴御前山・大倉砦・長峰砦が配置され、相模との国境の防御を固めていた。

烽火台は特に甲州街道沿いや桂川・鶴川・葛野川流域に多く、国境や街道、河川を防御、監視していた。郡内地方には城山として伝わる烽火台のほか、烽火の代わりに鐘を撞いたと考えられる鐘撞堂や鐘山、集落の神を祀ったことから名がつく御前山がある。

猿橋の城山の創築は不明だが、「甲斐国誌」には「駅ノ東南ニ城山ト云山アリ　高サ一町許　上平坦ニシテ礎石ノ跡アリ　蓋烽火台ナルベシ」と記される。猿橋の城山から南西二キロに駒橋御前山、北西三キロに岩殿城が位置する。東方の桂川流域の状況を岩殿城へ伝える役割を担ったのだろう。

臨済宗妙楽寺からは比高二〇五メートルの山登りだ。墓地から登っていくと間もなく獣よけの柵がある。桃太郎伝説が脳裏をよぎり、「今日はサルとの出会いはご遠慮だ」と思う。柵から入ると城山の東面を登ることとなる。その途中、スギ林となっている東西に細長い曲輪に着き、ひと息つく。

細長い曲輪の正面は急崖だ。そこを四つんばいになりながら登りきると、東方の展望が開けた腰曲輪に辿り着く。腰曲輪は東へ傾いた斜面だが、物見にも適している。ヒノキ林となっている山頂の主曲輪は、東西二〇メートル、南北九メートルの規模で、南側に土壇が残る。国土地理院の三角点があり、ヒノキには「猿橋城山五四四・六」と標高が記された木札がくくり付けられている。土壇の南面は岩の断崖となっている。

北と西下方にも腰曲輪は付設され、北下方には幅五メートルの堀切を経て、共同聴視増幅器のアンテナがある細長い尾根が続く。その先端部は物見台として使われたと考えられる岩場がある。少人数なら、この先端部で昼食を取りながら素晴らしい眺めを楽しんでいただきたい。

主曲輪の南側に残る土壇

鎌《かま》田《た》氏《し》館

二つの河川が合流する舌状台地、後堅固の要塞

ＪＲ鳥沢駅の南東に居館の存在を示す「堀の内」と呼ばれている地がある。西から南に桂川、北から東に軽沢川《かるさわかわ》が流れ、両川合流地点の舌状台地に鎌田氏館が築かれていた。両川を天然の濠とみなし、その内側であることから堀の内と名付けられたという。

平安時代以降、在地領主は周囲に堀と土塁を巡らせた居館を築いて武装化し、領主の居館を堀の内と呼んだ。その後、関東地方を中心に領主直営田《えいでん》をさす地名として堀の内が登場している。

鳥沢駅から甲州街道（国道20号）の宿場町の面影を残す鳥沢宿の家並みを歩く。甲州街道から南西へ入った軽沢川に架かる遠堀橋《とおほりばし》や桂川に架かる虹吹橋《にじふきばし》から見下ろすと、思わず足がすくむほどの天然の要害であることが一目瞭然。

鎌田氏館は三河の長篠城（愛知県新城市）や美濃の墨俣城《すのまたじょう》

【メモ】大月市富浜町鳥沢。ＪＲ中央線鳥沢駅→15分→鎌田氏館跡（諏訪神社）

（岐阜県大垣市）などと同様、二つの河川によって防御が固められている後堅固《うしろけんご》の城だ。後堅固の城とは、背後に浦・谷・湖・沼・川などを備えた天然の要害に築かれた城郭をいう。

鎌田氏館は北東に斧窪御前山、北方に山梨百名山の扇山と百蔵山、南方にも倉岳山や高畑山などの山々を望める。現在、中心部に鎌田氏館の鎮守であったと考えられる諏訪神社、周囲は住宅地や農地となっている。鎌田氏館の遺構は残っていないが、規模は一五〇〇平方メートルとされ、大月市指定史跡として後世に伝えられている。

信濃の諏訪大社を勧請した地元の守護神の諏訪神社は、水の神として生活用水や五穀豊穣、中世では戦勝・武運長久の祈願が行われた。境内には枝ぶりが見事な大月市指定天然記念物のケヤキの巨樹が直立している。

建暦三（一二一三）年、鎌倉幕府の権力争いで北条義時と和田義盛が争った和田義盛の乱で、甲斐国都留郡古郡郷を支配していた古郡氏は、親族関係であった和田義盛に加担。だが、戦いに敗れ、最後は自刃して古郡氏は

天然の外濠の役割を担う桂川、
虹吹橋から見る後堅固の城

戦勝・武運長久の祈願を行ったと伝える諏訪神社

滅亡した。戦後、鎌田兵衛尉《ひょうえのじょう》は古郡氏遺領の福地郷と呼ぶ鳥沢一帯を論功行賞によって幕府から分与された。

鎌田兵衛尉の人物像については不明だが、平治元（一一五九）年、平清盛との戦いの平治の乱に敗れた源義朝とともに東国へ逃れる途中、舅の長田《おさだ》忠致《ただむね》を頼って尾張国知多郡野間（愛知県知多郡美浜町）へ落ち延びたが、忠致の裏切りで謀殺された。殺された兵衛尉は正清《まさきよ》だという説がある。

しかし、「平治物語」では平治元年に正清が兵衛尉となり、名を政（正）家と改名したと記されている。また、「吾妻鏡」には、建久元（一一九〇）年と翌年の条に鎌田太郎の名があり、建久五年の条には鎌田正清の娘が源義朝と正清のために仏事を修し、将軍家から尾張国志濃幾《しのき》（愛知県春日井市）と丹波国田名部（京都府舞鶴市）の二つの庄の地頭職に補任された記録がある。

建暦三（一二一三）年に福地郷を与えられた兵衛尉が正清と別人なのか、または正清の名で正清の娘に与えられたものかは謎だ。

古渡《こわた》城山

鹿留川と桂川が合流する天然の濠に囲まれた要害

都留市の古渡集落北側にある古渡城山（標高五八三メートル）は、山梨百名山の石割山《いしわりやま》を源として流れている鹿留川《ししどめがわ》と桂川が合流する直前で北東へ大きく流れを変える屈曲点に築かれた。鹿留川の重要な渡河《とか》地点に当たり、「古渡」という呼び名もこれに由来するものだろう。

富士急行線東《ひがし》桂《かつら》駅から国道139号沿いのバス停古渡入口を南へ入った直後、桂橋を渡ると正面の鉄塔がある小山が古渡城山だ。すれ違う小学生と元気よく挨拶を交わしながら、鹿留川沿いを歩く。古渡橋を渡って直進すると、道なりの集落の中に登城口がある。登城口からは尾根道を歩く都留自然遊歩道が延び、遊歩道を登り始めたところが古渡城山だ。

山というよりも丘と言った方がふさわしいほど比高が

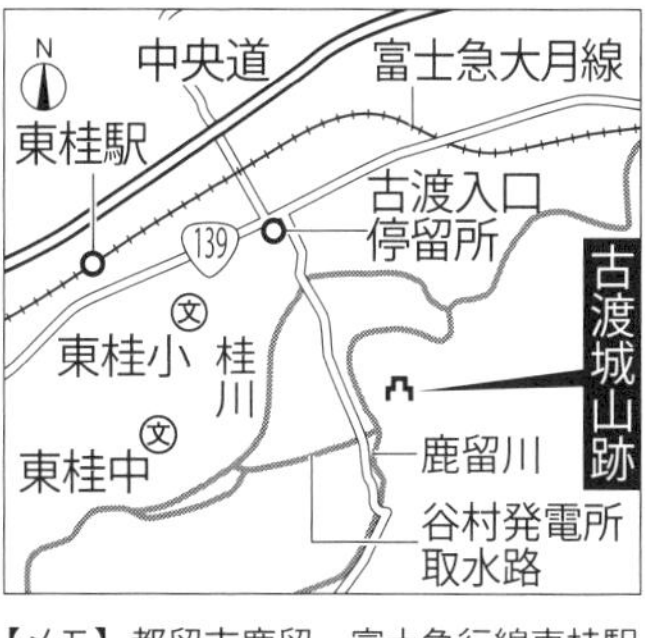

【メモ】都留市鹿留。富士急行線東桂駅→15分→登城口→1分→古渡城山跡（住吉神社）

低い。南東から北西に延びる尾根上に古渡城山はある。とはいえ、城山の西側に鹿留川が南から北へ、そして東へ屈曲して桂川と北東側で合流するため、天然の濠に囲まれた要害だ。現在、当初の城域であった山頂の主曲輪に住吉神社が鎮座し、堀切には参道の石段がつけられている。

主曲輪南側の二の曲輪は主曲輪のあとに普請されたと考えられる。その間には鳥居が建てられている小曲輪を挟んだ堀切がある。地形から二の曲輪の東側に三の曲輪が存在する可能性もある。つまり、古渡城山はL字状の城域で、増築された二の曲輪と三の曲輪は同時期の普請と考えることができる。

現在、スギ林となっている二の曲輪は規模が大きく、北から東辺に続く鉤形状《かぎがた》の立派な土塁が残り、遊歩道は土塁跡と考えたいところ。南側に段曲輪、東側には帯・腰曲輪が現存し、西南には竪堀らしき遺構がある。この二の曲輪は城兵の駐屯地として利用されていたと考えられる。

主曲輪は神社建築の際に改変された可能性もあるが、西辺から本殿裏側に鉤形状の高い土塁が残り、土塁で南北の二つの曲輪に区分していたとも考えられる。西斜面には竪堀、

参道となっている堀切跡

北から東斜面には帯曲輪が付帯され、主曲輪から見下ろすとよくわかる。西辺の土塁上からは谷村発電所取水路とのどかな景色が望める。

主曲輪北側に鉄塔が立つ斜面状の平場があり、北東斜面には竪堀の存在が考えられる。北東に蒼竜峡《そうりゅうきょう》団地、遠くには勝山城を望むことができ、東の急斜面を下ると、群生したススキの中を通りながら楽山《らくやま》・田町公園方面への遊歩道が続いている。

鉤形状に残る二の曲輪の土塁

古渡城山についての詳細は不明ではあるが、「甲斐国志」に「急ヲ谷村ヘ告ゲ又西ハ吉田、船津ヘ告ゲシナルベシ」と記されている。これを根拠に、武田氏に属していた小山田氏が城山の山頂に烽火台を設置し、谷村と吉田・船津烽火台との間をつないでいたとされている。武田氏一七代信縄が伊勢新九《いせしんく》郎《ろう》盛時《もりとき》の甲斐侵攻を撃退した文亀元（一五〇一）年頃、小山田氏が古渡城山を守備していたことも考えられる。

武田氏滅亡後、徳川家康と北条氏政・氏直父子が武田領の所有を争った天正一〇（一五八二）年の天正壬午の乱の際、御坂《みさか》城を築いた北条氏が徳川氏に対する備えとして古渡城山を修築したとされる。その際に南、そして東側に城域を拡大させたのだろうか。

与《よ》縄《なわ》館

秋山往還と朝日川の押さえ、東西に三つの曲輪

甲斐国の「桃太郎伝説」。大月市にそびえる山梨百名山の一つ、百蔵山で誕生した桃太郎は、上野原市の「犬目」で犬を、大月市の「猿橋」と「鳥沢」で猿とキジを引き連れ、大月・都留市境の九鬼山に棲《す》む鬼を退治したという伝承だ。霊峰富士や市街地を望める九鬼山は、都留市二十一秀峰の一つにも数えられている。

その南方の都留市東部に桂川の支流朝日川が流れるのどかな与縄地区がある。右岸に日向、左岸には日影と呼ぶ集落があり、日向は日照時間が長く、日影は周辺の山並みで陰になる時間が長い。そこから、地名が付いた。

日影集落背後の河岸段丘縁辺部に築かれた与縄館は与縄城・日影城・平城とも呼ぶ。東のミヤマ沢、西のミノグチ沢で東西が画され、現在も西側は深い谷となって天

【メモ】都留市与縄。富士急行線禾生（かせい）駅→バス→日影停→５分→与縄館跡→５分→天正寺

然の濠を形づくっている。南方背後には詰城と考えられる上ノ山が控え、往時は朝日川沿いに秋山往還が通っていた。

与縄館は戦国時代に谷内（谷口）豊後守が築いて居城としたと伝えられているが、その人物像はわかっていない。だが、谷内豊後守は朝日川流域を支配した土豪と伝わる。天正元（一五七三）年、源義政が日影集落の南の山に隠城を築いたとも言われている。

一本松がある主曲輪西側の大規模な空堀

郡内を支配した小山田氏の時代、与縄館は相模方面に対する防御の拠点として利用され、秋山往還と朝日川を押さえていたと考えられる。西方二五〇メートルに小山田越中守信有《のぶあり》の娘が建てた天正寺が存在するが、現在は無住の寺院となっている。与縄館との関係が興味深いところだ。

与縄館は東西一八〇メートル、南北八〇メートルの規模で、東西に三つの曲輪で構成された単純な縄張だ。規模が最も大きい中央の曲輪が主曲輪だろう。主曲輪と西曲輪の間には西堀と呼ぶ幅一八メートルの空堀が残り、堀の中の一本松が館を見守っているかのようだ。堀底部は耕作地で浅くなっているが、往時は見事な規模だったことだろう。

朝日川に架かる与縄橋の南側の住宅地に、館を囲むように舗装された細い林道が通る。与縄館をめざして東側から五分ほど登ると東曲輪の平場が現れる。その先を少し進むと竹林となっている東堀を挟んで主曲輪がある。畑の西北隅に鉄塔がある広い曲輪だ。主曲輪南側の林道は空堀を埋め立てたものと伝わるが、空堀の存在は不確かだ。

それぞれの曲輪の北斜面には帯状の腰曲輪がある。特に主曲輪の北側には明確な二段の帯状の腰曲輪が残る。竪堀も普請した北側の防御を意識している縄張だ。主曲輪の北東隅に櫓台《やぐらだい》状の高まりがあるが、縄張図に櫓台の存在は記されていない。宅地や畑地として開発され、知名度も低い与縄館だが、遺構が良好な状態で残る貴重な中世の城館跡である。

竪堀が残る北面の城壁

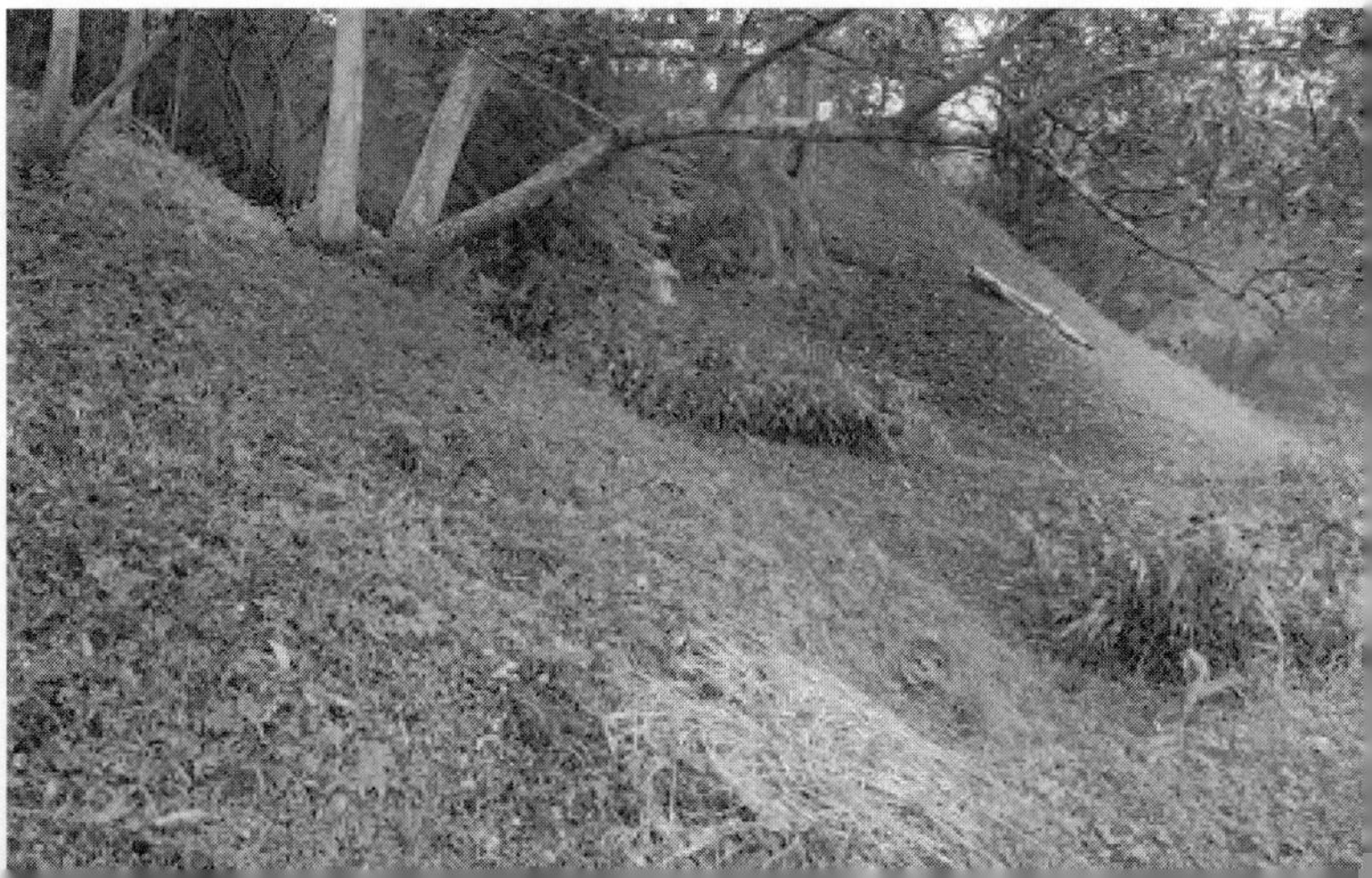

中津森《なかつもり》館

小山田信有が居住、静寂な田園地帯に屈曲する堀跡

中津森館は獅子岩《ししいわ》で桂川と合流する支流大幡川が流れている段丘上に築かれ、現在は彼岸花が咲くのどかな田園風景に変わっている。一年を通して四季の移り変わりを体感できるエリアだ。

富士急行線都留市駅からバスに乗り、金井停留所で降りると小山田氏の菩提寺用津院《ようしんいん》、その西方二〇〇メートル進んでから坂道を二〇〇メートル上ったところに同じく小山田氏菩提寺の桂林寺《けいりんじ》、その両寺の間に中津森館が存在していた。桂林寺には中津森館の備えの水として大切にされていた叶が池《かのうがいけ》が今も満々と水をたたえて残る。叶が池は雨乞いが叶うことから叶井《かない》と呼ばれ、現在の金井の地名へ転じている。

北に桂林寺山、東に桂川、南に大幡川《おおはたがわ》、西側には沢が

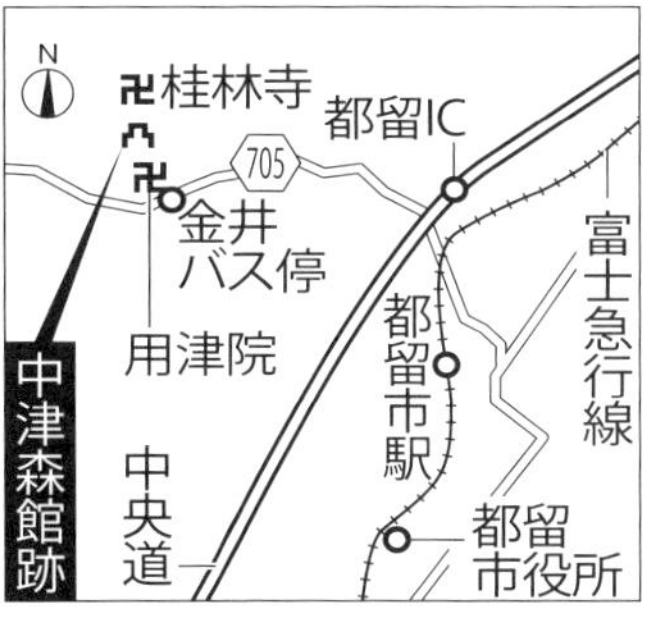

【メモ】都留市金井。富士急行線都留市駅→バス→金井停→２分→用津院→２分→中津森館→２分→桂林寺

桂林寺から見下ろす中津森館

控える天然の要害の地に築かれた中津森館は、戦国期の城館の立地条件として優れていた。だが、地形的には城下集落の発展が難しい欠点を兼ね備えていた。

周辺を山に囲まれ、眺望が利かない中津森館は、周囲が山々に囲まれた谷戸式の構えである。信濃の小諸《こもろ》城(長野県小諸市)のように周辺より低い穴蔵《あなぐら》式の地形だ。桂林寺から江戸川、大幡川に向かって地形が南側に傾斜しているため、桂林寺からの眺望は中津森館を中心に田園風景を見渡すことができる。

現在、農耕地となっている中津森館は二〇〇メートル四方の規模とされている。現存する明確な遺構は少ないが、水田となっている泥堀《でいぼり》と呼ぶ堀跡が屈曲しながら現存している。縄張は開墾でわかり難いが、複数の曲輪が配置され、桂林寺前の馬場跡という広い平地も中津森館の一部であった。

南側の用津院の裏山に当たる小高い丘が土塁の役

割を担い、そこには物見台が置かれていたことが想定できる。現在、丘は墓地化が進んでいるが、勝山城の一部と谷村烽火台が望める。

　中津森館を築いた小山田氏は坂東八平氏《ばんどうはちへいし》の秩父氏分流、武蔵多摩郡小山田荘の別当であった有重《ありしげ》が祖である。有重の子行重（行幸）が有重の所領の一部である都留市の田原郷を継ぎ、郡内小山田氏の祖となっている。中津森館の創築年代は不明ではあるが、享禄三（一五三〇）年に中津森館が焼失するまで小山田氏の本拠であった。

　武田勝頼を自刃に追い込んだ小山田信茂。その父信有は天文元（一五三二）年に新たに谷村城を築いて移り、中津森館は廃館となっている。平成一八（二〇〇六）年に中津森館の試掘調査があったが、中世の遺物とともに平安時代の住居跡や遺物が多量に出土している。

鉤型状に残る大規模な堀跡

谷村《やむら》烽火台

呼び方様々の岩が露出する蟻山、主曲輪からの眺望は抜群

都留市役所や谷村第一小学校一帯に、かつて谷村館があり、館の西方の城山には勝山城が存在していた。東には標高六五八メートル、比高一七〇メートルの独立峰の蟻山《ありやま》が聳える。ここに谷村烽火台が築かれていた。蟻山は見る方向によって違う山容を見せるため、呼び方も様々ある。谷村では音岩（かつては乙岩）、深田では茶臼山、法能《ほうのう》では獅子岩と呼ぶ。

蟻山の山頂からは富士山や都留市街が見下ろせる景勝の地だ。東方は相模との国境方面、西方は大幡川方面を見渡せ、道志や秋山などの東側国境から受ける連絡の中継が、谷村烽火台の主たる任務だったと推定される。

関東八平氏の流れをくむ小山田氏が、武蔵国小山田荘から現在の都留市田原に土着した。「甲斐国志」には、

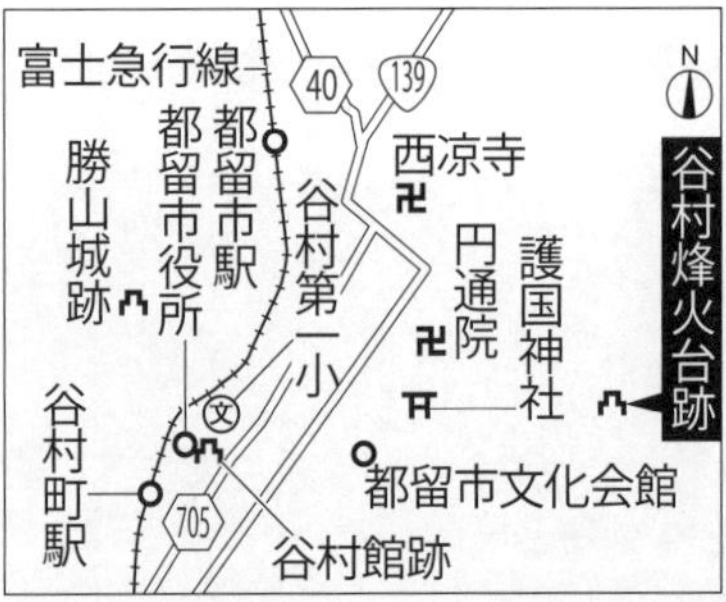

【メモ】都留市下谷。富士急行線谷村町駅→15分→登城口→20分→谷村烽火台跡→15分→西凉寺

小山田荘別当の有重の子五郎行重が田原に封じられたと記されている。

　享禄三（一五三〇）年、用津院と桂林寺（ともに都留市金井）の間に存在していた小山田氏の居館、中津森館が焼失した。小山田越中守信有は同五年、居館を国境に近い交通上の要衝で、富士信仰の道者が多かった谷村へ移した。近世に入ると、その谷村館跡に谷村城が築かれた。出羽守信有と信茂は武田氏に属し、天正一〇（一五八二）年に武田氏が滅亡するまで、谷村は郡内の政治の中心となった。

西側の勝山城から望む谷村烽火台

　谷村烽火台の構築年代は定かではない。「甲斐国志」に「是小山田繁栄ノ比、急ヲ郡中ニ告ゲシ烽火台ナルヘシ」と記されている。単なる烽火台にしては規模が大きく、谷村館の西にある勝山城が谷村館の詰城だったが、東の谷村烽火台も砦としての役割が考えられる。

円通院《えんづういん》南側にある住宅地の路地を入り、自然遊歩道の案内板に従って蟻山へ入る。尾根筋にある田町公園への矢印に従って登り続けると、電波塔がある山頂の主曲輪に辿り着く。

　乙岩との呼び名があるように至るところで岩が露出し、

平場は極めて少なく、居住するには適していない。狭小な主曲輪は北半分が岩場で、南半分に電波塔が占拠し、山頂の立ち木に「のろし山六五八M」の木札が付けられているだけで、遺構はない。

だが、主曲輪からは三六〇度の眺望が楽しめる。尾崎山・鹿留山・倉見山に囲まれた富士山が東方に見え、西方を向くと勝山城と谷村館の全体像を俯瞰することができる。厳しい山登りの疲れを忘れさせてくれるひと時だ。

山頂からは東・北・南西の三方向に尾根が分かれている。登ってきた道は南西の尾根筋。東の尾根筋には三段の曲輪が続き、その先に谷村烽火台で最も大きな堀切が残る。緩やかな東の尾根筋からの侵攻を防御する役割を果たしていた。

主曲輪の北東斜面には二段の小さな腰曲輪が残る。北の尾根筋を下ると細長い曲輪があり、その先に小曲輪を挟んで、竪堀に続く小規模な三条の堀切が残っている。堀切の先の細尾根を下り、再び登ったところに城門とも考えられる岩場や烽火台として使われたとも考えられる曲輪がある。そのまま田町方面へ下ると西凉寺《さいりょうじ》に出る。

堀切を歩く城跡の愛好家グループ

勝山《かつやま》城

浅野氏重が修築した近世城郭、本丸に櫓台や野面積みの石垣

サクラが散り、ウグイスの鳴き声に誘われ、淡い新緑に覆われた城山の勝山城へ登る。

勝山城は桂川を隔てた対岸の独立峰《どくりつほう》上の城山に築かれた山城の勝山城と桂川に面した平城の谷村城を城域とする平山城だ。姫路城・彦根城・熊本城・和歌山城・丸亀城などを代表とする平山城は山地と平地の両地にわたって築かれ、山上に防御的な施設、山麓に居館など日常の居住区をもつ地形上の形態である。

勝山城は桂川が北東から北西へ流れて天然の外濠とし、西と南の山裾には大きな堀を構築して城域を形成させた独立した山城であった。

富士急行線谷村町駅前から線路沿いに南へ歩き、踏切を越えた先にある城南橋を渡り、道なりに進んで右に入ると現在、畑となっている外堀跡がある。その先の勝山

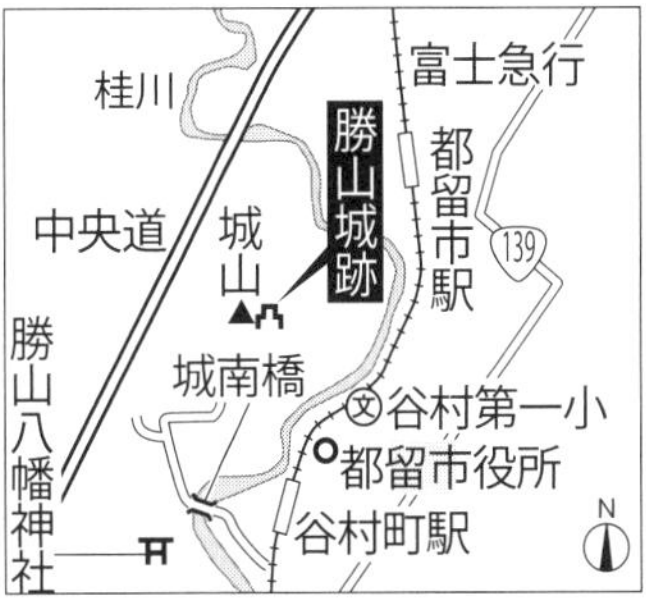

【メモ】都留市川棚。富士急行線谷村町駅→15分→遊歩道南口→15分→本丸

城の説明板の縄張図を確認してから整備されている遊歩道南口へ入る。

遊歩道を歩くとすぐに大きな空堀が現れる。いきなりの遺構の登場に期待を抱きながら進むと、都留市役所や谷村第一小学校になっている谷村城跡をはじめとする都留市街を見渡せる川棚《かわだな》見張台。眺望の良さに思わず佇む。ひと休みした後、再び登り始めると三の丸・帯曲輪・二の丸・本丸と続く。遊歩道に沿った本丸南面には槌で石材を積み易く加工した打込み接《はぎ》と呼ぶ技法の石塁《せきるい》の一部が残っている。文禄年間（一五九二〜九六）に石積み工法が急速に進歩したことがうかがえる。

山頂の本丸は南東隅が突出し、西辺に櫓台と土塁の一部が現存しているが、往時は土塁が周囲を囲んでいた。現在、櫓台には東照大権現が祀られている。また、北面には近江の穴太衆《あのうしゅう》で名高い、自然石を積み上げた野面《のづら》積みの石垣が現存しているので足元を注意しながら観察したい遺構だ。

城山は登って来た南側以外に本丸の東と北側の尾根にも曲輪群を配している。東方の曲

櫓台に東照大権現が祀られている本丸

輪群の中には火薬庫である焔硝蔵跡《えんしょうぐら》、その先に源生《げんしょう》見張台がある。北側の曲輪群は堀切によって独立させ、江戸幕府へ献上する宇治の茶を貯蔵した御茶壺蔵跡や大沢見張台がある。また、西面は鉤形の二の丸と同様に南の尾根から西側山腹を半周して北尾根に至る部分に内堀が西側の守りを固めている。

本丸北面に残る野面積みの石垣

天文元（一五三二）年、小山田越中守信有が中津森から移って谷村に居館を構え、その後も小山田氏三代が武田氏重臣として郡内地方を統治した。小山田氏の滅亡後、北条氏、さらには徳川家康の家臣鳥居元忠が郡内を支配。その後、羽柴秀勝の家臣三輪近家・加藤光吉・浅野氏重《うじしげ》が支配した。勝山城は文禄三（一五九四）年に浅野氏重が築いたと伝えられているが、小山田信有が谷村館の詰城として築いたとする説が浮上している。つまり、浅野氏重は勝山城を近世城郭として、修築したこととなる。

その後、鳥居成次《なりつぐ》・本堂茂親《ほんどうしげちか》・秋元泰朝《あきもとやすとも》・富朝《とみとも》・喬知《たかとも》と続き、喬知が宝永元（一七〇四）年に川越へ移封すると勝山城は廃城となり、郡内は谷村代官の支配下となった。

御坂《みさか》城

圧巻な富士山の眺め、北条氏が御坂路の最大難所に築城

甲斐と駿河を結んでいた御坂路（鎌倉往還）の最大難所に築かれた御坂城。全国の城跡の中でも御坂城は、武田信玄が落城させた木曽氏の標高一七六〇メートルの贄川《にえかわ》城（長野県塩尻市）に次ぐ標高一五七〇メートルと群を抜く標高だ。そのため、御坂山の尾根筋からの富士山と河口湖の景観は、厳しかった山登りの疲れをすっかり忘れさせ、下山を躊躇させるほどの圧巻な眺めが楽しめる。

天正一〇（一五八二）年の武田氏滅亡後、甲斐は北条氏政・氏直父子と徳川家康の争奪の場となり、北条氏は御坂峠に氏政の弟氏忠に陣取らせて甲斐国への侵攻を図った。一方の家康は、笛吹市八代町の小山城に陣城を構え、鳥居元忠を配置して迎え撃った。その際、北条氏は武田氏の要塞を整備し、新たに御坂城を築いて陣城と

【メモ】富士河口湖町河口、笛吹市御坂町。ＪＲ中央線甲府駅または富士急行線富士山駅または河口湖駅→バス→三ッ峠入口停→1分→登城口→90分→御坂峠→主曲輪→南曲輪→北曲輪→40分→御坂山→70分→天下茶屋→60分→三ッ峠入口停

御坂山尾根筋から見る富士山と河口湖

したのだ。

国道137号の新御坂トンネルの河口湖側から県道708号に入ったところに案内板が立つ御坂城の登城口がある。御坂路の登城道は、西側から峠の茶屋の廃屋がある御坂峠までの道幅が広い、九十九折りの道。汗を拭き拭き、水を何度も補給しながら登る途中には門跡や竪堀が残っている。

御坂城は御坂峠を城内に取り込んだ珍しい形式で、御坂峠両側の御坂山から黒岳に向かって延びる峠の鞍部の稜線上に築かれた。曲輪の配置は南北の長い尾根を利用し、南北両端の高所と尾根の鞍部に曲輪を置いた特異な縄張だ。

主曲輪は鞍部の三段の方形曲輪で、三ヵ所の虎口、南側に丸馬出や三日月堀が残っている。馬出は敵兵の攻撃から虎口を守備し、城兵の出入りを確保する虎口の前に配置した小さな曲輪の一種である。北条氏の城は虎口の前に四角の角馬出を築くことが多いが、御坂城には武田氏特有の丸馬出とその外側に弧状の三日月堀が残る。

主曲輪の西南には、土塁と東西両面に空堀が残る細長い二段の曲輪がある。特に西面の空堀は長大な二重堀となり、竪堀とともに御坂城の見どころの一つだ。御坂城は遺構の規模からも徳川軍に対する西面の防御を強化させていたことがわかる。さらに土塁の延長線上を登ると、喰違い虎口や竪堀が残っている南曲輪がある。

再び、御坂峠まで戻って見事な竪堀に沿って北側を登ると、そこは周囲が空堀で囲まれた北曲輪。この北曲輪は御坂城では一番大きな曲輪で、西側に角馬出、北側には小さな馬出状の曲輪とその東面に竪堀が残っている。また、北曲輪の北方の尾根筋は、作家太宰治や井伏鱒二が滞在した天下茶屋へ続くハイキングコースとなっている。その途中に富士山と河口湖や北アルプスを望む絶景の地がある。

遊歩道となっている土塁、西面には直線状に残る二重堀が現存

天上山《てんじょうさん》烽火台

民話カチカチ山、山頂からの富士山の眺望は圧巻

河口湖南東に位置する天上山は、民話「カチカチ山」の舞台だ。背中に火をつけられたタヌキが、河口湖をめがけて急斜面を駆け下りたという昔話が残る。御坂峠の天下茶屋に滞留した太宰治も、この民話をヒントに「お伽草紙《とぎぞうし》」を執筆している。

現在、河口湖畔から富士山パノラマロープウェイで山頂近くまで行くことができる。ゴンドラを降りると、出迎えてくれるのはタヌキとウサギのモニュメント。富士山に向かって「天上の鐘」を鳴らすカップルのほかにも、家族連れや多くの団体客も訪れる。だが、大半の方はこの場所に烽火台が存在していたことはご存じないだろう。

天上山との間の河口湖畔には御坂路（鎌倉往還）が通り、御坂峠を越えて国中地方へ入る要衝の地だ。確

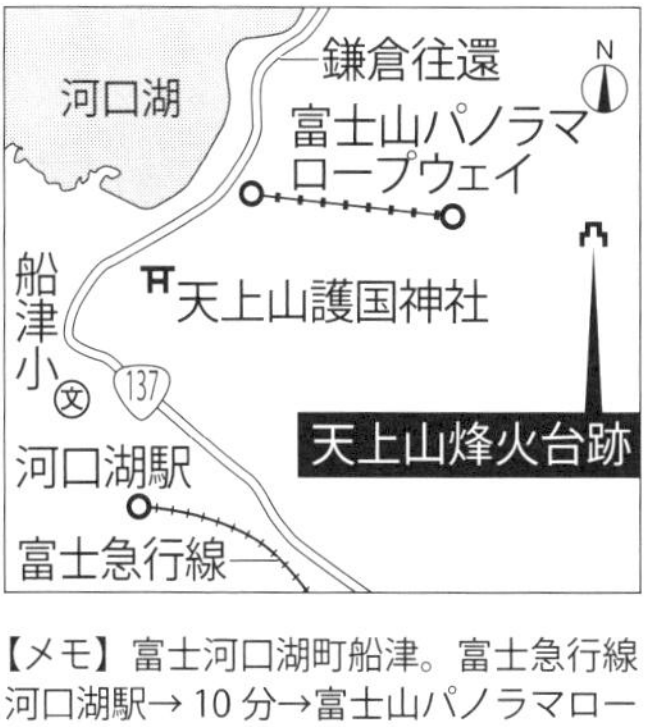

【メモ】富士河口湖町船津。富士急行線河口湖駅→10分→富士山パノラマロープウェイ→3分→展望台→5分→主曲輪（小御嶽神社）

かなことはわからないが、天上山烽火台は西北の御坂城と東南の吉田城山・小倉山・忍野鐘山をつないでいたことが想定できる。

登城はロープウェイ片道切符で三分間の空中移動から始まる。雪が残る山頂の富士見台駅の展望台からは、南側正面に雄大な富士山と富士吉田市街、西から北側には河口湖と富士河口湖町の街並み、北に御坂峠と御坂城、そして遠く西方には南アルプスも望める。そのダイナミックな眺望は、時間の経過を忘れてしまうほど圧巻だ。

この日は雲の流れが速く、あっという間に景色が変わる。富士山を背景にするカメラマンは忙しそうな様子だ。南下方眼前には天上山烽火台が悪天候などの場合に備えたとされる船津鐘撞堂跡、その先の東南には吉田城山・小倉山・忍野鐘山を見下ろせる。

河口湖から見る天上山の全貌

展望台から見る雲に浮かぶ富士山と富士吉田市街

展望台から雪の尾根道を五分ほど登ると、富士山五合目の小御嶽《こみたけ》神社から分祀した小御嶽神社が鎮座する主曲輪がある。樹木の隙間からは西方に河口湖、南方は富士吉田市街を見ることができる。

天上山烽火台の遺構は明確には現存していないが、主曲輪下方に帯曲輪が付帯している。山頂からは北東・西・南の三方に尾根が分岐し、北東は霜山を経て三ツ峠、西方は船津、南方は新倉《あらくら》（赤坂）へと延びている。

下山は、展望台からあじさいハイキングコースを下ると中腹に央平《なかばだいら》がある。そこには「惚れたが悪いか」と刻まれた太宰治の文学碑がある。春は桜、夏は一〇万本のアジサイ、秋は黄金色に輝く紅葉、冬には樹氷と天上山は四季を通して楽しめる山だ。

本栖《もとす》城

樹海の溶岩を運び上げた石塁、西曲輪に石塁で補強の土塁

本栖湖の東方一・二キロに位置する本栖城は、平成二三（二〇一一）年三月末に廃校となった旧上九一色《かみくいしき》中学校北側の標高一〇五六メートルの城山に築かれた。磁石もきかないといわれる青木ヶ原樹海の中の神秘な山城だ。

城山は、標高一二五七・四メートルの烏帽子岳《えぼしだけ》から青木ヶ原に向かって南東へ突き出した尾根先端の岩山。山頂からは甲斐と駿河を結び、軍用道として重要視された中道往還を眼下に見下ろせる要衝地で、樹海と本栖湖、そして富士山が神秘さの中にもダイナミックに見渡せる。

武田氏の時代、甲斐国から他国へ品質の良い甲州金の持ち出しが禁止されていたため、旧上九一色中学校近くに石塁が残る両替屋敷で甲州金の流出を防

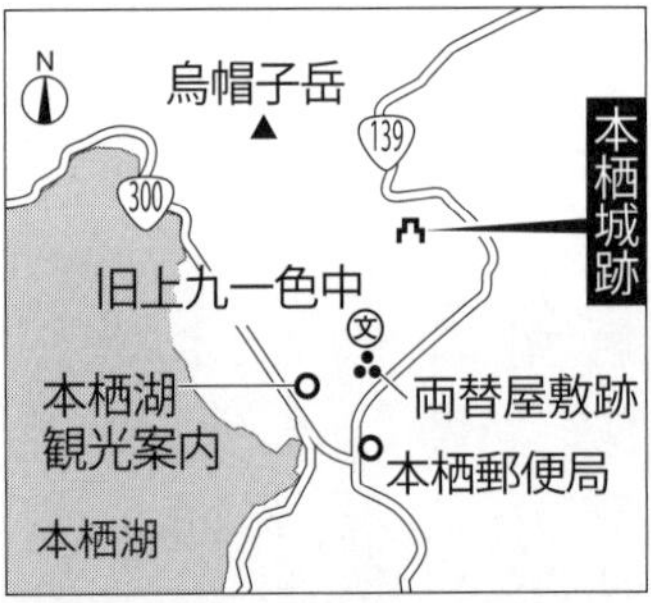

【メモ】富士河口湖町本栖。富士急行線富士山駅→バス→上九一色中学校停→１分→旧上九一色中学校（両替坂）→10分→登城口→15分→主郭部→登城口→５分→信玄築石→登城口→10分→２キロの石塁→５分→武田信玄公石碑

いだ。中学校正門脇の緩やかな両替坂へ入ると、溶岩の石塁が残る中道往還と東海自然歩道があり、国道139号沿いにある本栖城の登城口へ続いている。

本栖城は南と北面が急崖の東西尾根上に曲輪が縄張され、城山の山頂に主曲輪、その西と東側に曲輪を配置し、東方に大手、西方に搦手口を設けていた。大手側の登城口から距離は短いものの、息が切れる九十九折りの急坂を登る。四条の堀切・竪堀や桝形虎口が付く曲輪を経て主曲輪へ至る。その間には犬戻り状の細い岩場や岩尾根があり、堀切の中には岩を切り砕いたものもある。

主曲輪の南と北面には石塁が残り、西曲輪の西隅には石塁で補強されたL字状の土塁が残っている。この石塁の石は青木ヶ原樹海内から運び上げた溶岩を平らに加工したものだ。主曲輪北面には三つの腰曲輪、西曲輪西側には岩尾根の深い堀切、

溶岩で補強された西曲輪の土塁

主曲輪から見る富士山と青木ヶ原樹海

その西側にも二条の堀切を設けて搦手を固めている。

　登城口に戻って国道139号を北方へ少し行くと、北山麓の中道往還に「信玄築石《つきいし》」と呼ぶ武田信玄の時代に国境警備の軍事施設として築かれた段になっている石塁が残っている。中学校跡から国道139号を渡った樹海の中には、まるで万里の長城のミニチュアのような長さ二キロの石塁が延びている。

　中道往還に接する駿河との境目の城であった本栖城の創築は、天文・永禄年間（一五三二〜七〇）頃に領国支配を確立した武田氏が国境警備のために築いた。在地武士団の九一色衆が本栖城に入って国境を警固し、武田信玄は今川氏に援軍を送る際に本栖城を中継地としている。また、天正一〇（一五八二）年の天正壬午の乱では、徳川家康が差し向けた武田氏の旧家臣渡辺囚獄佑《ひとやのすけ》が本栖城に籠っている。

本栖《もとす》石塁

溶岩止め説や獣避け説など様々、謎の溶岩石塁

針葉樹が冬でも青々としている青木ヶ原樹海。貞観六（八六四）年、富士山大噴火によってできた溶岩台地に地衣やコケが生えて草が茂り、ツガやヒノキなど多くの高木やソヨゴ、アセビなどの低木がうっそうと茂る神秘的な森林だ。

樹海内に築かれた本栖城の城山からは、富士山を望みながら、眼下に透明度が高い本栖湖と緑が波打つ大海原のような景観が広がる。樹海内の整備された東海自然歩道では、避暑地気分で森林浴が楽しめる。

溶岩は磁鉄鉱《じてっこう》のため、樹海内は方位磁針が役立たないという。溶岩流でできた凹凸があり、滑りやすいところも多く、自然歩道から外れないことが肝要だ。

樹海には玄武岩を主体とした謎の溶岩石塁が五カ所ある。石塁群の構築時期は不明だが、本栖城と密接な関

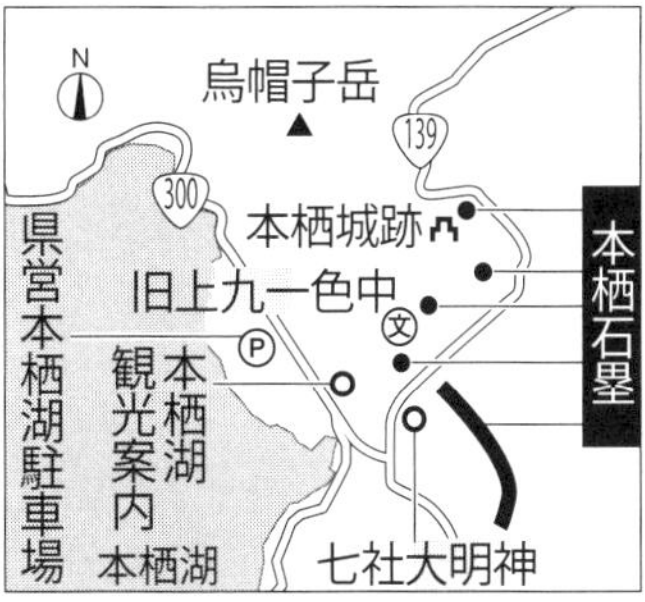

【メモ】富士河口湖町本栖。中央道河口湖 IC→国道 139 号→国道 300 号→県営本栖湖駐車場→ 5 分→本栖石塁跡

「信玄築石」と呼ぶ雁木と同様の階段状の石塁

係があると考えられる。一説には、武田信玄が中道往還をはじめとする国境警固のために構築したといわれる。ほかにも、武田氏滅亡直後の天正一〇（一五八二）年、天正壬午の乱の際に徳川家康方が築いたとも伝わる。だが、これらの城塞説のほかに、農耕地や獣を避ける猪垣《ししがき》説、溶岩止めの石塁とする説もあり、真相は解明されていない。

　戦国時代、甲斐国では品質の良い甲州金の他国への持ち出しが禁止されていた。甲斐と駿河を結び、軍用道として重視されていた中道往還沿いには両替屋敷が建てられ、甲州金の流出を防いでいた。樹海には「両替屋敷の石塁」と呼ぶ鉤状と直線の石塁が残るものの、国道１３９号から旧上九一色中学校跡地への進入路を建設するために一部は壊されている。

　両替屋敷跡から中道往還を城山方面へ進むと、コの字形と直線の石塁があり、さらに鉤状の石塁が付設している。直線の石塁は外側の駿河側が垂直、内側の甲斐側は階段状だ。往時はこの石塁の中に中道往還が通っていたことだろう。

　城山南麓には本栖城の虎口とも考えられる桝形状の石段をもつ石塁がある。頑強な造りで本栖城と一体化していることから、天正壬午の乱の際に徳川家康方が築造したとも考えられる。
国道139号を北方へ少し行くと、城山の北麓に道幅が広い中道往還が整備され、途中には「信玄築石」と呼ぶ石塁がある。武田信玄の時代に国境警固の軍事施設として築かれたとされ、甲斐側はコケに覆われた石段の石塁が見事な状態で現存している。

国道139号の旧上九一色中学入口の交差点に「武田最前線史跡公園　石塁入口」と書かれた看板がある。樹海に入ると溶岩を積み上げた石塁が続いている。まるで万里の長城のミニチュアだ。高さ二メートル、幅一メートル、長さ一・二キロの弧状石塁が延々と延びている。

本栖集落の地表面が高いため、集落側の石塁の積み段数が外面よりも少ない。溶岩樹型《じゅけい》の石を利用して、頭上部分が庇《ひさし》状に覆いかぶさる「オーバーハング」の箇所もある。この石塁も武田信玄による築造説や溶岩止めだとする説がある。山梨郷土研究会は、農耕地や本栖集落を守る獣避けの猪垣石塁ではないかという論文（「甲斐」第一二一号）を発表している。

ミニチュアの「万里の長城」のように続く石塁

吉田《よしだ》城山

小倉山の支峰、南北に長い弓形の独立した城山

富士登山の北口本宮として、身を清めて登山の第一歩を踏み出す北口本宮富士浅間神社。その北東の富士吉田市街地の中の小高い丘陵に吉田城山がある。国道138号の北側、国道139号富士見バイパスの西側に位置する吉田城山は、やや弓形を呈した南北に細長い独立した城山だ。

吉田城山の南側に鎌倉往還であった国道138号を挟んだ小倉山と南東一・二キロに位置する忍野鐘山とともに吉田城山は富士吉田地区の関門であった。城山は小倉山の支峰であったが、両山の鞍部は国道の改良工事の際に分断された。

吉田城山は南北の小丘に三つの頂部があり、北側と中央部に曲輪が現存している。南側は廃業して取り壊されたホテル建設によって造成されたため、遺構は残ってい

【メモ】富士吉田市上吉田・新屋。富士急行線富士山駅→バス→城山入口停→２分→登城口→５分→吉田城山跡

ない。現在、城山は雑木林となり、私有地のため開放されていない。そのため城山への登城口は閉鎖されているが、比高が低く、比較的緩い北側の東斜面から登ることはできる。

比高が低い吉田城山は丘城に含まれる山城だが、山頂からは東西南北に平野部が見渡せ、街道や河川を監視できる要衝であった。現在、南北両端は土取りで切り崩されて急崖となっているが、南側からは壮大な富士山を望め、東西は眼下に富士吉田市街が一望できる。

富士見バイパスから見る全貌

縄張は南から北の尾根に串団子状に曲輪がつながる連郭式の形式だ。現存する二つの頂部の曲輪の中では、北側の方形の曲輪が縄張的に主曲輪と考えられる。主曲輪の西北隅に虎口、東から北にかけて腰曲輪を付帯させている。北曲輪の西面は崩落し、さらに土取りによって大きく削り取られている。中央の曲輪は南側に明確な土塁が現存している方形の曲輪、北側に段曲輪を設けている。また、中央の曲輪と北曲輪との間の尾根には堀切がある。

吉田城山の創築は不詳だが、文献「妙法寺記」に文亀元（一五〇一）年、伊勢新九郎盛時（北条早雲）が甲斐国へ侵入した際に吉田城山の存在が記されている。盛時は小倉山とともに吉田城山に布陣して武田氏一七代信縄と戦ったが、武田軍の反撃で撤退している。

永正一二（一五一五）年から甲斐国内は有力国人の上野城（南アルプス市）主、大井信達《のぶさと》が武田信虎に反旗を翻して内戦が続き、信達に呼応した駿河の今川氏親は、同一三年に吉田城山を占拠している。そのため、小山田氏の武将小林宮内丞《くないのじょう》が吉田城山の奪回を図り、武田軍の総攻撃も加わって今川勢は甲斐から同一四年に撤退。信達も信虎と和睦し、その際に娘の大井の方を信虎の正室として差し出している。

だが、信達は永正一七（一五二〇）年に再び信虎に背いて反乱を起こした。この今諏訪《いますわ》の戦いで信達は敗れて家督を信業《のぶなり》に譲って隠居した。

現存する遺構から天正一〇（一五八二）年の天正壬午の乱の際、吉田城山は御坂城などとともに北条氏によって修築されたことが考えられる。現存している遺構を中心に忍野鐘山や小倉山とともに国境の拠点として吉田城山の整備保存を願いたいところだが。

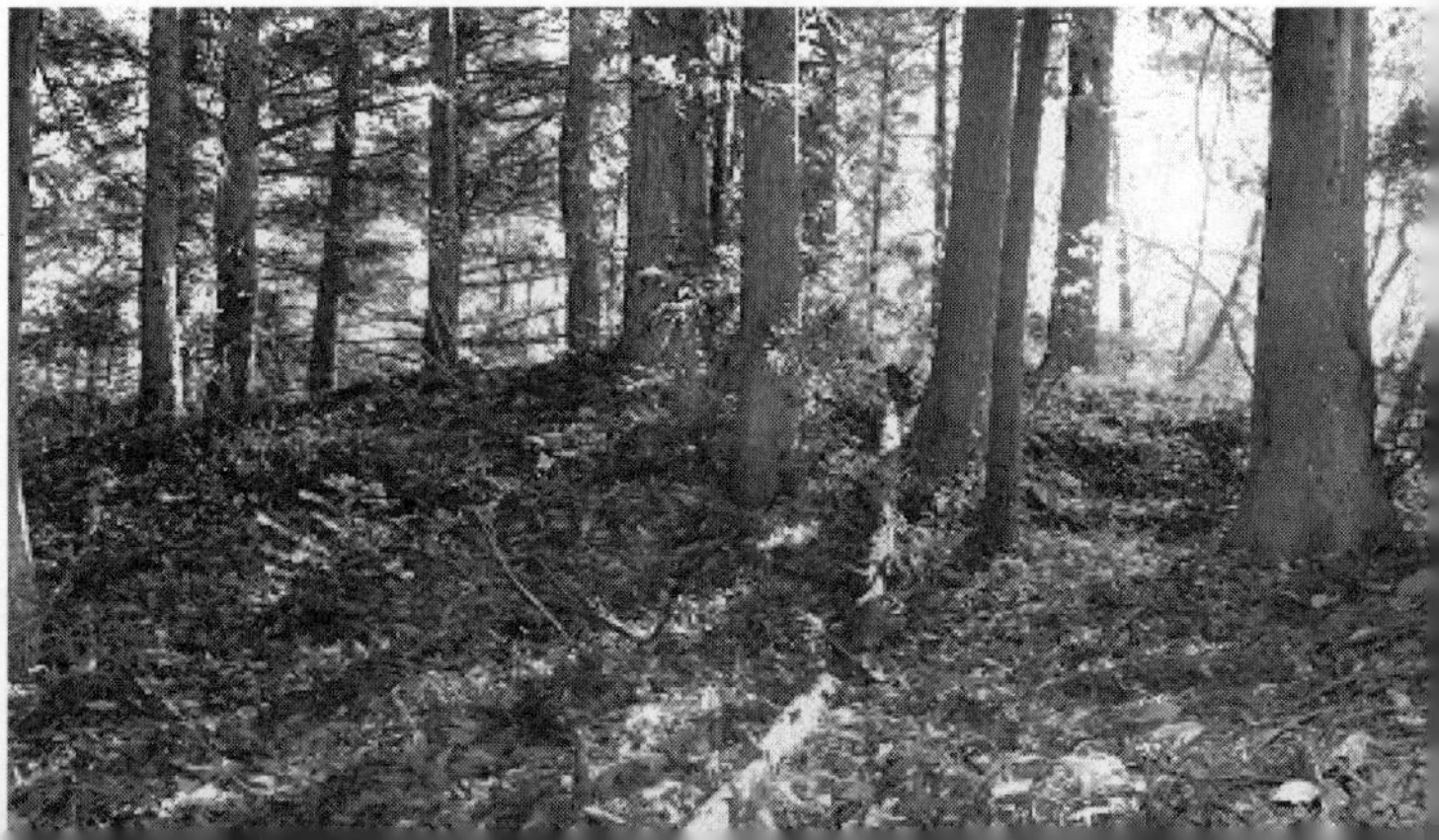

中央の曲輪の南辺に残る土塁

松山館《まつやまかん》

小山田氏に次ぐ勢力をもつ小林氏、繁栄した富士講の宿場に築く

富士急行線富士山駅の北方三〇〇メートル、富士吉田市中心部にある松山の住宅地。庭先や空き地では、コスモスやススキが本格的な秋の到来を告げる。雄大な富士山を望みながら小道を歩けば、突然バッタが飛び出すのどかな住宅地だ。その一角に獅子神楽で名高い松尾神社が鎮座している。

郡内領主小山田氏に従属していた小林氏。大永三（一五二三）年に小林和泉守実吉が守護神として創建した松尾神社を中心とする一帯に居館の松山館が存在していた。

桓武平氏秩父重弘の子、有重が武蔵国小山田荘（東京都町田市）を領して小山田氏を称し、その子孫が甲斐国都留郡を領した。

吉田の領主として、尾張守と和泉守の受領名をもつ小林氏がいた。小林尾張守正喜が「妙法寺記」に度々登

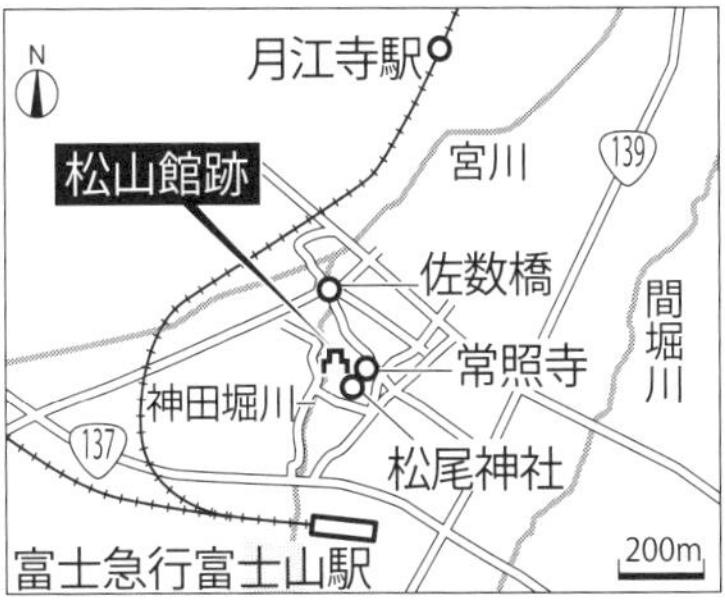

【メモ】富士吉田市松山２丁目。富士急行線富士山駅→５分→松山館跡（松尾神社）→２分→佐数橋

場するが、小林氏は都留郡大原荘（河口湖周辺地区）の領主として上郷検断（上之奉行）や大原代官を務め、河口湖畔の船津館を本拠として勢力を船津から吉田まで伸ばしていった。

室町時代の富士吉田市は小山田氏の支配下にあったが、小林氏はしだいに小山田氏と盟友関係となり、武田信虎の都留郡侵入や相模の北条氏と駿河の今川両氏による郡内侵入の際に小山田氏に力を貸している。永正一八（一五二一）年に信虎が小林宮内丞（和泉守）を訪ねていることからも、小林氏は郡内で小山田氏に次ぐ勢力をもっていたと推測される。

小林氏は居館を船津から下吉田へ移したが、天文五（一五三六）年に松山宿の重みが増したことから居館を松山に移した。「妙法寺記」の天文五年の項には「小林和泉殿死去。此年小林刑部左衛門殿、松原サキ（崎）ヲ屋敷ニ御立候」、同八年の項には小林刑部左衛門が「松山ヲ御立候」と記されている。松原崎は松山の西部を指し、松山館は「妙法寺記」からも小林刑部左衛門が築いたとされている。「甲斐国志」にある小林和泉守館の和

西側背後の神田堀川と富士山

泉守は、刑部左衛門と同一人物だろう。

現在、松山館跡にはスギ林を背に松尾神社の拝殿・本殿が建立されている。規模は不明だが、東に間堀川、西に富士山の雪解け水が通る神田堀川と宮川が流れ、天然の外濠となっていた。「甲斐国志」の小林和泉守館跡の条に「村ノ西ニアリ、広サ方一町許リ、西北ニ堀ノ趾アリ」と記され、規模が想定できる。

獅子神楽で名高い松尾神社

松山館には明確な遺構はないが、境内南側に土塁状の高まりがあり、その上に金比羅社・山神社・天王社・大神社が並んで建てられている。境内西側は畑や住宅地となっているが、西端は神田堀川に面する急崖で、断崖を背にした崖端城の形式に入る。松尾神社の北方三〇〇メートルに神田堀川に架かる佐数《さす》橋近くからは急崖の地形と六合目付近まで雪をかぶった富士山が望める。
戦国時代の富士吉田は富士講信者の道者が集い、富士山信仰が盛んとなって「吉田千軒」と呼ばれるほど吉田宿が繁栄した。信仰の布教とともに富士登山の世話をした「御師《おし》」が繁栄し、松山は宿場になっていった。

忍《おし》野《の》鐘《かね》山《やま》

伊勢新九郎が利用した陣場、滝が鐘を鳴らした伝承が残る

湧き水が豊かな忍野村と富士吉田市の境に位置する忍野鐘山は、東側から張り出した尾根の西端部に位置する。忍野鐘山の比高は三〇メートルと低いが、山麓の東から南・西を巡って北側へ天然の外濠の桂川が流れている。現在、雑木林となっている山頂には、土塁・虎口・堀切などの遺構が現存し、小規模ながらも山城の形式を残している。

西側にある鐘山の滝は中央の溶岩で二条の滝となっている。山中湖の水量が多いため、山中湖を水源とする桂川の流れが激しく、滝はダイナミックな音としぶきを散らし、かすかに淡い虹もかかっていた。地元では鐘山の滝壺に釣り鐘が沈み、滝が鐘を鳴らしたことから鐘ヶ淵、鐘山と呼ばれたと伝えられている。この伝承から忍野鐘山には鐘撞堂《かねつきどう》の存在が考えられる。

忍野鐘山南方には現在の国道138号の鎌倉往還が通り、北西一・二キロにある吉田城山、西方九〇〇メート

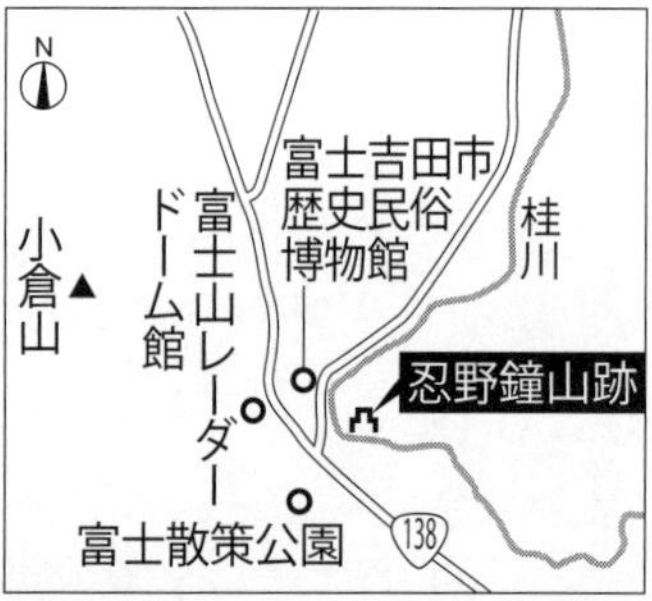

【メモ】忍野村忍草。富士急行線富士山駅→バス→サンパーク前停→1分→鐘山の滝→3分→熊野神社→5分→忍野鐘山跡

富士散策公園から望む鐘山の全貌

ルの小倉山とともに街道を監視していた。現在、ふじさんミュージアムから国道を東南に少し歩き、忍野鐘山の南側へ入ったところに熊野大権現が祀られている。その東側の山裾から山頂へ尾根伝いに登ることができ、大手筋があったと考える。

忍野入口の交差点から東方に入り、桂川に架かる鐘山橋から東海自然遊歩道を歩き、忍野発電所が見える峠から西側へ続く尾根からも登城できる。現在、主曲輪の西側下方は山が削られてクレー射撃場となり、危険なため立ち入り禁止となっている。

忍野鐘山の縄張は単純だ。山頂に三角形を呈した形状の主曲輪を置き、西・北・南東へ派生する尾根が下り、その途中に堀切を挟んで小さな曲輪を配している。堀切・土塁・土橋・虎口の遺構が現存していることから、忍野鐘山は城砦の機能も兼ね備えた烽火台だ。

主曲輪の南東に喰違い虎口、その東側には見事な堀切を土橋でつないだ細長い曲輪がある。さらに、その東側には北面に二重堀を持ち、南辺に土塁が残る東西に長い長方形の東曲輪がある。主曲輪の西突端部には三段の小曲輪、北側の虎口がある北尾根には土橋が架かる堀切と馬出、さらに堀切を挟んで細長い三角形の曲輪がある。また、主曲輪の一段東下方には東端の堀切から主曲輪北端まで帯曲輪を設け、東側からの攻撃を意識しているようだ。

　忍野鐘山の創築は不詳だが、駿河の今川氏の拠点とする説や今川氏と戦った武田氏が駿河との国境を守備する烽火台とする説がある。明応四（一四九五）年と文亀元（一五〇一）年の伊勢新九郎盛時の甲斐侵攻の際、忍野鐘山は陣場として利用されている。また、現存している遺構から天正壬午の乱の際に北条氏が御坂城を築き、古渡城山（都留市）とともに改修したことも考えられる。

水量が多い鐘山の滝

山中氏館《やまなかし》

甲駿国境の警備、住宅地には山中太郎左衛門の伝承墓

紅葉がすでに始まっていた山中湖畔沿いに甲斐と駿河を結ぶ官道で、今は鎌倉往還とも呼ぶ御坂路が通っていた。現在の山中湖村山中地区に当たる山中村は、甲斐・駿河・相模との国境に位置し、駿河と相模を繋ぐ交通路であるとともに物資輸送の要衝だった。

郡内領は在地勢力の小山田氏の支配下であったが、戦国時代、山中村は不安定な地区だった。駿河の今川氏や相模の北条氏に属した時期もあったが、永正七（一五一〇）年、武田・小山田両氏が支配、永禄一一（一五六八）年以降は、武田氏の支配下となって落ち着いたようだ。

古来、宿駅《しゅくえき》として発達したとされる山中湖村。その街道沿いに土豪の山中氏の居館があった。安産・子授

【メモ】山中湖村山中。富士急行線富士山駅→バス→ホテルマウント富士入口停→１分→山中氏館跡→２分→山中浅間神社・山中諏訪神社

けの社として名高い山中諏訪神社と山中集落の氏神である山中浅間神社の南側に位置していた。南北朝時代には宮方が足利方からの難を逃れるため、両神社の社地と湖畔寄りの域に南朝の隠れ御殿を置いた。

山中氏館跡の地は「山中御所」と呼ばれ、「甲斐国志」に「内ヲ内御所ト云、築地ノ外ヲ外御所ト称ス」と記されている。現在、館跡は国道１３８号が縦断し、その面影は失われている。

山中氏館の規模は九〇メートル四方と推定され、「甲斐国志」に「広四段余四方石垣ニテ其外ハ堀ヲ深クシ」とある。国道西側に居館の西北隅を示すL字状の土塁（幅四～五メートル、高さ一・五メートル）が唯一の遺構として現存する。

山中氏の系譜はないが、「妙法寺記」の中に二度登場する。武田氏一七代信縄と異母弟の油川信恵《のぶしげ》が守護職の継承をめぐって争った明応三（一四九四）年の八代の戦い。山中氏は小山田氏らの郡内勢とともに信恵に味方したが、「山中殿打死也」と記されている。この山中殿は、甲駿国境警備をしていた山中太郎左衛門と伝

国道138号の西側に残る居館北辺の土塁

わる。信恵が討死した翌年の永正六（一五〇九）年に一八代信虎が郡内の侵攻を企て、その翌年に小山田氏と武田氏は和睦した。

山中太郎左衛門の墓と伝わる五輪塔

武田氏と今川氏との間で和解が成立した大永七（一五二七）年には、国中と駿河との交通が再開。この年、山中太郎左衛門（太郎左衛門の子か）が五〇人の供を引き連れ、立正寺の御本寺である駿河の光長寺《こうちょうじ》（静岡県沼津市）へ参詣《さんけい》したと妙法寺記にある。戦死した山中太郎左衛門一族の供養のためと考えられる。

山中氏館の西方一五〇メートル、旧道西側の住宅地に山中湖村文化財に指定された五輪塔が三基ある。地元では山中太郎左衛門の墓と伝わり、「山中様（殿）の墓」と呼ばれている。昭和四五（一九七〇）年の発掘調査で、白骨や灰が入った古壺が出土し、兜と鎧の一部や弥生式土器も発見された。現在、遺物はもとの状態で埋め戻されているという。

参考文献

◇甲斐国志
◇武田源氏一流系圖
◇一本武田系圖
◇義光流系譜
◇日本城郭体系第8巻・別巻1　新人物往来社　一九八〇年
◇日本城郭体系別巻II城郭研究便覧　新人物往来社　一九八一年
◇図説中世城郭事典第二巻　新人物往来社　一九八七年
◇山梨県の城　郷土出版社　一九九一年
◇山梨県の中世城館跡　山梨県教育委員会　一九八六年
◇市内城館跡詳細分布調査報告書　北杜市教育委員会　二〇一一年
◇上野原町文化財調査報告書　上野原町教育委員会　二〇〇二年
◇都留市地名事典　都留市郷土研究会　二〇一二年
◇日本城郭事典　秋田書店　一九八三年
◇日本城郭大事典　新人物往来社　一九九七年

◇山梨県の歴史散歩　山川出版　一九九三年
◇日本家系系図大事典　東京堂出版　二〇〇八年
◇日本史小百科城郭　西ヶ谷恭弘　近藤出版社　一九八九年
◇戦国武田の城　中田正光　洋泉社　二〇一〇年
◇日本歴史人物事典　朝日新聞社　一九九二年
◇角川日本姓氏歴史人物大辞典19山梨県　角川書店　一九八九年
◇日本人名大事典　講談社　二〇〇一年
◇戦国武将事典　新紀元社　二〇〇八年
◇山梨県史資料編7中世4考古資料
◇郡内研究第2集其の二
◇富士吉田市史通史編第一巻
◇都留市史資料編
◇勝沼町誌
◇三富村誌上巻
◇山中村の歴史上巻　山中村の歴史編纂委員会　一九九六年
◇山中湖村の史話と伝説第一集　山中湖村教育委員会　一九八八年
◇市川大門町の文化財　石川大門町教育委員会　一九九三年

◇上九一色村の文化財　上九一色村教育委員会
◇猪の文化史歴史編　新津健　生活文化史選書

地図提供　朝日新聞社

城郭用語

◆城

城の文字は土と成で構成され、土は土地を意味し、成は盛を意味して人民を盛る（守る）に通じている。近世の城だけではなく、古くは木柵と土塁・堀で外敵から身を守る構築物から始まり、広義の意で柵・堡・塁・塞・砦・館・烽火台、幕末から近代の台場・堡塔・砲台も城の概念に入る。

◇山城／独立した山や連山の一つの峰に占地し、山の地形を利用して築かれた城。

◇平山城／山地と平地の両方を用いて築く城で、山麓に居館、山上に防御的な施設の構築が一般的。

◇平城／自然の河川・沼沢や堀・土塁を普請して防御を固めた平野部に築かれた城。

◇居館・館／中世、塁と堀が囲繞した地方豪族の居所で、一〇九メートル（方一町）から一三〇〜一五〇メートル四方の規模。

◇本城／幾つかの城の中で、領主や藩などの大名が居城する要の城。一つの城では主曲輪の意。

◇支城／本城以外の領内の要地に構築した城砦。本城を根城と呼ぶ場合、枝城《えだしろ》や端城《はじろ》とも呼ぶ。
◇詰の城／本城背後の警備と共に最後の拠点城。本城とは距離的に近く、周辺の支城壁の中でも一番奥に位置。
◇出城／領内の重要地点・境目などに築かれた支城。出丸の意もあり、城中から張り出して築く。
◇境目の城／領国境界線上または進攻を目的とした最前線基地に築城した城。
◇伝えの城／情報伝達を目的とし、見晴らしが良い山上または舌状丘陵先端部に築城。
◇烽火台／眺望が良い山の峰に設け、互いに連絡が取りやすい急用の通信の場。狼煙台とも記す。
◇陣城／戦場で築かれた臨時の城。単に軍勢が駐屯した陣営だけではなく、城としての機能を備える。
◇向城《むかい》／持久戦で敵の城を攻撃する際、それに相対して築いた城で、対《たい》の城ともいう。
◇一城別郭／二つ以上の曲輪の一つの曲輪が落されても、他方の曲輪で支えて奪回できる構えの城。
◇別城一郭／緊急時、近接した二つの単独の城が互いに支援できる関係の城。

◇後堅固の城／大手は陸に面しているが、搦手は海・湖や大きな河川に面している城。
◇御前山／山頂または山腹に集落の神が祀られ、甲斐国の峡東地区に多く、烽火台と推測。
◇鐘撞山／天候が悪い場合に烽火に代わって鐘を鳴らして情報を伝達する伝えの城の一つ。
◇御留《おとめ》山／江戸時代、幕藩領主の管理下となり、樹木保護などのため入山禁止となった山。
◇根小屋／山城の山麓に城主の居館や家臣屋敷を置いたエリア。根古屋・根古谷・寝古とも書く。

◆縄張
地選《じせん》（地取り）が決定すると、曲輪の配置を中心とした城の平面構造のことで、縄を張りめぐらしたことから縄張と呼ぶ。堀・塁・虎口などの普請が縄張の構成要素となる。輪郭式・梯郭式・連郭式・並郭式・螺旋式・円郭式・稜堡式に分類されるが、併用形式の城が多い。
◇連郭式／主曲輪（本丸）を中心に三つ以上の曲輪が前後または一方向に直線上に直列す

る形式の縄張。
◇輪郭式／主曲輪（本丸）を中心に同心円形または回字形に曲輪を配した平城に多い形式の縄張。
◇円郭式／輪郭式を更に分類して、主曲輪（本丸）を中心に丸・円状の曲輪を重ねた形式の縄張。
◇梯郭式／主曲輪の虎口の前面に二の曲輪、その虎口の前面に三の曲輪と梯子状に続く縄張。
◇並郭式／主曲輪と二の曲輪を並行して置き、その周囲を三の曲輪が囲む縄張。

◆普請
空堀・水堀・土塁・石塁・虎口・通路などの土木工事を普請という。築城の際、河川の改修や切通などの道路工事から堀切を切り開き、堀を掘りあげ、土塁や石垣を積む普請は建造物の工事である作事よりもはるかに重要であり、時間を要した。普請に当たり、築城者の家臣はもとより、領内の農民までも徴発された。

◇大手／城または主曲輪の正門。追手ともいう。
◇搦手／城の背面の裏門で、中世の山城では城兵の退路口。
◇曲輪／郭とも書き、周囲から侵入し難い加工された平場。近世の城では丸と呼ぶ。
◇主曲輪／最も中心となる曲輪で、根城《ねじろ》・実城・本城・一の曲輪・構《かまえ》の内、近世では本丸と呼ぶ。
◇二の曲輪／近世の二の丸に当たり、主曲輪に隣接または囲い込む形で配置。
◇三の曲輪／二の曲輪と同様に近世の三の丸に当たり、二の曲輪に隣接または囲い込む形で配置。
◇内郭／城の中枢部分の曲輪。近世では外郭に対する複数の中心部分の曲輪群。
◇帯曲輪／尾根上の曲輪の側面山腹に付帯された細長い曲輪。近世では堀に挟まれた細長い曲輪。
◇腰曲輪／一つの曲輪の側面に設け、比較的横幅が広い補助的役割を担う曲輪。
◇出曲輪／主曲輪から離れて普請された曲輪。近世では出丸。
◇詰城／戦時の最後の拠点となる山城。
◇詰の丸／城の中での最後の戦闘拠点となる曲輪。
◇切岸／斜面を削って急傾斜の断崖とし、敵の侵入を防ぐ防御施設。

◇切通／山や丘を越える道を設けるため、峠や山の中腹部を開削して築かれた道。
◇堀切／敵方の攻撃を阻止するため、連続する峰や山頂部の長い尾根を掘削して曲輪を独立させる。
◇堀／表土を人工的に深く掘り割り、城方を防御、敵の攻撃を困難とさせる防御施設。
◇空堀／曲輪または一区画を囲み込む水を入れていない堀。
◇竪堀／山城の法面が緩い場合、斜面を深く掘り切った堀。竪土塁とセットとすることもある。
◇三日月堀／丸馬出に付属する堀で、大手口や主要な曲輪の虎口の前面に配置される。
◇障子堀／堀の底が障子の枠状に畔を縦・横に組み、敵方を堀底に留め置く防御施設。
◇薬研堀／堀の断面がV字形の堀を諸《もろ》薬研堀、片方だけの堀を片薬研堀と呼ぶ。
◇畝状竪堀群／山の斜面に竪堀と土塁が波トタン板状に交互に連続させ、敵兵の斜面からの攻撃を防御。
◇堀障子／空堀の中に掘り残した障壁。
◇土塁／堀を掘った土で連続した土盛が築かれることが多く、掻揚・版築・叩き・芝土塁がある。
◇土橋／堀の普請で、通路部分として掘り残した形の橋。

◇馬出／敵の攻撃から虎口を守り、城兵の出入りを確保するための施設。
◇丸馬出／武田氏が用いた丸い形の馬出。丸馬出の外側は必然的に弧状の三日月堀が付設。
◇角馬出／小田原北条氏がよく用いた四角い形の馬出。近世城郭の馬出は大半が角馬出。
◇横矢／近づいた敵を横から射撃することで、側射や側防ともいう。
◇横矢掛／横矢を掛けるため、塁線に凹凸や屈曲、または特別な曲輪を設けた防御施設。
◇折邪《おれ》／土塁の外壁を鉤形に折れた屈曲線をもたせるなど、塁線を斜めやカーブにする防御施設。
◇蔀《しとみ》／城内を城外から見透かされないため、主要部内部に設けた遮蔽物。外部の遮断物は茀《かざし》という。
◇出隅《でずみ》（角）／曲輪の角に出張りを設けて櫓の左右の見通しを良くした防御施設。
◇入隅《いりすみ》（角）／曲輪の角を内面に欠きとったもの。
◇武者走／土塁や石垣の上の平面。塁上に塀がある場合、内側を武者走、外側は犬走と呼ぶ。
◇馬場／馬術の訓練のために設けた場所。
◇武者屯／出撃のため、虎口近くに城兵を待機させた場所。勢溜ともいう。
◇虎口／小口とも記し、防御と攻撃の両方の機能をもった城・曲輪の出入口。

◇喰違い／虎口の左右の塁を喰違いにして敵の侵攻を防御。
◇桝形／虎口の防御施設の一つで、塁で囲った小さな四角の平場。
◇内桝形／曲輪の塁線の内側へ入り込んで設けられ、桝形虎口の大半は内桝形。
◇野面積み／人工を加えない石山から採石した自然石を積み上げた手法。穴太積みの技法は野面積み。
◇打込み接（ハギ）／石の角をたたいて平にして石垣を積み上げた手法。
◇穴太積み／滋賀県大津市坂本の穴太の地に居住した穴太衆が自然石を加工せずに積んだ野面積み。
◇刻印／石垣の普請に携わった大名を表す記号・文字などを石垣に刻む。甲府城では線刻画。
◇胴木／石垣の崩壊を防ぐため、根石の下に土や水の腐食に強い松などの材木を井桁状に敷く。

◆作事
築城工事の中の櫓・殿舎・天守・多聞・門・蔵・塀など建造物の建築工事を作事という。

城は堀と土塁の塁線が防御の主体となり、建物は装飾的な位置付けであったため、工期の大半は土木工事の普請に費やされた。

◇櫓／屋根がない部材を組み上げたものも含め、周囲を展望する楼。近世では用途が多様化。

◇多聞櫓／多門櫓とも記し、塁上に築く細長い長屋形式の櫓で、松永弾正久秀の多聞城が起源と伝承。

◇薬医門／門柱の内側に二本の控柱を建てて屋根組みの荷重を一部負わせる門。

◇高麗門／切妻屋根を支える二本の主柱のうしろに控柱を建て、直角にそれぞれ屋根をのせた門。

◇櫓門／櫓の上層と下層からなる二階門で、石垣に挟まれた場合は石垣上に多聞櫓（渡櫓）がのる。

◇冠木門／二本の門柱の上部に冠木を組み込んだ屋根をつけていない木戸。

◇書院／桃山文化を代表する建造物である城の御殿。

◇狭間《さま》／塀・櫓・石垣などに矢・弾丸・石などで攻撃する小窓。

◇鉄砲狭間／鉄砲を射るための銃眼。小窓の形は丸や三角形が多い。

あとがき

山梨県（甲斐国）は周囲を険阻な山々に囲まれ、武蔵・相模・駿河・信濃の隣国とは天然の国境をなしている。いわば、「山河襟帯して自ずから城をなす」という地勢であった。北西に赤岳を最高峰とする八ヶ岳、西に北岳を最高峰とする白根（峰）三山や地蔵岳・観音岳・薬師岳の鳳凰三山・甲斐駒ヶ岳などの南アルプス、そして東南には富士山。甲斐は四方を天然の要害とする山々に囲繞され、まさに「峡《かい》」の国である。

山梨県は他県と比較して城郭数は決して多くはないが、烽火台の伝達網が充実している。山城は細尾根を土橋、岩場を物見として巧みに利用している。強風でもあれば、そのまま吹き落とされてしまいそうな細尾根や岩場を利用した烽火台や物見台の存在が特徴だ。

また山梨県の城郭は大きく二つに分けることができる。一つは武田信玄の祖、清和源氏の一流で、新羅三郎義光を祖とする甲斐源氏の本拠および拠点網としての城塞群。もう一つは天正一〇（一五八二）年の徳川家康と北条氏政・氏直父子が戦った天正壬午の乱の際に修築または新たに築かれた陣城や砦などの城塞群である。

地勢の特徴から読み取れることもある。山梨は大菩薩連峰と御坂山がほぼ南北に走っている。その西側の甲府盆地側を国中、東側の山中湖を源とする桂川とその支流域を郡内と称する。国中は、さらに富士川流域を河内と呼ぶ。甲斐国は、北は信濃、東は武蔵、東南は相模、南は駿河国との防御拠点を必要とした地勢であった。

登城の際は攻め手、下山は城方になりきって歩くようにしている。城跡に残る土塁や空堀・堀切などの遺構を先人が築き上げた普請を想像しながら山城をめぐることが城跡歩きの最大の魅力だ。さらに、山梨県内には四方を囲む素晴らしい山々の風景があり、城跡歩きの楽しみが増幅することからも多くの方々に山城めぐりを勧めたい。ただ、山には熊やヤマヒル・ダニ・ハチ・ヘビなど様々な危険が待ち構えている。季節にあった防具を備え、猟師が見分けられる服装をすべきである。また、単独登城は避けるなど、過信せず、ゆとりを持った行動に心掛けていただきたい。なお、訪城する際には、最新の交通機関・情報の確認を。

朝日新聞山梨版に平成二三（二〇一一）年四月から同二五年九月までの二年六ヵ月に渡って連載したコラム「城の歴史散歩」全一〇〇回を一部加筆訂正をし、市町村単位に並べ換えて収録した。

連載は当時の朝日新聞甲府総局の北島重司総局長との出会いで始まり、城跡訪城では城跡の関係者や地元の方々から郷土の歴史や語り継ぎなど、時には座り込んでお茶を頂きながらお聞きした。気さくな人柄にほれ込みもした。こうした方々との出会いはかけがえのない財産であると思っている。

最後に、各城跡を管轄する山梨県および市町村教育委員会や地元の方々から城跡にまつわる情報提供をいただき、お礼を申し上げる。コラムを本にしていただいた岩崎正吾さんをはじめ、山梨ふるさと文庫の皆さまと、北島重司前総局長・気賀沢祐介前総局長をはじめ、朝日新聞甲府総局の皆さま、そして今度再刊していただいたアスパラ社・向山美和子社長には心より感謝する次第である。

令和三年一二月二〇日

岩本　誠城

本書は、二〇一五年九月に山梨ふるさと文庫から刊行したものを加筆訂正をして再刊したものです。

岩本　誠城（いわもと　せいき）
昭和27（1952）年生まれ
平成23（2011）年4月〜同25年9月、朝日新聞山梨版「城の歴史散歩」に連載。
著書『山梨の古城』（山梨ふるさと文庫）
　　『武田三代の城』（山梨ふるさと文庫）

山梨の古城

2023年3月1日　発行

著　者　　岩本 誠城
発行者　　向山 美和子
発行所　　㈱アスパラ社
〒409-3867 山梨県中巨摩郡昭和町清水新居102-6
TEL 055-231-1133
装　丁　　㈱クリエイティブ・コンセプト
印　刷　　シナノ書籍印刷㈱

ISBN978-4-910674-05-6
落丁・乱丁本はお取替えいたします。定価はカバーに表示してあります。